"十三五"普通高等教育汽车服务工程专业规划教材

Qiche Shiyanxue
汽车试验学

（第二版）

杜丹丰　主　编

人民交通出版社股份有限公司
China Communications Press Co.,Ltd.

内 容 提 要

本书系统介绍了汽车试验的目的与意义、产生和起源、形成和发展、实施途径等,其内容有汽车试验基础,汽车试验设备与设施,整车技术参数的测量,汽车环境保护特性测量,汽车基本性能试验,汽车可靠性试验,汽车碰撞试验,汽车总成与零部件试验及汽车虚拟试验技术。本书广泛吸收国内外先进技术成果,重点反映当前汽车试验科学的发展动态,特别注重汽车试验学理论的正确应用,突出汽车试验学的实施方法,有利于培养学生理论联系实际的学习及分析问题和解决问题的能力。

本教材由汽车服务工程专业教学指导委员会组织编写,供高等院校汽车服务工程、车辆工程专业本科生教学使用,也可作为交通运输行业和汽车制造行业工程技术人员的参考书。

图书在版编目(CIP)数据

汽车试验学/杜丹丰主编. —2版. —北京:人民交通出版社股份有限公司,2017.1
ISBN 978-7-114-13402-9

Ⅰ.①汽… Ⅱ.①杜… Ⅲ.①汽车试验 Ⅳ.①U467

中国版本图书馆 CIP 数据核字(2016)第 252568 号

"十三五"普通高等教育汽车服务工程专业规划教材

书　　名:	汽车试验学(第二版)
著 作 者:	杜丹丰
责任编辑:	夏　韡　郭　跃
出版发行:	人民交通出版社股份有限公司
地　　址:	(100011)北京市朝阳区安定门外外馆斜街 3 号
网　　址:	http://www.ccpress.com.cn
销售电话:	(010)59757973
总 经 销:	人民交通出版社股份有限公司发行部
经　　销:	各地新华书店
印　　刷:	北京市密东印刷有限公司
开　　本:	787×1092　1/16
印　　张:	15
字　　数:	374 千
版　　次:	2009 年 7 月　第 1 版
	2017 年 1 月　第 2 版
印　　次:	2017 年 1 月　第 1 次印刷　累计第 5 次印刷
书　　号:	ISBN 978-7-114-13402-9
定　　价:	35.00 元

(有印刷、装订质量问题的图书由本公司负责调换)

"十三五"普通高等教育汽车服务工程专业规划教材编委会

主任委员: 许洪国(吉林大学)

副主任委员:

张国方(武汉理工大学)	储江伟(东北林业大学)
简晓春(重庆交通大学)	王生昌(长安大学)
李岳林(长沙理工大学)	肖生发(湖北汽车工业学院)
关志伟(天津职业技术师范大学)	付百学(黑龙江工程学院)

委员:

杨志发(吉林大学)	杜丹丰(东北林业大学)
赵长利(山东交通学院)	唐 岚(西华大学)
李耀平(昆明理工大学)	林谋有(南昌工程学院)
李国庆(江苏理工学院)	路玉峰(齐鲁工业大学)
周水庭(厦门理工学院)	宋年秀(青岛理工大学)
方祖华(上海师范大学)	郭健忠(武汉科技大学)
黄 玮(天津职业技术师范大学)	邬志军(皖西学院)
姚层林(武汉商学院)	田茂盛(重庆交通大学)
李素华(江汉大学)	夏基胜(盐城工学院)
刘志强(长沙理工大学)	孟利清(西南林业大学)
陈文刚(西南林业大学)	王 飞(安阳工学院)
廖抒华(广西科技大学)	李军政(湖南农业大学)
程文明(江西科技学院)	鲁植雄(南京农业大学)
钟 勇(福建工程学院)	张新峰(长安大学)
彭小龙(南京工业大学浦江学院)	姜连勃(深圳大学)
陈庆樟(常熟理工学院)	迟瑞娟(中国农业大学)
田玉东(上海电机学院)	赵 伟(河南科技大学)
陈无畏(合肥工业大学)	左付山(南京林业大学)
马其华(上海工程技术大学)	王国富(桂林航天工业大学)

秘书处: 李 斌 夏 韡 李 良

前言 Qianyan

自 2009 年 6 月以来,《汽车试验学》教材在汽车服务工程专业学生中使用已有 7 个年头了,使用过程中,各院校师生对该教材提了不少意见和建议;同时在这 7 年中,我国汽车技术不断提高,汽车相关的法规和试验标准不断更新,本次再版中,我们对全书的内容进行了修订与完善,使之更加适合教学和自学。

1. 融入了读者的意见。书中综合融入了读者的意见和建议,在与他们的交流、讨论与互动中,我们都有所提高与进步,这些在新版中均有所体现。

2. 增加并优化了全书的结构与内容。第一章和第八章分别增加了"常用的试验数据表示方法"和"汽车电器试验"内容,使教材内容更完整,结构更合理,一些原来过渡不是很自然的内容,也都进行了完善,提高了可读性。

3. 每章均增加了课后思考题。有利于更好地把握学习重点和难点,在教学中充分发挥教师的主导作用和学生的主体作用,更有利于深刻理解教材内容。

4. 根据新颁布的相关标准修订了教材中试验方法和试验内容等。

5. 增加了"汽车相关的国际强制标准"附录。根据附录使用者可以方便地查到相关的试验标准,到相关网站查询该标准是否出现变化,及时掌握本行业动态。

6. 教材提供授课 PPT 讲稿,需要时可在 www.ccpress.com.cn 下载。

全书内容仍然为九章。第一章为汽车试验基础,包括汽车试验目的与分类,汽车试验标准介绍,汽车试验管理,常用的试验数据表示方法等;第二章为汽车试验设备与设施,包括典型试验设备、试验设施、汽车试验场等;第三章为汽车几何及物理参数测量;第四章为汽车环境保护特性测量,包括排气污染物测量,汽车噪声测量,汽车无线电干扰特性测量;第五章为汽车基本性能试验,包括动力性能、燃料经济性、制动性能、操纵稳定性、行驶平顺性和通过性试验等;第六章为汽车可靠性试验,包括汽车可靠性行驶试验,汽车可靠性室内试验,汽车可靠性强化试验,特殊环境和极限条件下的可靠性试验，第七章为汽车碰撞试验，包括碰撞试验假人技术，碰撞试验测量系统和实车碰撞试验；第八章为汽车总成与零部件试验，包括发动机试验、传动系统试验、悬架试验、车轮试验、车身密封试验和汽车电器试验等；第九章为汽车虚拟试验技术，包括汽车虚拟试验场、整车系统NVH分析、虚拟碰撞试验和汽车运动学及动力学仿真试验。

本书由东北林业大学杜丹丰编写第一章、第二章、第三章和第六章第六节，东北林业大学李冰编写第四章和第九章，西华大学李平飞编写第五章，西华大学李跃平编写第七章，黑龙江工程学院付百学编写第六章和第八章前五节。

全书修订由东北林业大学杜丹丰统稿。作者在编写过程中参阅了许多专家的教材、著作，得到了同行和人民交通出版社股份有限公司的支持，在此一并表示衷心的感谢。

由于编者水平有限，书中难免有错误和疏漏之处，恳请读者和同仁批评指正，以便教材再版时改正，我们的电子邮箱是：ddf72@163.com。

编　者
2016年8月

目录

Mulu

第一章　汽车试验基础 ………………………………………………………………………… 1
　第一节　概述 ………………………………………………………………………………… 1
　第二节　汽车试验标准 ……………………………………………………………………… 4
　第三节　汽车试验管理与实施 ……………………………………………………………… 8
　第四节　常用试验数据表示方法 …………………………………………………………… 15

第二章　汽车试验设备与设施 ………………………………………………………………… 22
　第一节　典型试验设备 ……………………………………………………………………… 22
　第二节　典型试验设施 ……………………………………………………………………… 41
　第三节　汽车试验场 ………………………………………………………………………… 49

第三章　整车技术参数的检测 ………………………………………………………………… 58
　第一节　汽车几何参数测量 ………………………………………………………………… 58
　第二节　质量参数测量 ……………………………………………………………………… 66

第四章　汽车环境保护特性测量 ……………………………………………………………… 70
　第一节　排气污染物测量 …………………………………………………………………… 70
　第二节　汽车噪声测量 ……………………………………………………………………… 77
　第三节　汽车无线电干扰特性测量 ………………………………………………………… 81

第五章　汽车基本性能试验 …………………………………………………………………… 87
　第一节　动力性试验 ………………………………………………………………………… 87
　第二节　燃料经济性能试验 ………………………………………………………………… 96
　第三节　制动性能试验 ……………………………………………………………………… 107
　第四节　操纵稳定性试验 …………………………………………………………………… 112
　第五节　汽车行驶平顺性 …………………………………………………………………… 121
　第六节　通过性试验 ………………………………………………………………………… 126

第六章　汽车可靠性试验 ……………………………………………………………………… 134
　第一节　概述 ………………………………………………………………………………… 134
　第二节　汽车可靠性行驶试验 ……………………………………………………………… 135
　第三节　汽车可靠性室内试验 ……………………………………………………………… 141
　第四节　汽车可靠性强化试验 ……………………………………………………………… 144
　第五节　特殊环境和极限条件下的可靠性试验 …………………………………………… 148

第七章　汽车碰撞试验 ………………………………………………………………………… 150
　第一节　碰撞试验假人技术 ………………………………………………………………… 150
　第二节　碰撞试验测量系统 ………………………………………………………………… 156

第三节　实车碰撞试验···158
第八章　汽车总成与零部件试验···165
　　第一节　发动机试验···165
　　第二节　传动系试验···170
　　第三节　悬架试验···184
　　第四节　车轮试验···186
　　第五节　车身密封性试验···190
　　第六节　汽车电器试验···200
第九章　汽车虚拟试验技术···211
　　第一节　汽车虚拟试验场···211
　　第二节　汽车虚拟试验···213
附录···224
参考文献···229

第一章 汽车试验基础

第一节 概 述

现代汽车是一种大批量生产、产品性能质量要求高、结构复杂、使用条件多变的产品。影响汽车质量的因素多,所涉及的技术领域也极为广泛。任何设计制造缺陷都可能造成严重的后果,即使在设计和制造上考虑得非常周密,也都必须经过试验来检验。通过试验可以发现汽车在制造和使用过程中的缺陷及薄弱环节,深入了解汽车在实际使用中各种现象的本质及其规律,保证产品性能,提高汽车的品质和市场竞争力,并推动其技术进步。可见,汽车试验对于汽车制造业、检测维修服务业具有举足轻重的作用。可以说,没有汽车试验的发展,就没有汽车工业的今天。因此,人们对汽车试验工程的重视程度越来越高,投入的财力和精力也越来越大,用于试验的设备、设施及手段也越来越先进。近年来汽车工业企业非常重视其试验研究工作,在产品技术领域设立专门的试验研究机构。

由于日常的工作中还会经常遇到与试验有关的知识,作为汽车专业人员仅仅掌握汽车结构与原理、设计与制造、使用及维护等项技术还是不够的,还应当掌握汽车试验的有关内容。

一、汽车试验发展概况

汽车试验伴随汽车工业的诞生和发展而逐渐成长起来,汽车试验的发展经历了以下几个阶段。

第一阶段,从第一辆汽车的研制开始至福特公司建成的"汽车流水生产线",汽车试验以研发性试验和道路试验为主,主要方法是操作体验和主观评价。这时汽车主要以手工方式进行生产,产品数量不多、品质差而且成本高。人们对其性能和品质的要求不高,因此汽车试验工作亦处在一种较为原始的状态。尽管如此,汽车试验工作仍受到制造者和用户的普遍重视,任何一辆汽车在出厂之前都要进行道路试验;用户在购买之前大多也要上车体验一番,汽车制造商不时还会举行一些展示汽车性能的比赛活动。

第二阶段,从福特公司建成全世界第一条汽车总装生产流水线至20世纪40年代,汽车工业劳动生产率显著提高,成本下降,产量增加,并扩大了使用范围。这时产品的可靠性、寿命和性能方面的问题较突出,要求通过试验研究工作加以解决,从而逐渐形成了汽车试验研究体系。在此期间,汽车试验除借助于其他行业比较成熟的技术和方法外,制定了专业试验方法;为了适应汽车高品质、低售价和专业化生产的需要,各厂家进行了大量的有关材料、工艺、可靠性、寿命以及性能等诸方面问题的试验研究；开发出了符合行业发展要求的试验仪器设备，如转鼓试验台、闭式试验台及疲劳试验台等，这些设备除结构和控制方面有所改进外，其基本原理沿用至今。

在此阶段，道路试验得到了足够的重视，有实力的大公司开始建设汽车试验场。汽车生产方式的变化，带来了汽车试验方法的根本变革，汽车试验已由手工生产阶段的操作体验、主观评价发展为仪器检测、客观评价。尽管当时汽车试验的规模不大、范围不是很广、试验设备比较简单，除少数汽车生产厂家拥有试验场外，汽车的道路试验多在一般公路上进行，但汽车试验工作的基本方法是在这一时期形成的，且为后期的发展打下了良好的基础。

第三阶段，从20世纪40年代至20世纪70年代，全世界汽车保有量剧增，在其结构和性能方面有了大幅度的改善和提高。这一时期汽车工业的主要特点是，既保持着大规模生产，又有向多品种和高技术发展的趋势。由于汽车生产发展的需要，加之许多相邻工业、相邻学科的发展和渗透，汽车试验技术进入了一个新的发展时期，大量的基础性研究工作推动了试验技术的发展。

试验技术的发展与试验仪器设备的完善和提高有着密切的关系。由于电子技术的发展，出现了各种数据采集、变换、放大、储存、处理以及控制等方面的高精度电子仪器。电测量测试技术的应用在现代汽车试验中占有十分重要的地位。

20世纪60年代日本丰田创立精益生产方式，突出特点是"以最少的投入，产出尽可能多的和最好的产品"。最好的产品包括性能品质最好和产品技术领先两个方面的含义，要做到这些，显然离不开汽车试验研究的支持。自精益生产阶段开始，世界各大汽车公司便开始投入巨资大规模建设汽车试验室和汽车试验场。国际上有影响的大公司几乎无一例外地都拥有自己的汽车试验场。一些跨国大公司长年都有数百辆整车在汽车整车试验室及汽车试验场进行试验，各总成部件的试验规模亦相当大。

第四阶段，20世纪70年代以后，汽车工业发展不仅保持了大规模、多品种和高技术，而且出现了一些新的更科学、更合理的生产组织管理制度，使汽车试验技术也得到了同步的提高与完善。此阶段，电子计算机的应用对汽车试验起到了巨大的促进作用。电子计算机在汽车的性能预测、强度计算上提供了快速、准确的运算工具，如操纵稳定性预测、空气动力学特性预测、车身以及车架的有限元计算等，从而代替了大量多方案比较试验。运用计算机虚拟仿真试验，在设计阶段就能对产品的运行性能进行评价或体验，缩短汽车的开发设计周期，降低研发成本，提高工作效能，还能在整车电气检测中，开发适合自身特点且灵活性强的检测系统。

此外，电子液压振动试验台、电控转鼓试验台等大型试验设备的广泛应用，以及汽车风洞、汽车试验场等大型试验设施的普遍建立，使汽车试验技术无论在方法上还是在装备上都达到了空前完善的程度。

我国汽车工业的发展与国际汽车工业相比，约滞后半个多世纪。新中国成立以后，党和国家领导人十分重视汽车工业的发展。为了适应我国社会主义建设的要求，快速发展汽车工业，我国先后建起了长春第一汽车制造厂、北京汽车制造厂、襄樊第二汽车制造厂和南京汽车制造厂等大型的汽车制造厂，同时筹建了与之配套的一汽试验场，受当时各种条件所限，一汽试验场内设备设施比较简陋。20世纪70年代末，国家投巨资建成了我国目前面积最大、功能最全的海南汽车综合试验场，随后又在湖北襄樊、安徽定远建成了第二汽车制造厂汽车试验场和总后汽车试验场。这些试验场功能齐全，设备设施先进，试验规范完善，投入使用后，推动了我国汽车工业的发展。进入 20 世纪 90 年代以来，交通部北京通州汽车试验场、化工部河北廊坊汽车试验场先后建成并投入使用。

20 世纪 80 年代初是我国汽车工业的一次大发展时期，产量的大幅上升使得汽车产品可靠性和性能差的问题显得尤为突出。为了有效地解决这些问题，政府采取了定期强制抽检，企业加大了试验研究的力度。短期内，国产汽车产品的性能和质量明显地上了一个台阶。在用的每个汽车试验场长年都有数十辆不同的车型在上面进行各种不同内容的汽车试验。正因为有如此大规模汽车试验的推动，才使得我国汽车产业从规模到汽车技术水平和性能品质等方面都有了一个大的飞跃。

二、汽车试验的目的与分类

1. 汽车试验的目的

汽车试验通常是指在专用试验场、其他专用场地或试验室内，使用专用设备、设施，依照试验大纲及有关标准，对汽车或总成部件进行各种测试的工作过程。当然，也可根据需要在常规道路上或典型地域进行相关试验，如限定工况的实际行驶试验、地区适应性试验等。

汽车试验的目的是为了对产品的性能进行考核，使其缺陷和薄弱环节得到充分暴露，以便进一步研究并提出改进意见，以提高汽车性能。总之，试验是发现问题的重要手段，也是对汽车各种性能做出客观评价的依据。

2. 汽车试验分类

1）汽车试验可按试验目的分为研究性试验、新产品定型试验和品质检查试验

研究性试验：为了改进现有产品或开发研制新产品，必须对车辆的新部件、新结构及采用的新材料、新工艺等进行广泛深入的研究试验，试验采用较先进的仪器设备。此外，新的试验方法与测试技术的探讨、试验标准的制定也是研究性试验的目的之一。

新产品定型试验：在新型车辆投产之前，首先按照规程进行全面性能鉴定试验，同时要在不同地区（如我国华南亚热带、青藏高原、东北寒区等）进行适应性和实用性试验。在定型试验中不允许出现重大损坏、性能恶化及维修频繁等情况。新设计或改进设计的试制样车，则应根据生产纲领规定的试验内容进行试验。大批量生产的车型，可先以少量（3～8 辆）样车考验其设计性能，经改进后，再生产小批样车考验其性能、材料及工艺等。

品质检查试验：一般是指对汽车产品品质的定期检查试验。对目前生产的车辆产品，定期进行品质检查试验，考核产品品质的稳定性，以便及时检查出产品存在的问题。一般情况下，品质检查试验较简单，通常是针对用户意见，按产品品质定期检查试验规程进行，并做出检查结论。

2）汽车试验按对象可分为整车性能试验、总成试验和零部件试验

整车性能试验：目的是考核整车的主要技术性能，测出各项技术性能指标，如动力性、燃料经济性、接近角、离去角、最小离地间隙、最小通过半径等。

总成试验：主要考核机构及总成的工作性能和耐久性。如发动机功率、变速器机械效

率、悬架装置的特性以及它们的结构强度、疲劳寿命、耐久性等。

零部件试验：主要考核汽车零部件设计和工艺的合理性，测试其精度、强度、磨损和疲劳寿命以及研究材料的选择是否合适。

3）汽车试验按场所可分为实验室台架试验、试验场试验和室外道路场地试验

实验室台架试验：室内试验能以较高的精度来测试车辆及其部件的各种性能，并针对某些特性进行研究。近十几年来，车辆试验中已广泛采用电子计算机技术。例如：室内试验广泛应用计算机控制、随机负荷加载以及自动分析记录的数据采集系统。因而台架试验可以模拟实际使用工况，在实际试验中建立在实验台上试验与实车道路试验相应的关系，以代替一部分道路试验，这样不仅提高了试验精度，而且缩短了试验周期。

试验场试验：这是一种按照预先制订的试验项目、试验规范，在规定的行驶条件下进行的试验。试验场可以设置比实际道路更加恶劣的行驶条件和各种典型道路与环境。汽车在这种条件和环境下进行可靠性试验、寿命试验以及环境试验，也可以进行强化试验，可缩短试验周期，提高试验结果的对比性。

室外道路场地试验：车辆在实际使用的道路条件下试验，可以全面考核评价车辆的技术性能，所以，这是最普遍的试验方法，但是车上空间条件的限制，使有些传感器的安装，测试参数的记录均较室内试验困难。近些年来，已陆续发展了各种高性能的小型传感器和电子仪器以及应用磁带记录仪作现场记录，大大提高了测试精度。此外，短距离遥测系统的利用，使道路试验技术更加完善。

第二节　汽车试验标准

目前，我国已发布的汽车标准包括整车、专用车、发动机、传动系、制动系、悬架系统、转向系车轮、车身及附件、电气设备与仪表等方面的技术要求与试验方法。

一、汽车试验标准的特点

汽车试验标准作为特种文献的一种，它具有如下一些特点。

1. 标准的技术性和权威性

由于标准作为一种依据和规范提出，且其描述的内容详尽、完整和可靠，因此标准文献的技术成熟度很高。

权威性，是指试验方法一经形成标准，在试验中就应严格遵照执行，不应随意改变。若在试验中未严格执行标准，则试验结果就失去了它的严肃性和可比性。因此标准还具有一定的法律属性，使产品生产、使用、组织管理等有据可依。

2. 标准自成体系

标准文献无论是从编写格式、描述内容、遣词用字上，还是在审批程序、管理办法以及使用范围等方面都不同于一般的文献，而别具一格自成体系。标准文献的一个显著标志，就是一件标准对应一个标准号。一件标准即使仅有寥寥数页也单独成册出版，一般只解决一个问题。

3. 标准的先进性

通常标准制定后，随着国民经济的发展和技术水平的提高，都要不断地进行修订、补充

或以新代旧。国际标准化组织规定每5年重新审订一次所有标准,个别情况下可以提前修订,以保证标准的先进性。所以标准文献对于了解一个国家的工业发展情况和科学技术水平有很大的参考价值。只有经常修改,才能保证具有一定的超前性。试验标准的先进性有利于促进汽车试验技术和汽车制造水平的提高,而试验标准的稳定,有利于试验方法的推广执行。

4. 标准交叉性

从企业标准到行业标准直至国际标准之间并不意味着级别依次上升。许多国家的国家标准是由有代表性的行业标准或企业标准升格而来的,所以在内容上有许多重复交叉的现象,且各国之间直接相互引用有关标准也屡见不鲜。因此,判断标准的水平,不能以使用范围大小来盲目评价,而应视具体的技术参数和具体内容为依据。

5. 标准的通用性

标准的通用性是指以试验方法标准作为权威方法,在试验中有一定的指导作用,它应适用于不同部门、多种车型的汽车试验。目前,标准文献向国际化发展的一个很重要的原因就是贸易全球化、产品国际化,要想参与国际竞争,把产品打入国际市场,必须执行国际标准。目前,各国都在纷纷制定与国际标准兼容的国家标准。

二、试验标准的分类

1. 试验标准适用范围

试验标准按适用的范围可分为国际标准、国际区域性标准、国家标准、行业标准和企业标准等几类。

1) 国际标准

国际标准是由国际标准化组织ISO(International Standards Organization)制定的。ISO是世界最大的、非官方工业和技术合作国际组织,是联合国的高级咨询机构。我国于1978年9月加入ISO,成为该组织的正式成员,其英文代号为CSBS(China State Bureau of Standards——中国国家标准局)。凡是由ISO制定的标准,开头都有"ISO"标记,如ISO 2631《人体承受全身振动的评价指南》。

2) 国际区域性标准

国际区域性标准是由若干成员国共同参与制定并共同遵守的标准。最典型的有欧洲经济委员会(Economic Commission of Europe,缩写为ECE)和欧洲经济共同体(European Economic Community,缩写为EEC)。EEC是联合国理事会的下属机构,1958年开始制定汽车安全法规。ECE法规不是强制性法规,各成员国可选择采用,各国通常在ECE法规基本要求下制定本国法规。EEC汽车安全法规是由欧共体的成员国讨论制定的,它具有绝对权威性,一旦发布,各成员国必须强制执行。EEC标准号由年份、编号和EEC代号三部分组成。如:70/156EEC,即为1970年颁发的第156号EEC指令。

3) 国家标准

国家标准是各国依据自己的国情而制定的适用于本国的标准。我国国家标准简称GB。美国的国家标准简写为ANSI(American National Standards Institute),日本的国家标准简写为JIS。

4) 行业标准

行业标准是为了规范本行业所辖各部门产品试验方法而制定的。如我国汽车行业标准,简写为 QC,交通行业标准简写为 JT 等。美国汽车工程师学会 SAE(Society of Automotive Engineers)制定的标准,简称为 SAE 标准,它在美国和世界都具有很高的权威。另外,美国《联邦机动车安全法规》FMVSS(Federal Motor Vehicle Safety Standards),是目前世界上最全面、最严格的汽车安全法规。日本汽车工程师协会 JSAE(Japanese Society of Automotive Engineers)于 1977 年成立标准委员会,制定的日本汽车工业通用标准,其英文代号为 JASO(Japanese Automobile Standards Organization)。

5)企业标准

企业标准是指各汽车生产企业、汽车试验场,根据本身特点,参考相应国际、国家标准而制定的,它只限于本企业内使用。通常,企业标准严于国家或国际标准,目的是为了提高本企业产品品质。

2. 试验标准的性质

试验标准按性质可分为强制性试验标准和推荐性试验标准。

1)强制性试验标准

强制性试验标准是指为了保障人身健康、安全,保护环境、节约能源而制定的强制执行的标准。这类标准一般称之为法规。我国《标准化法》规定,强制性标准必须执行,不符合强制性标准的产品禁止生产、销售和进口。我国 GB 7258—2012《机动车运行安全技术条件》即为强制性标准。在我国,强制性汽车标准已近百项。

2)推荐性试验标准

推荐性试验标准无强制性,企业自愿采用,但一经采用就应严格执行,不得随意改动。在我国,凡是标准代号带有"T"的,均为推荐性标准。如 GB/T 12678—1990《汽车可靠性行驶试验方法》等。推荐性标准还可细分为通用性试验标准和定型试验标准。通用性试验标准是车辆单项性能试验标准,一般不分车辆类型,即不管何种车辆,均可用此标准规定的方法进行某一性能的试验。定型试验是车辆定型时进行的试验,定型试验标准因车辆类型不同而不同,如载货汽车定型试验规程,越野汽车定型试验规程等。

三、汽车道路试验方法通则

汽车道路试验的最大特点是接近实际使用情况,试验结果最具真实性。由于道路试验的影响因素很多,如气象条件、道路条件、驾驶操作等都会影响试验结果,从而导致试验结果比较离散。如果不控制好试验条件,将降低试验结果的可比性和重复性,甚至会使试验结果失真。因此,对于道路试验的试验条件、车辆准备工作等影响汽车试验结果的方面,在 GB/T 12534—1990《汽车道路试验方法通则》(以下简称《通则》)中作了统一规定,以保证试验结果的真实性、重复性和可比性。

1. 试验条件

《通则》规定的试验条件包括:汽车装载质量,轮胎气压,燃料、润滑油、制动液,气象条件,试验仪器设备,试验道路等。

1)装载质量

一般情况,装载质量按设计任务书要求,载货车、客车、越野车均应达到厂定最大装载质量;有的车型(如专用车、改装车),因其自身质量已不是其基型车的质量,试验时应使之处于厂定最大总质量。轿车因使用工况的特点,一般情况取半载状态。有的试验需空载进行,如称量自身质量、测定质心位置等。

为避免试验中因载物位置移动或质量变化,而改变质心位置和车辆载荷分布情况,要求装载质量应分布均匀,必要时加以固定,不能因为雨淋或洒漏使货物质量发生变化。

车上乘员的质量应计入汽车载质量,乘员质量按表1-1计算,乘员可用相同质量的重物代替。

各种车辆中乘员质量及其分布(单位:kg)　　表1-1

车型			每人平均质量	行李质量	代替重物分布			
					座椅上	座椅前的地板上	吊在车顶的拉手上	行李舱(架)
货车、越野汽车、专用汽车、自卸汽车、牵引汽车			65	—	55	10	—	—
客车	长途		60	13	50	10	—	13
	公共	坐客	60	—	50	10	—	—
		站客	60	—	—	55(地板上)	5	—
	旅游		60	22	50	10	—	22
轿车			60	5	50	10	—	5

2) 轮胎气压

轮胎气压对汽车各项性能有重要影响,因此要求试验车轮胎的种类、型号规格、花纹深度、轮胎气压均应符合试验车技术条件的规定。试验用轮胎应使用新轮胎或磨损不大于原花纹深度20%的轮胎,胎压偏差不超过±10kPa。

试验证明,新旧轮胎的阻力系数不同;轮胎气压不足,滚动阻力增加,滑行距离缩短,油耗上升;子午胎较常规斜交胎滚动阻力低,油耗可降低7%~8%。

3) 燃料油、润滑油(脂)、制动液

汽车使用的燃料油、润滑油(脂)、制动液等的牌号和规格应符合试验车的技术条件要求或现行国家标准规定。除可靠性试验、耐久性试验及使用试验外,同一试验的各项性能测量时必须使用同一批号燃料油、润滑油(脂)和制动液。使用不同的燃料油、润滑油(脂)将影响动力性和燃料经济性的试验结果。不同的制动液对制动性能的影响也有所不同。应当注意,市场上供应的燃料油,不同炼油厂、不同时间供应的同一标号汽油其辛烷值、密度、馏分均有差异,对汽车性能有一定影响,使用时应尽量使用同一批油。试验证明,辛烷值相差1个单位,油耗将相差1%。

4) 气象、道路条件

(1) 试验时应是无雨无雾天气;相对湿度小于95%。

(2) 气温0~40℃。

(3) 风速不大于3m/s。

对气象有特殊要求的试验项目,由相应试验方法规定。

除另有规定外,各项性能试验应在清洁、干燥、平坦的沥青或混凝土铺装的直线道路上进行。道路长2~3km,宽不小于8m,纵向坡度在0.1%以内。

气象和道路条件要求不严格,将会使试验结果出现较大偏差。油耗试验对风速和道路坡度特别敏感;若风速过大,即便采用往返试验的方法也不能完全消除风的影响,侧向风的影响更不易消除;若道路纵向坡度过大,将使往返两条燃料经济性曲线相差较大;试验证明,纵向坡度达到0.3%时,测取的等速油耗结果已不能真实反映汽车的燃料经济性。

5)试验仪器、设备

试验仪器、设备须经计量检定,在有效期内使用,并在使用前进行调整,确保功能正常,符合精度要求。如设备过重,应计入汽车载重量。

当使用汽车上安装的速度表、里程表测定车速和里程时,试验前必须进行误差校正。具体方法是,用距离测量仪记录试验开始至终了时的实际里程数(精确到±0.05km),而后用下式计算里程表校正系数 C,即:

$$C = \frac{s}{s'} \tag{1-1}$$

式中:s——实际里程,km;

s'——里程表指示里程数,km。

2. 试验车辆准备

1)试验前车辆检查

记录试验样车生产厂名、牌号、型号、发动机号、底盘号、各主要总成号及出厂日期。

检查车辆装备的完整性及调整情况,使之符合该车装配调整技术条件及 GB 7258—2012《机动车运行安全技术条件》的有关规定。

2)行驶检查

行驶检查主要检查汽车的技术状况,行驶里程不大于100km。

行驶检查在汽车磨合行驶之后,基本性能试验之前进行。行驶道路为平坦的平原公路,交通流量小,有里程标志,单程行驶不少于50km,风速不大于5m/s,车速为汽车设计最高速度的55%~65%,不允许空挡滑行,尽量保持匀速行驶。行驶前,应在出水管、发动机主油道(或曲轴箱放油塞)、变速器及后桥主减速器等的加油塞处安装0~150℃量程的远程温度传感器(热电偶);各总成冷却液及润滑油必须加到规定量。检查行驶时,每5km测一次各点温度并记录当时时间、里程及车速等试验结果,绘制温升曲线,从而找出各总成的平衡温度和达到平衡温度时的行驶里程和时间。

行驶中还应检查各总成工作状况、噪声及温度,密切注意转向器、制动器等零部件的性能,发现异常应及时找出原因并排除,排除后方可继续行驶。

在行驶检查的同时,还可以进行里程表校正、平均技术车速测量及平均燃料消耗量测定等,这些内容可根据要求选做。

3)车辆磨合

根据试验要求进行磨合,除另有规定外,磨合试验按该车使用说明书规定进行。

4)预热行驶

试验前,试验车辆必须进行预热行驶,使汽车发动机、传动系及其他部件预热到规定的温度状态。

第三节 汽车试验管理与实施

汽车试验工作的成败在很大程度上取决于管理工作的水平。如果管理工作搞不好,就会影响试验的顺利进行及试验结果的置信水平,使之达不到预期的目的。例如:试验程序没能严格执行,试验标准未能认真地遵循,在环境条件、车辆条件、仪器设备精度等不能满足要求的情况下强行试验,维修保障工作不到位等均会不同程度地影响试验的进展,甚至导致试验中发生意外事故。所以要想达到预期目的,除了应有高素质的技术人员、先进的仪器设备、合乎要求的各种条件外,强有力的组织管理工作是必不可少的。

一、试验管理

1. 试验管理的概念

试验管理是指一个试验组织(或单位)为实现预期的试验目的,所进行的有计划、有组织的一切活动。它是在时间和经费允许的情况下,根据上级试验主管部门或被试车辆的使用部门提出的要求,为了顺利实施试验并取得最高置信度的试验结果,达到预定目标,在试验过程中所进行的一切组织、计划、协调和控制等综合性工作。

试验管理应包含技术活动和组织活动两方面的管理工作。

技术活动包括:制订试验大纲、试验方案设计、试验程序的编制;调查研究收集资料、分析资料和学习有关文件;安排人员的技术培训;选择、研制试验设备和仪器;数据的采集与处理以及编写试验报告等。

组织活动是指为有效地实现技术活动所进行的一切保障与监督管理活动。

试验管理的目标是,以最少的资源(人、财、物、信息、时间等)消耗去完成既定的试验任务,或以一定的资源消耗去完成尽可能多的试验任务。

2. 试验管理的对象

管理的对象一般是指参与试验活动的人和用于试验的财、物、信息和时间。

人——是指所有参加试验工作的各部门和单位的管理者、工程技术人员、维修技工、驾驶员、仪器操作人员、后勤保障人员以及他们所掌握的知识和技术的统称。

财——为保障试验活动的一切经费。

物——包括被试车辆、备件、各种油料和其他消耗材料,各种维修设备及工具、试验用仪器、仪表设备设施以及后勤保障车辆等生活物资装备。

信息——包括指令、文件、试验标准、图样及有关技术文件、规则规范、数据资料以及决策方案等。

时间——是指试验工作的耗时和进度,它们应以日历时间和试验的工作小时来进行量度和控制。

3. 试验管理的任务

试验管理的基本任务是对试验活动进行计划、组织、监督与控制。

计划——是指根据试验指令、试验大纲和方案的要求,分析确定试验管理的目标,选择达到目标必须进行的活动项目,确定每次活动的实施要求,并根据已确定的活动内容估计所需资源和时间。

组织——建立试验管理机构,任命或指定试验活动的负责人,组织参试人员的业务培训,使之能胜任所承担的任务。

监督——通过检查、评审等活动及时获取可靠的信息,以便监督试验是否按计划进行。

控制——依据试验计划的要求,衡量试验中对计划的执行情况,并对发现的问题,进行分析,对需纠正的问题及时采取可行的措施,以保证计划的最终落实和管理目标的实现。

4. 试验管理的主要内容

1) 试验管理机构及其职能

试验管理机构是汽车工业整个开发规划中的一个组成部分。它随各国或各企业单位的管理体制不同而各有差异,管理机构有国家的、军队的还有部门的或企业内部的,下面只介绍一下执行试验任务的临时管理机构——试验领导小组。

试验领导小组是为保证试验任务顺利实施的一个临时管理机构,它统一布置试验任务并领导试验工作,处理试验过程中可能发生的各种问题。一般来说,当试验任务由试验机构直接承担时,则试验过程的组织就由试验机构负责实施,如果试验任务是由被试车辆研制单位和试验机构共同承担时,则试验领导小组应由各方人员共同组成。领导小组下设试验组、维修组、保障组等。如试验规模较小,一切工作可以统一由试验组承担,不再成立专门的领导小组。

2) 试验过程的管理

车辆试验过程一般分为三个阶段:试验准备阶段,试验实施阶段和试验结束阶段,所以试验管理机构的管理职能就是在这三个阶段中具体发挥它应有的作用。

(1) 试验准备阶段的管理。试验准备阶段也可以说是计划阶段,它是在调查研究的基础上,依据主管部门的要求,制订试验大纲和方案;对人员进行必要的培训;筹措物资以及为进行试验而做的其他工作。

(2) 试验实施阶段的管理。试验实施阶段是根据试验准备阶段所制订的试验大纲、试验方案和试验流程图进行的,是试验工作能否达到预期目的的关键环节,所有参加试验的工作人员都应为实现这个目标努力工作。这个阶段,参试人员的主要活动场所大部分都在试验现场,所以加强试验场所的管理是保证试验工作质量的关键,也是该阶段管理工作的中心环节,本阶段的主要工作有组织所有参试人员将试验大纲、方案付诸实施;控制好试验工作的进度;对试验结果或试验数据及时进行检查、评审;按照规定要求对受试车辆,试验设施、设备等进行检查维护,使之始终符合试验的要求等内容。

(3) 试验结束阶段的管理。试验结束阶段的管理很重要,如果管理不好会影响试验工作的效果,不能反映试验的真实情况,影响试验结果的置信水平。试验结束阶段的主要工作有根据试验的性质和要求编写试验报告;根据实际要求拆检和修复受试车辆;将受试车辆移交给委托试验的单位;对试验用设备、设施和仪器、仪表等进行清理、维护后入库;对整个试验工作做出总结等内容。

二、试验实施

汽车试验是一门技术性很强的工作,事先必须有周密的计划和组织,否则就不能达到预期的目的。全部试验过程可分为试验准备、试验实施和试验结束三个阶段。下面将分别对每个阶段的主要任务的计划和组织作具体叙述。

试验准备一般指按照试验的实际需要,对整个试验过程做出一个全面而系统的规划,其内容包括试验目的、试验条件、试验内容、试验场地与仪器、试验方法和试验数据的处理与分析等。

1. 全面深入地了解被试对象

全面深入地了解被试对象是进行试验设计的前提。若对被试对象的结构、材料、功能、用途和作用缺少全面的认识,显然就不可能知道该做些什么试验。

全面深入了解被试对象最直接且有效的方法,是从被试对象的设计研究者那里获取相关的信息,或邀请设计研究者参与试验设计工作。若无法做到这一点,则试验设计人员应深入分析被试对象的全部技术资料。

2. 充分了解试验的要求

充分了解试验要求是科学合理设计试验的基础。试验要求通常包括两个层面,其一是试验精度要求;其二是通过试验获取必要的有用信息。

对于任何一项试验,根据要求的试验精度的不同,所使用的试验仪器、试验方法、试验周期和试验费用会存在很大的差异。一般说来,试验精度要求越高,所需的试验仪器系统会越复杂,试验周期会越长,试验费用亦会越高。汽车试验是一项纯消耗性的工作,试验费用是汽车生产及研发成本的重要组成部分。因此,无论什么类型的试验,往往都遵循这样的一个原则,即在满足试验精度要求的前提下,应尽可能降低试验费用。

通过试验获取必要的有用信息,是指应避免做一些无用的试验。如某一新机构的开发,显然离不开试验的支持,但任何一种新机构的开发都需经历一个复杂的过程,即第一步是实现功能;第二步是完善其性能;第三步是探寻最经济的制造方法;第四步是产品投产的稳定性研究等。在产品开发的第一阶段通常仅需安排功能试验;第二阶段主要安排性能试验;第三阶段主要是安排工艺性试验;在产品开发的最后阶段,则需对产品进行全方位的试验考核。

3. 研究相关的试验标准及试验规范

尽管所要进行的试验没有现成的试验标准或试验规范,但相近的产品或相近的研究可能已有了相关的试验标准或试验规范,其中或许绝大多数内容与本试验无关,但相近产品或相近研究的已有试验标准或试验规范的思想和内容,一定会有可借鉴的部分。广泛研究相关试验标准或试验规范可以使试验少走弯路,缩短试验设计的周期。

值得注意的是,参照相关试验标准及试验规范并不等于简单地照抄照搬。试验设计是一项创造性的工作,一定要充分反映本试验的特点。

4. 对已有的试验条件、试验仪器设备进行深入分析

充分利用已有的试验条件和试验设备,尽可能少地采用本单位没有的仪器设备,力争避免采用待开发的设备(试验仪器生产厂家尚未开发出来的仪器设备),是试验设计过程中应遵循的一项重要原则。因为购买新仪器需要时间,开发新的试验仪器设备所需的时间更长。充分利用已有试验条件和试验仪器设备的突出优点是,可以缩短产品研发周期,但千万不要指望所有的新试验都可借助于已有试验仪器设备就可以完成。进行科研性试验时,往往需要不断地补充一些新的试验用仪器设备。

5. 明确试验目的

所谓明确试验目的,就是要解决为什么要进行试验这一问题,即通过此次试验希望获取哪些信息,解决什么问题。

对于一项全新的试验而言,试验目的可能需要一个逐步明确的过程。在开始进行试验之前,或许只有部分试验目的是明确的。有些试验目的需等到一些试验数据出来之后才能逐渐清楚。事实上,这是科研试验的一种普遍规律,即科研性试验需在试验过程中去逐渐完善。

6. 根据试验目的确定试验内容

所谓根据试验目的确定试验内容,就是要"对症下药",既要避免做一些无用的试验,而白白地浪费宝贵的时间和金钱,也不要漏掉一些重要的试验项目而影响科研的进展。

7. 根据试验内容和试验要求选择试验用仪器设备

(1)试验用仪器设备的选用,首先应能保证有效地检测试验内容中所涉及的所有被测量,即满足试验所必需的功能要求。

(2)试验仪器设备所测得各种物理量应该准确可靠,应能够保证试验的精度要求。试验仪器设备的精度与仪器的复杂程度和价格直接相关,通常精度高的仪器设备,其结构亦较复杂,价格将会成倍增加。因此,正确选择仪器设备的原则是在满足试验要求的前提下,不要片面地追求高精度。工程实践表明,为了有效地确保试验精度,试验仪器设备的精度比试验所要求的精度高一个精度等级,就可以很好地满足上面所述的仪器设备选用原则。

(3)合理地组建试验用仪器系统(一项复杂的汽车试验,往往需要将多种不同功能的仪器组合起来才能完成试验工作),充分注意传感器的接入对测试系统动态特性的影响及仪器设备带来的负载效应。

8. 分析和研究试验条件对试验结果的可能影响

对汽车试验而言,尤其是那些需在室外进行的试验,由于室外的环境和气候条件不可控,且不同地区、不同季节和不同时段的环境和气候条件差异很大,若所要进行的试验对环境和气候的变化敏感,则应对其做出严格的规定,以避免试验条件的变化对试验结果带来的不利影响。

9. 确定试验方法

试验方法应对如下一些内容做出明确而详细的规定。当然,并非所有的试验项目其试验方法均包括如下 6 项内容,因为试验项目不同,试验方法所涉及的内容亦会有些差异。

(1)试验对象的维修规范。

(2)试验过程中,试验对象出现异常情况的处理(如:是中断试验还是处理后继续试验,或是加倍重新进行试验等)。

(3)试验前的磨合与预热。

(4)试验的实施、仪器和试验对象的操控。

(5)试验数据的处理和修正。

(6)试验结果的评价。

10. 制订试验大纲

试验大纲是指导试验工作的重要文件。大纲质量的高低关系到试验工作质量的高低,甚至影响到试验工作的成败。根据车辆试验任务提出的要求,按相应的试验标准编制试验大纲,经集体讨论后,报试验的领导机构审批实施。试验大纲一般应包含下列内容。

(1)试验的目的和任务。明确规定试验必须完成的任务,如要解决的技术问题,要测取所需要的数据或要观察的现象等。要达到的目的,如法规适应性验证、新产品的定型或零部件定型等,试验目的决定试验类型,且在很大程度上决定了试验的规模与内容。

(2)试验的内容与条件为完成试验任务所需的试验内容、试验条件、试验程序以及试验工作量,都应在大纲中做简要说明,必要时应附有试验原理示意图。

(3)试验项目和测量参数大纲中应根据试验内容,详细列出必须进行的试验项目以及每个项目中必须测量的参数。如制动性能试验需要测量的参数 v(初速度)、s(制动距离)、t(制动时间),并说明由测量参数求得最后性能指标的方法。

(4)根据试验项目、测量参数,选择试验所用的仪器设备,并提出仪器的精度要求。

(5)试验技术和方法大纲中规定的试验有关技术事项和试验方法步骤对试验人员的正确操作、检验数据及确保试验成功是十分重要的,特别是对于试验标准或法规中规定的试验程序和方法步骤必须严格遵守。

(6)人员的组织与分工。参加试验的人员应该按其专业水平和工作需要进行分工,发挥其专业特长,使他们都有明确的职责,同时建立试验组织系统,组成试验领导指挥系统。

(7)试验进度计划,根据试验任务和目的以及各个项目进行的先后顺序,编制进度日程计划,以便使试验工作协调有序和按计划进行。在编制进度计划时,从时间安排上要留有余地,以免因时间太紧而影响试验质量,或因天气变化而造成计划不能按期执行,致使计划作用失效。

11. 准备仪器设备

根据试验大纲的要求,准备好所需的仪器设备。一般情况下,在整车试验时要准备好各种传感器、记录仪器等。对室内台架试验则要准备好各种连接件、测量仪器、动力设备和测量设备等。应当引起注意的是不论是室外还是室内试验,所用仪器设备均应满足试验要求的测量范围、容量和精度。使用前,仪器设备应进行标定,标定的数据应记录并填入试验报告中。

12. 人员配备和试验记录准备

根据试验项目测取数据,配备操作、监测、记录人员,明确每人的任务和相互间配合关系,熟练掌握仪器设备的操作规程、车辆驾驶技术,并拟定试验记录表格和数据处理表格,对自动打印或记录的测试系统,要设计好打印格式,记录图形的方式与规格。

13. 试验实施原则

试验实施阶段是试验工作的中心环节。一般经历四个过程,即车辆设备的预热、工况的监测、读数采样和校核数据。

试验中,无论是车辆还是总成部件,除另有规定(例如:冷起动试验)外,都应经起动运转预热的过程,使试验设备和被试车辆部件均达到正常工作状态的温度后,负荷由小到大,转速由低到高进行试验;在试验进行中,必须随时监测车辆和设备运转工况(如发动机冷却液温度、机油温度等),需要加载荷试验的,应特别注意极限加载值,以防止发生破坏设备的事故;按大纲规定,在指定工况下进行读数采样。另外,因试验常分为稳态试验和动态试验,所以读取数据时应注意,稳态值应是在一定时间(如5s)的值,动态瞬时值的读数,应该是被试件动作和记录同步。所以动态瞬时值多采用自动采样记录系统,它可以快速记录大量数据,存储、输出记录的参数,必要时可以画出参数间的关系曲线或图形。数据测取结束后,应立即汇总主要测试数据,校核各参数测量值,并据此画出监督曲线,根据曲线尽快大致分析做出试验是否有效的判定。若数据互相矛盾或偏差过大,就应采取措施,必要时重新进行局部或全部的补救试验。在具体试验时必须遵守下列原则。

(1)试验现场不得临时改变项目或内容,以避免因考虑不周、准备不足而发生的意外。

(2)试验中发现车辆、设备、仪器出现故障,应立即停止试验,查找原因,进行检修。

(3)试验中规定允许的最大负荷,最高转速(含车速)、最大压力、最低温度等各类极限值,参试人员应明确,任何情况下不应突破。

(4)测试同一项目要尽可能在同一自然条件下进行,以避免因客观条件变化引起试验的误差。

(5)测试数据应及时汇总处理,发现问题及时解决。

(6)试验中应确保人身安全的问题,必须对其作出明确规定,做到人人皆知,并注意采取相应的保证安全的措施。

三、实施条件和程序

1. 汽车试验实施条件

样车进行试验前应具备以下实施条件。

(1)研制单位应确认试验车辆是否符合设计任务书、设计图样及技术条件的要求。

(2)为保证定型试验的准确,研制单位需向试验单位提供规定数量的试验样车。

(3)研制单位应提供试验样车的技术文件如下。

①经主管部门批准的设计任务书和技术条件。

②设计图样。

③装配、调整技术条件。

④使用保养说明书。

⑤试验车的制造与装配调整记录。

⑥试验车的研制试验报告和主要总成的台架试验报告。

2. 试验的实施程序

试验的实施,一般按以下程序执行。

(1)申请试验。具备实施条件后,研制单位可按有关规定向主管定型委员会提出试验申请,由该委员会批准并指定国家汽车工业主管部门确认的汽车新产品鉴定试验单位,组织实施定型试验。

(2)组织试验。试验单位根据定型委员会批准的文件和相应试验标准的规定,接受研制单位提交的试验样车、技术文件图样,然后制订试验大纲和实施计划,并征求研制单位的意见后,呈报主管定型委员会批准。试验的具体实施内容按批准后的大纲和计划执行。

(3)执行试验。试验单位按试验大纲和计划进行试验。试验期间发现下列情况之一时,试验单位有权终止试验,并上报主管定型委员会,待研制单位改进后方可恢复试验。

①转向系、制动系的效能不能确保行车安全。

②样车性能指标与设计任务书的要求相差较大。

③主要零部件损坏,研制单位又不能及时提供合格配件。

④零件损坏频繁,影响试验工作正常进行。

⑤试验中重点考核的主要总成及关键零部件(试验大纲中应明确)如在正常试验中损坏则需要更换。

(4)试验结束,书写试验报告应根据试验进展情况,定期分阶段写出试验情况简报,并及时报送上级主管定型委员会和研制单位。

试验完成后的总结工作,应包括对试验中发现的问题、观察到的现象进行定性的分析研究,对测取的数据采取试验统计理论、误差分析的方法进行处理,以确定实测所得的性能指标和各参数间的关系。对强度、疲劳磨损试验则在试验完毕以后,对被试车辆进行分解、检查与测量,获取试验后的数据。

在完成上述工作后,应按国家标准中试验报告的格式编写试验报告及定型试验工作总结材料,上报主管委员会,并将试验报告提交研制单位和使用单位。

第四节　常用试验数据表示方法

在实验过程中所得到的许多试验数据,应该采用一定的方法来加以表示,从而显示出各数值之间的相互关系。最常用的有列表表示法、图形表示法和方程表示法(即公式法)三种。

一、列表表示法

通常情况而言,由观测所得到的试验数据至少包括两个变量,一个称为自变量,其相应的数据称为自变数或独立变数;另一个称为因变量,相应的数据称为因变数或从变数。列表表示法就是将一组试验数据的自变数和因变数的各个数值按照一定的形式和顺序一一对应地列在表格之中,这是通常采用的一种方法。这种方法简单易行,不需要特殊的仪器和纸张,数据便于参考和比较,形式较紧凑,而且同一表内可以同时表示几个变数之间的变化而不混乱,从表中数据能大概看出变量之间的定性关系。

列表表示法就是将试验数据列成表格,将各变量的数值依照一定的形式和顺序(如自变数的增加或减小的顺序)一一对应起来,它通常是整理数据的第一步,能为标绘曲线图或整理成数学公式打下基础。试验数据表可分为试验数据记录表和结果表示表两类。

试验数据记录表是试验记录和试验数据初步整理的表格,它是根据试验内容设计的一种专门表格。表中数据可分为三类:原始数据、中间数据和最终计算结果数据,试验数据记录表应在试验正式开始之前列出,这样可以使试验数据的记录更有计划性,而且也不容易遗漏数据。

试验数据结果表示表是试验过程中得出的结论,即变量之间的依从关系。表示表应该简明扼要,只需包括所研究变量关系的数据,并能从中反映出关于研究结果的完整概念。从上面两个表格可以看出,试验数据表一般由三部分组成,即表名、表头和数据资料。

此外,必要时可以在表格的下方加上表外附加。表名应放在表的上方,主要用于说明表的主要内容,为了引用的方便,还应包含表号;表头通常放在第一行,也可以放在第一列,也可称为行标题或列标题,它主要是表示所研究问题的类别名称和指标名称;数据资料是表格的主要部分,应根据表头按一定的规律排列;表外附加通常放在表格的下方,主要是一些不便列在表内的内容,如指标注释、资料来源、不变的试验数据等。

由于使用者的目的和试验数据的特点不同,试验数据表在形式和结构上会有较大的差异,但基本原则应该是一致的。为了充分发挥试验数据表的作用,在拟定时应注意下列事项。

(1)表格设计应该简明合理、层次清晰,以便于阅读和使用。

(2)数据表的表头要列出变量的名称、符号和单位,如果表中的所有数据的单位都相同,这时单位可以在表的右上角标明。

(3)有效数字位数取舍适当,即记录的数字应与试验的精度相匹配;自变量间距的选择要适当,过大则使用时所需的内插过多,且不准确;过小则表太繁,所需篇幅过大。

(4)试验数据较大或较小时,要用科学记数法来表示,将 $10^{\pm n}$ 记入表头,注意其应与表中的数据应服从下式:数据的实际值 $\times 10^{\pm n}$ = 表中数据。

(5)数据表格记录要正规,原始数据要书写得清楚整齐,不得潦草,要记录各种试验条件,所列的数据更要有规则地排列起来,即设法将自变量作等间距顺序变化,并妥善保管。

二、图形表示法

试验数据图示法就是将试验数据用图形表示出来,它能用更加直观和形象的形式,将复杂的试验数据表现出来。在数据分析中,一张好的数据图,胜过冗长的文字表述。通过数据图,可以直观地看出试验数据变化的特征和规律。其优点在于形象直观,便于比较,容易看出数据中的极值点、转折点、周期性、变化率以及其他特性。试验结果的图示法还可为后一步数学模型的建立提供依据。

用于试验数据处理的图形种类很多,根据图形的形状可以分为线图、柱形图、条形图、圆形图(饼图)、环形图、散点图、直方图、面积图、圆环图、雷达图、气泡图、曲面图等。图形的选择取决于试验数据的性质,一般情况下,计量性数据可以采用直方图和折线图等,计数性和表示性状的数据可采用柱形图和圆形图等,如果要表示动态变化情况,则使用线图比较合适。下面就介绍一些在试验数据处理中常用的一些图形及其绘制方法。

1. 常用数据图

1)线图

线图是试验数据处理中最常用的一类图形,它可以用来表示因变量随自变量的变化情况。线图可以分为单式和复式两种,单式线图表示某一种事物或现象的动态;复式线图在同一图中表示两种或两种以上事物或现象的动态,可用于不同事物或现象的比较。在绘制复式线图时,不同线上的数据点可用不同符号表示,以示区别,而且还应在图上明显地注明。

2)条形图

条形图是用等宽长条的长短或高低来表示数据的大小,以反映各数据点的差异。条形图可以横置或纵置,纵置时也称为柱形图。值得注意的是,这类图形的两个坐标轴的性质不同,其中一条轴为数值轴,用于表示数量性的因素或变量;另一条轴为分类轴,常表示的是属性(非数量性)因素或变量。此外,条形图也有单式和复式两种形式,如果只涉及一项指标,则采用单式,如果涉及两个或两个以上的指标,则可采用复式。

3)圆形图和环形图

圆形图通常又称为饼图,它可以表示总体中各组成部分所占的比例。圆形图只适合于包含一个数据系列的情况,它在需要重点突出某个重要项时十分有用。在绘制圆形图时,将圆的总面积看成100%,按各项的构成比将圆面积分成若干份,每3.6°圆心角所对应的面积为1%,以扇形面积的大小来分别表示各项的比例。

环形图与圆形图类似,但也有较大的区别。环形图中间有一"空洞",总体中的每一部分的数据用环中的一段表示。圆形图只能显示一个总体各部分所占的比例,而环形图可显示多个总体各部分所占的相应比例,从而有利于比较研究。

4)XY散点图

XY散点图用于表示两个变量间的相互关系,从散点图可以看出变量关系的统计规律,是变量间统计规律的一种表现。

不同类型、不同使用要求的试验数据,可以选用合适的、不同类型的图形。在绘制图形时应注意以下几点。

(1)在绘制线圈时,要求曲线光滑。可以利用曲线板等工具将各离散点连接成光滑曲线,并使曲线尽可能通过较多的试验点,或者使曲线以外的点尽可能位于曲线附近,并使曲线两侧的点数大致相等。

(2)定量的坐标轴,其分度不一定自零起,可用低于最小试验值的某一整数作起点,高于最大试验值的某一整数位作终点。

(3)定量绘制的坐标图,其坐标轴上必须标明该坐标所代表的变量名称、符号及所用的单位。一般用横轴代表因变量。

(4)图必须有图号和图题(图名),以便于引用,必要时还应有图注。图形的绘制都可由计算机来完成,可利用 Excel 的图表功能绘制各种图形。

2. 坐标系的选择

大部分图形都是描述在一定的坐标系中,在不同的坐标系中,对同一组数据作图,可以得到不同的图形,所以作图之前,应该对试验数据的变化规律有一个初步的判断,以选择合适的坐标系,使所作的图形规律性更明显。可以选用的坐标系有笛卡尔坐标系(又称普通直角坐标系)、半对数坐标系、对数坐标系、极坐标系、概率坐标系、三角形坐标系等。下面仅讨论最常用的笛卡尔坐标系、半对数坐标系和对数坐标系。

半对数坐标系,一个轴是分度均匀的普通坐标轴,另一个轴是分度不均匀的对数坐标轴。在对数轴上,某点与原点的实际距离为该点对应数的常用对数值。但是在该点标出的值是真数,所以对数轴的原点应该是1而不是0。双对数坐标系的两个轴都是对数坐标轴,即每个轴的刻度都是按上面所述的原则得到的。

选用坐标系的基本原则如下。

(1)根据数据间的函数关系:线性函数选用普通直角坐标系;幂函数选用双对数坐标系;指数函数采用半对数坐标系。

(2)根据数据的变化情况:若试验数据的两个变量的变化幅度都不大,可选用普通直角坐标系;若所研究的两个变量中,有一个变量的最小值与最大值之间数量级相差太大时,可以选用半对数坐标系;如果所研究的两个变量在数值上均变化了几个数量级,可选用双对数坐标系;在自变量由零开始逐渐增大的初始阶段,当自变量的少许变化引起因变量极大变化时,此时采用半对数坐标系或双对数坐标系,可使图形轮廓清楚。

3. 坐标比例尺的确定

坐标比例尺是指每条坐标轴所能代表的物理量的大小,即指坐标轴的分度。如果比例尺选择不当,就会导致图形失真,从而导致错误的结论。在一般情况下,坐标轴比例尺的确定,既要不会因比例常数过大而损失试验数据的准确度,又不会因比例常数过小而造成图中数据点分布异常的假象。坐标分度的确定可以采取如下方法。

(1)在变量 x 和 y 的误差 $\Delta x, \Delta y$ 已知时,比例尺的取法应使试验"点"的边长为 $2\Delta x$,$2\Delta y$,而且使 $2\Delta x = 2\Delta y = 1 \sim 2mm$,若 $2\Delta y = 2mm$,则 Y 轴的比例尺 M_y 应为 $M_y = 2mm/2\Delta y$。

(2)如果变量 x 和 y 的误差 $\Delta x, \Delta y$ 未知,坐标轴的分度应与试验数据的有效数字位数相匹配,即坐标读数的有效数字位数与试验数据的位数相同。

(3)推荐坐标轴的比例常数 M = (1,2,5)×10^{±n}（n 为正整数），而 3、6、7、8 等的比例常数绝不可用。

(4)纵横坐标之间的比例不一定取得一致，应根据具体情况选择，使曲线坡度介于 30°~60° 之间，这样的曲线，坐标读数准确度较高。

4. 绘制试验数据图

根据图上的各点作曲线，所得到的数据点作曲线，必须遵循一定的原则才会取得良好的效果。这些原则是：

(1)曲线所经过的地方，尽量与所有的点相接近。

(2)曲线应作得光滑匀整，只具有少数的转折点。

(3)因为观测误差的存在，因此，曲线不必（也不可能）通过图上的所有点。另外，对于两端点而言，由于仪器及方法的关系，一般而言精度较差。因此，曲线有时也不会通过端点。

(4)曲线应画得连续，不应有不连续点或其他奇异点存在。

(5)一般而言，在坐标纸中，位于曲线一边的点数应与另一边的点数近似相等。

试验数据图形表示法的一般步骤和原则，这实质上是一种目视法，掌握得好能很方便直观地看出所研究的变量之间的关系。在实际应用时，如果坐标分度适当，根据数据描点，从点的分布可看出两变量间是线性关系还是非线性关系，即可画出准确的曲线或直线。

三、方程表示法

对于一组试验数据，在用列表法或图形法表示以后，常需要用一个方程或经验公式将试验数据所服从的规律表示出来。因为这种表示方法不仅高度概括了所得结果的规律性及形式紧凑，而且可方便地进行微分、积分、内插、外推等运算。

1. 经验公式的选择

对于一组试验数据，要用一个公式来描述，必须满足两个条件。

(1)要能准确地代表一组试验数据，即许多试验数据中任何一对数据 (X_i, Y_i) 皆能满足此公式，当然由任意一个 X_i 通过此公式可以准确地推算出相应的 Y_i 之值。

(2)形式简单，常数不要太多。

这两个要求往往是相互矛盾的，一般要求做到两者兼顾，但有时为了必要的准确度只好牺牲简单的形式。经验公式的选择没有一个固定的模式，一般是先将一组试验数据在分度适当的坐标纸上作图，由作出的图形根据经验和解析几何原理，猜测经验公式应有的函数形式，或查阅数学手册，看所作出的图形与何种函数形式的图形相似，那么就采用此种函数形式进行验证。

如果经验证后完全符合，则所建立的公式形式便可确定，否则必须另选函数形式，并重新进行验证，直至获得满意的结果为止。

对于绝大多数试验研究工作而言，试验数据所描出的图形有两大类：一类是直线式或由若干折线所组成；另一类是曲线式。前者可由一元或多元线性回归的方法描述；后者可用一元或多元非线性回归的方法描述。在这两种情况下所建立的回归方程（直线式或曲线式），就是所求的经验公式。

至于描述曲线的公式类型，常见的有抛物线函数、双曲线函数、幂函数、指数函数、对数函数、S 形曲线函数等形式，对于更复杂的图形及其关系式，则需要查询大型数学手册或有关专著。

验证某一方程是否能准确地描述一组试验数据,事先并不需要求出式中的常数项。如果只有一项或两项常数,可用图解法求解,在其他情况下则用表差法(列表法)较合适。

2. 经验公式中常数的求法

经验公式中常数的求法很多,主要根据所需的准确度与计算的条件去选择,最常用的有直线图解法、选点法、平均法、最小二乘法等。

1)直线图解法

所选定的公式是一个直线方程或经变量变换后能化为方程的,均可采用此法。此法简单实用,但必须按照上述作图原则,在坐标纸上得到正确的直线,否则将直接影响其精度。众所周知,这条直线的斜率就是直线式 $Y = a + bX$ 中的 b 值,而直线在 Y 轴上的截距就是直线式中的 a 值,若经验公式中常数项多于两个时,一般则采用选点法、平均法或最小二乘法。若仍需采用图解法,那么首先应消去一个常数,然后再按二常数法处理,情况雷同,不再重述。

2)选点法

一组试验数据用方程来表示时,如果式中有 K 个常数(K 为大于或等于 2 的正整数),要求出这 K 个常数,就必须由 K 个方程式联立求解,因而此法也称为联立方程法。它的具体方法是将试验数据范围内的各点 (X, Y) 的对应值,逐次代入公式内,根据常数的数目建立方程组,然后联立求解。此法的缺点是根据一组 K 个数值求得的常数与另一组 K 个数值求得的常数会有出入。因此,只有在各个试验数据精确度都很高的情况下才适用,这种方法所求常数的有效数字一般也较少。由于以上原因,此法采用得较少。

3)平均法

此法所根据的原理是:由正态分布原理,在一组观测值中,正负误差出现的机会相等,所以在最佳的代表线上,所有误差的代数和为零,如果方程中有 K 个常数(K 大于 2,为整数),则由平均法求这 K 个常数的步骤是:

①把所得列的 n 对观测量代入方程,得 n 个方程。

②将此 n 个方程任意分为 K 组,每组中所含方程数目近于相等。

③把每组方程各自相加,分别合并为一式,共得 K 个方程。

④解此 K 个联立方程,就得 K 个常数值。

4)最小二乘法

这里所介绍的求方程常数的四种方法,以最小二乘法所得结果的精确度最高。对同一组数据,用此法所得结果的误差平方和最小,即标差最小,带有一定概率的偶然误差也最小。其次是平均法和图解法(精度约为 0.5% 左右),最差的是选点法。当然,如果试验数据相对较少,则四种方法所得结果相差不大。因此,如果试验数据较多,精度要求较高时,虽然计算繁杂也应该选用最小二乘法(此法还可同时求出相关系数,并进行相关系数和回归方程的显著性检验,得到可靠性数据)。

3. 插值法

1)内插法

一般的数据表中所列各独立变数的间距较大,而在实际应用中,常需知道表中未列出的中间数值。内插法就是根据已知数据求得中间值的方法。常用的内插法有比例法、图解法、牛顿内插法、方程法、拉格朗日法等。方法的选用,还要视数据表的准确度、变数间的函数类型及所需内插值的准确度而定。

(1)比例法。比例法是内插法中最简便的方法。此法只适用于变数 X 与 Y 间为直线关系的情况,可由相似三角形原理求出。

(2)图解法。当 X 与 Y 之间为曲线关系时,若用比例法求内插值,则误差较大,此时应采用图解法。即根据试验数据的图形表示法作出代表函数的最佳曲线,然后从曲线上直接读取所需之内插值。

(3)牛顿内插法。如果变数 X 与 Y 间的关系可用一多项式表示,在数据表中,因变数 Y 的各级差分值是 $\Delta Y, \Delta^2 Y, \Delta^3 Y$ 等,则内插值可由牛顿内插公式求出。因为大多数试验结果可用多项式表示,因此牛顿内插公式是十分有用的。

2)外推法

有时需根据已知的试验数据,计算在试验范围以外的数值,解决此类问题的方法就叫外推法。只有在所研究的范围内变数是连续变化的、无间断性或无新变数产生时,所得外推值才有一定的可靠性。

(1)最小二乘外推法。当变数间为直线关系时,可利用最小二乘法求出回归直线方程,将欲推算的自变数 X_i 值代入回归方程,去计算外推值 Y_i。这样的方法就叫最小二乘外推法。此法是外推法中精度和可靠性最高的一种,其原因是在此法中,被统计和计算的是所有的试验数据。

(2)图解外推法。按照上述的图形表示法原则,画出试验数据的图形,然后根据所得曲线的发展趋势,将其外延到需要的区域,以确定其所需的外推值,这就是图解外推法。它只适用于直线或曲率较小的曲线,否则可靠性较差。这种方法一般只适用于精度要求不高的场合。

(3)内插公式。用内插公式计算外推值,内插公式也可用于外推法,只要将内插公式中的 X 值代成 X 范围以外的值即可。其缺点是不能将表中的所有试验数据全部利用,精度比最小二乘外推法低,但在某些场合也是适用的。顺便指出,超越函数的内插值常用泰勒级数法进行外推。

四、试验报告

试验报告的主要内容如下。

(1)前言,介绍试验任务的来源、研制单位、试验单位及试验基本情况。

(2)目录。

(3)能反映试验车基本外形特征的照片两张。

(4)试验仪器及设备仪器名称、型号、产地、精度等。

(5)试验依据。

(6)试验车的技术指标。

(7)试验条件。

(8)试验内容和结果。

(9)试验结论与改进意见。

(10)附件。包括图表、曲线、照片和各种专项及台架试验报告,必要的技术资料,试验人员、职务等。

(11)试验日期。

1. 汽车试验的目的是什么?
2. 汽车试验的分类有哪些?
3. 汽车试验标准有哪些特点?
4. 试验标准如何分类的?
5. 试验管理的主要内容有哪些?
6. 简述试验的实施步骤。
7. 试验数据的表示方法有哪几种?

第二章 汽车试验设备与设施

第一节 典型试验设备

一、速度测量仪

汽车道路试验时,需要测量试验车的位移、速度和相应行驶时间。车辆里程表虽然能够指示行驶里程和速度,但由于受到轮胎滚动半径变化、机械传递系统磨损、指示仪表本身精度不高等因素的影响,使其显示精度不能满足试验要求。因此,需要用专门仪器测量。这种用来测量汽车行驶过程的车速、位移与时间的仪器称为车速测量仪(简称车速仪)。由于该仪器的传感器部分是一个专门的小轮子,试验时由汽车拖动在路面上滚动,故又称为第五轮仪。

按照传感器是否与地面接触,车速仪可分为接地式车速仪和非接地式车速仪。接地式车速仪是传统概念上的带有第五轮的仪器,非接地式车速仪则是不带第五轮且具有五轮仪全部功能的仪器。

1. 接地式车速仪

目前,我国常见的车速仪型号有派斯勒(PEISELER)EM/SCH 型车速仪(德国产)、SM 型车速仪(日本产)、CWY 型车速仪(青岛)、AM2020 型车速仪(龙口)。下面以 AM2020 型车速仪为例说明接地式车速仪的结构与检测原理。

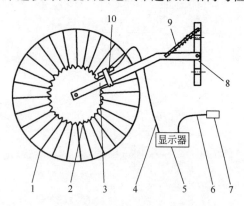

图 2-1 接地式车速仪组成示意图
1-第五轮;2-齿圈;3-连接臂;4-导线;5-显示器;6-开关导线;7-脚踏开关;8-安装盘;9-加力弹簧;10-传感器

1)车速仪的组成

一般车速仪由第五轮、显示器、传感器、脚踏开关(用于制动、换挡加速试验)等组成,如图 2-1 所示。第五轮由轮子、齿圈、连接臂、安装盘组成。

2)工作原理

试验时,第五轮固定在试验车尾部或侧面,当第五轮随汽车运动而转动时,磁电传感器感受到齿圈的齿顶、齿谷的交替变化,并产生与齿数成一定比例数量的电脉冲。脉冲数与汽车行驶距离成正比,脉冲频率与车速成正比。汽车行驶距离与脉冲信号的比例关系是一常量,通常称之为"传递系数"。当显示器收到由传感器传递过来的一定频率和数量的脉冲信号时,便自动与"传递系数"相乘得到相应的距离,同时将距离与由晶体振荡器控制的时间相比得出车速,并显示、存储或打印出来;以上过程,在试验中隔一定时间进行一次,直至试验结束,从而完成试验过程中车速、距离、时间的适时测量。

传递系数与第五轮的周长和齿盘齿数有关,若第五轮实际周长为 $L(m)$,齿盘有 n 齿,传感器每感受到一次齿顶齿谷的变化发送 2 个脉冲信号,则传递系数为 $L/(2n)(m/$脉冲$)$。由于第五轮周长随胎压和接地压力变化,因此每次试验前都应进行传递系数的标定。传递系数的标定方法不同,五轮仪的形式也不一样,应根据所用五轮仪使用说明进行。

3) 接地式车速仪的使用

使用接地式车速仪应注意以下问题:

(1) 保证第五轮与地面间有一定的接地压力,以避免运动中第五轮跳离地面。

(2) 传递系数是固定值的五轮仪,在标定传递系数时,应使第五轮实际周长尽可能符合使用说明书的"标准值";传递系数可变的五轮仪,传递系数一经标定并输入内存,试验中就不能关机,否则应重新标定。

2. 非接地式五轮仪(车速仪)

非接地式车速仪,通常叫车速仪,是一种没有第五轮的广义上的五轮仪,同接地式五轮仪一样,它能测量车辆运动中的车速、距离和相应时间,工作原理参见图 2-2。

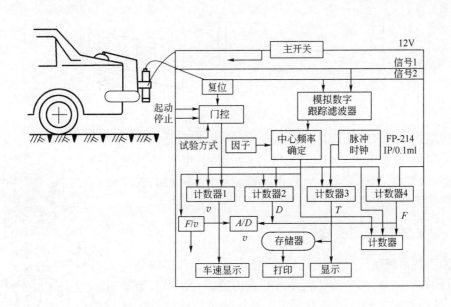

图 2-2 非接触式五轮仪工作原理框图

非接地式车速仪是利用空间滤波原理检测车速的。下面以日本小野测器公司的 LC-6765 车速仪为例说明其检测原理。

空间频率传感器如图 2-3 所示。它是由投光器和光电探测器(受光器)组成,投光器将强光射在地面上,由于地面凹凸不平,形成明暗对比度不同的反射,由受光器中梳状光电管接收。

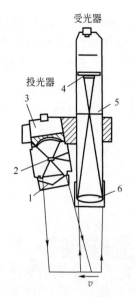

图 2-3 空间频率传感器
1-透镜;2-灯;3-反射镜;4-梳状光电管;5-光栅;6-聚光透镜

空间频率传感器基本工作原理是以一定间距 P 排列的一排透光格子,如图 2-4 所示,当点光源以一定速度相对格子移动时,通过格子列后光的强度就变成了忽明忽暗、反复出现的脉冲状态,此脉冲频率与光穿过格子的次数相对应,即每移动一个 P 距离变换一次。

假设点光源移动速度为 v,光学系统的放大率为 m,则在格子列上移动的光点速度为 mv。这样,一明一暗的脉冲列的周期为 P/mv,即频率 $f=mv/P$ 与速度 v 成正比。v 的变化则可以通过频率 f 的变化表现出来。这就是空间滤波器的基本工作原理。

与点光源相比,一般的光学投影则稍有差异。这种光学投影(凹凸不均的形状),可以看作是许多不同强度的点光源不规则地集中,不改变相互位置,向着一定的方向,同时平行移动的状况。

由此得来的光量,就是从这些点光源一个一个地测量的光量总和。然而,由于点光源的分布和强度都不同,其结果导致相位和亮度的全然不同。但因频率完全相同,结果组成了许多仅仅相位和振幅不同的信号,其平均频率为 mv/P。从而可得到相位和振幅均随机平稳变化的信号(窄带随机信号)。可通过推测此中心频率来解出移动速度和移动距离。

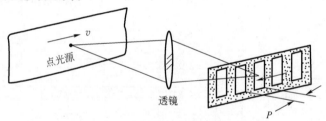

图 2-4 空间滤波器原理示意图

非接地式车速仪的特点是安装方便,测量精度高,适用于高速测量,最高测量速度可到 250km/h;其缺点是光源耗电大,在车速很低时,测量误差大,车速 1.5km/h 以下不能测量;价格昂贵,是一般国产接触式五轮仪价格的 2~3 倍。

二、燃油消耗量测量仪

燃油消耗量测量仪又称油耗仪,主要用于测量汽车的燃油消耗量。目前最常用的汽车油耗仪是活塞式的流量计。其传感器由滤清器、转换器和转数传感器等组成。转换器可以将燃油的体积转换为便于计量的旋转件的转动圈数,它由在同一水平面内的 4 个活塞中心曲柄连杆结构组成,如图 2-5 所示。

1. 容积式油耗传感器的结构原理

容积式油耗传感器有容量式和定容式两种。容量式油耗传感器通过累计发动机工作中所消耗的燃料总容量,用时间和里程来计算油耗量。它可以连续测量,其结构有行星活塞式、往复活塞

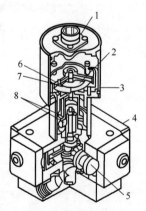

图 2-5 活塞式的流量计
1-信号端子;2-转动光栅;3-转动/脉冲转换件;4-流量/转速转换件;5-活塞;6-磁性联轴节;7-固定光栅;8-光敏管 LED(对置)

式、膜片式、油泡式等,现以行星活塞式油耗传感器为例予以说明。

其流量检测装置是由流量变换机构及信号转换机构组成。流量变换机构是将一定容积的燃油流量变为曲轴的旋转运动,它是由十字形配置的4个活塞和旋转曲柄构成,其工作原理如图2-6所示。

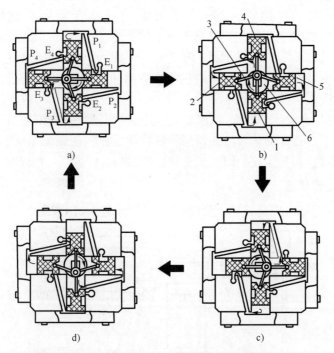

图2-6　行星活塞式油耗传感器原理图
1、2、4、5-活塞;3-连杆;6-曲轴;P_1、P_2、P_3、P_4-油道;E_1、E_2、E_3、E_4-排油口

燃油在油泵压力下推动活塞运动,活塞运动推动曲柄旋转,曲柄旋转一周即4个活塞各往复运动一次,完成一个排油循环。活塞在油缸中处于进油行程还是排油行程,取决于活塞相对于进排油口的位置。图2-6a)表示活塞1处于进油行程,从其曲轴箱来的燃油通过P_3油道推动活塞1下行,并使曲柄作顺时针旋转,此时活塞2处于排油行程终了,活塞4处于排油行程中,燃油从活塞4上部通过P_1油道从排油口E_1排出,活塞5处于进油终了位置。

当活塞和曲柄位置如图2-6b)所示时,活塞1进油终了,活塞2处于进油行程,油道P_4导通,活塞4排油终了,活塞5处于排油行程,燃油从P_2油道经排油口E_2排出。同理,可描述图2-6c)和图2-6d)各活塞的进排油口状态。如此往复在燃油泵泵油压力的作用下,就可完成定容量、连续泵油的作用。曲柄旋转一周,各缸分别排油一次,其排油量可用下式确定:

$$V = 4 \times \frac{\pi d^2}{4} \times 2h = 2h\pi d^2 \qquad (2-1)$$

式中:V——四缸排油量,cm^3;

$\pi d^2/4$——活塞截面积,cm^2;

$2h$——2倍的曲轴偏心距,cm。

信号转换机构如图2-5所示,装在曲柄的上端,由主动磁铁、从动磁铁、转轴、光栅板、发光二极管、光敏管、电缆插座及壳体等组成。主动磁铁装在主轴上,从动磁铁装在转轴上,转轴通过轴承支承在壳体内,转轴的上端固定有转动光栅板,在固定光栅上、下方有发光二极管和光敏管。当曲轴转动时,由于一对永久磁铁的吸引作用,转轴及其上的转动光栅也随之转动,通过发光管和光敏管的光电作用,把曲轴的转动变成光电脉冲信号送入计量显示器,经过内部运算处理后,即可显示出流经的燃油量。

转数传感器工作情况。在转换器曲柄轴的一端装有磁性联轴节,把曲柄轴与光电脉冲发生器的转轴连接在一起,曲柄轴旋转时,带动脉冲信号发生器旋转,输出脉冲信号;对于FP-215流量传感器,曲柄轴每转一周发出120个脉冲信号,输送给流量显示器。

测量时,流量传感器输送到显示器的脉冲信号的频率,按一定比例直接转换成瞬时流量,并显示出来。累计流量为测量时间内接收到的脉冲信号数,按一定比例(因数)转换成油耗量显示出来。

为使流量传感器和显示器匹配,厂家在每个传感器上都标有"因数"。所谓因数和五轮仪传递系数含义相同,在此即代表油耗量与脉冲数间的比例关系。在显示仪上有因数调整开关,每次试验前都应将显示仪的因数调整开关调整到与传感器上的因数相同。

2. 质量式油耗传感器

质量式油耗传感器由称量装置、记数装置和控制装置组成,如图2-7所示。

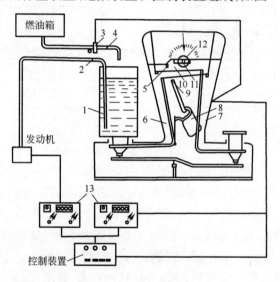

图2-7 质量式油耗仪

1-油杯;2-出油管;3-电磁阀;4-加油管;5、10-光电二极管;6、7-限位开关;8-限位器;9-光源;11-鼓轮机构;12-鼓轮;13-计数器

在测量消耗一定质量的燃油所需的时间后,按下式算出单位时间内发动机的燃油消耗量:

$$G = 3.6 \times \frac{\omega}{t} \tag{2-2}$$

式中:ω——燃油质量,g;

t——测量时间,s;

G——燃油消耗量,kg/h。

称量装置通常利用台秤改制,量程为10kg,称量误差为±0.1%。应该指出的是,质量式油耗仪有一个系统误差,即测量时油杯油面发生变化,伸入油杯中的油管浮力的反作用力也变化,造成称量时的系统误差。此项系统误差必须根据汽车油耗量及油杯液面高度变化进行修正。此外油耗量单位采用L/100km时,在换算中必须考虑燃油密度与温度之间的关系。

油耗仪使用中,应注意油路的气密性,避免气泡渗入油路,影响测量的准确性。

三、陀螺仪

在汽车操纵稳定性试验中,经常要在汽车运动状态下测定其一些动态运动参数,例如汽车行进方位角、汽车横摆角速度、车身侧倾角及纵倾角(俯仰角)等。这些运动参数通常用陀螺仪进行测量。陀螺仪分为二自由度陀螺仪和三自由度陀螺仪。下面简单介绍陀螺仪的测量原理及在使用中的注意事项。

1. 测量原理

陀螺仪是一个安装在内、外框架上能高速旋转的转子,并且该转子还能在框架内绕自转轴线上的一个固定点向任意方向回转。这种测量装置具有下述两个基本特性。

1)定向性

转子高速旋转时,除非受到外力的作用,转子轴线的方向将一直保持不变。

2)进动性

当转子不自转时,若把一个重物挂在内框架上,在重力作用下,内框架将向着重物的作用方向翻转(图2-8a);当转子高速自转时,内框架受外力作用时并不翻转,而外框架将绕其自身的转动轴线发生偏转(图2-8b)。

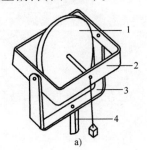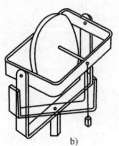

图2-8 陀螺仪进动性原理图
1-转子;2-内框架;3-外框架;4-支架

陀螺仪的这两个基本特性可用动量矩定理解释之。按动量矩定理,陀螺仪运动时存在关系式:

$$\frac{d\overline{H}}{dt} = \overline{L} \tag{2-3}$$

式中:$\overline{H}$——转子绕定点转动时的动量矩;

$\overline{L}$——陀螺仪受的外力矩。

当$\overline{L}=0$时,$\overline{H}$为常数,即$\overline{H}$的大小和方向都不变,表现为定向性。当存在外力矩$\overline{L}$作用时,由于外力矩$\overline{L}$不能增大转子的自转速度,于是转子以产生绕铅垂轴转动的方式来增大其动量矩,表现为进动性。当改变外力矩的作用方向时,进动方向也随之发生改变。

具体测定时,可以根据测定的运动参数选用适当的陀螺仪。例如,测量角位移时通常选用三自由度陀螺仪,测量汽车回转角速度时选用二自由度陀螺仪。

2. 三自由度陀螺仪和二自由度陀螺仪

1)三自由度陀螺仪

三自由度陀螺仪由转子、内框架和外框架组成(图2-8)。转子在内框架内高速转动,内框架又可以沿其轴线在外框架中转动,外框架则通过支座(外框架转动轴线)安装在被测物体上。

三自由度陀螺仪可以根据其定向性原理来测量角位移。从图 2-9a)可以看出,当转子轴线垂直于地平面时,陀螺仪外框架相对底座转角 φ 则能测量汽车的侧倾角,而陀螺仪内框架相对外框架转角则可测量汽车点头角。

图 2-9b)所示的三自由度陀螺仪,在安装时转子轴线与地面平行,可以用来测定行驶方向角 γ 的变化。

2) 二自由度陀螺仪

二自由度陀螺仪主要是用来测定角速度的,所以,又可叫作角速度陀螺仪,其结构如图 2-10 所示。

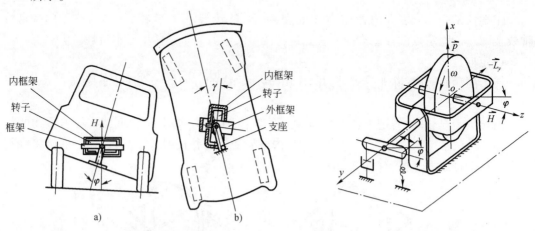

图 2-9 三自由度陀螺仪　　　　　图 2-10 二自由度陀螺仪

二自由度陀螺仪主要是用来测定角速度的,区别在于其外框架与被测物体固连在一起,而内框架上安装有弹簧及阻尼系统。

当被测物体绕 ox 轴以角速度 $\bar{p}$ 转动时,内框架将绕 ox 轴有一与 $\bar{p}$ 成正比的转角 φ,因而,测量转角 φ 就能知道被测物体绕 ox 轴的角速度 $\bar{p}$。ox 轴称角速度陀螺仪的输入轴(敏感轴),oy 轴称为输出轴。用二自由度陀螺仪测量汽车转弯的角速度时,敏感轴应与通过汽车质心位置并垂直于地面的轴线相重合或平行。

在稳态情况下,$\bar{p}$ 为常数,φ 角亦为常数。因此,转子轴的运动完全可以看成是一个三自由度陀螺仪绕外框架轴线 ox 以角速度 $\bar{p}$ 进动,这个进动是由于绕内框架轴线 oy 轴有外力矩 $\bar{L}$ 作用而产生的,显然,这个力矩是由于转角 φ 所引起的弹簧恢复力矩。

3) 使用注意事项

用二自由度陀螺仪测量汽车回转角速度时,应当使陀螺仪的输入轴(敏感轴)与通过汽车质心并垂直于地面的轴线相重合或平行。

用不带修正装置的三自由度陀螺仪测量车身侧倾角或纵倾角时,往往由于陀螺仪自转轴不完全垂直于地面而造成不应有的测量误差,为此,在安装陀螺仪时,应当尽可能使陀螺仪自转轴垂直于地面。

使用带修正装置的三自由度陀螺仪进行测量时,若长时间进行回转试验也将引起误差。这是由于信号传感器在此时发出错误的信号,使力矩器产生力矩,将陀螺仪的自由转轴引到铅垂线位置,但是,由于汽车的牵连旋转,陀螺仪的自转轴不可能停留在铅垂线位置上,结果使陀螺仪自转轴的顶端作复杂轨迹的相对运动,为此应尽量避免长时间的回转试验。当出现这一不良现象时,可以采用切断信号传感器通向力矩器电路的方法消除相对运动,但切断电路的时间不宜太长,否则,会因为其他原因使陀螺仪自转轴发生漂移而离开垂直于地面的位置,引起新的测量误差。

四、负荷拖车

1. 负荷拖车结构

负荷拖车是一种现代化的车辆测试设备。在进行车辆性能试验时,利用该设备,可以在平坦的试验路面上模拟车辆的各种行驶工况。负荷拖车有两类:有动力负荷拖车和无动力负荷拖车,两者的区别在于前者既可以被拖动,也可以自行;而后者只能被拖动行驶。下面将以无动力电涡流负荷拖车为例,介绍负荷拖车的结构、原理及主要应用。

用以给试验车辆提供负荷的负荷拖车由电子元件和机械部分组成。负荷拖车的主要测控系统如图2-11所示,主要由功率吸收器、力传感器、速度传感器、手控盒、计算机等组成。

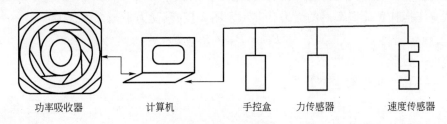

图2-11 负荷拖车测控系统

1)功率吸收器

负荷拖车所产生的负荷就是由功率吸收器提供的。功率吸收器能将旋转的动能转变为热能并予以吸收。吸收能量的多少由DC/DC控制器调节供给功率吸收器上的电流大小决定,而DC/DC控制器又是由计算机来控制的。

功率吸收器由两部分组成:定子部分和转子部分,其中定子绕有16组电磁线圈。只有在电磁线圈内有电流通过,而且转子在转动的情况下,功率吸收器才能吸收能量,负荷拖车才能产生负荷。

负荷拖车的车轮轮轴通过传动系与功率吸收器的转子相连,当拖车由车辆牵引前进时,车轮滚动,从而带动转子转动。但如果此时没有给定子的电磁线圈供电,功率吸收器将不吸收能量。计算机发出指令,控制供给功率吸收器的电磁线圈电流,功率吸收器才能吸收能量。其表现为定子中16个线圈产生16个磁场,转子在转动中不断切割磁力线,每次切割都是转子中的固有微粒被极化或重新极化一次,微粒周围则产生杂乱的分子电流,阻止磁场发生磁通量变化,转子受到了与其转动方向相反的阻力矩,通过传动系传递到车轮,于是便产生了拖车的负荷。微粒被极化或重新极化的过程要吸收能量,这就是功率吸收器将动能转变为热能并予以吸收的过程。可以通过调节电磁线圈中的电流大小,控制极化或重新极化微粒的数量,从而达到控制拖车负荷大小的目的。

2)力传感器

力传感器在拖车的前部,用于测量拖车施加于被试车辆的负荷。试验前,负荷拖车产生负荷,力传感器受载,它将载荷转换为电信号并输入计算机进行处理。

3)速度传感器

速度传感器安装在负荷拖车的轮轴传动系上,用于测量负荷拖车的速度,也就是被试车辆的速度。试验时负荷拖车的车轮转动,速度传感器将产生脉冲信号并输入计算机。

4) 手控盒

这是一个与计算机相连的有线手控盒,试验时,由它控制负荷拖车加载与否。控制盒上有两个按钮,绿色的为开始触发按钮,红色的为结束触发按钮;相对应的有绿、红两个指示灯。另外还有两个调节负荷拖车速度大小与负荷大小的调节开关,所希望的目标值能在计算机屏幕上显示出来。

5) 计算机

这是一个车载便携式电脑。负荷拖车具有足够长的连线,试验时,计算机接上信号线和电源线后,启动负荷拖车控制程序,试验人员在被试车辆上就可以控制负荷拖车,模拟各种试验工况。

2. 负荷拖车的工作原理

负荷拖车在试验时作为一个可调负荷拖挂在试验车之后,用以调节试验车的负荷。试验时,试验车拖挂负荷拖车后的受力状况示于图 2-12,其受力平衡方程式为:

$$P_K = P_W + P_f + P_g \tag{2-4}$$

式中:P_K——试验车牵引力,N;

P_g——试验车拖钩牵引力,N;

P_W——试验车空气阻力,N;

P_f——试验车轮胎滚动阻力,N。

试验车行驶时,P_K、P_g、P_W、P_f 的关系如图 2-13 所示。

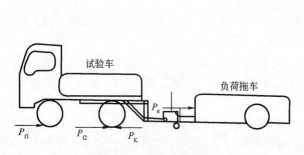

图 2-12 试验车受力状况

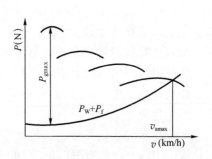

图 2-13 试验车受力关系图

为了测取试验车拖钩牵引力,在负荷拖车上设有测力传感器。试验时,负荷拖车由被测车辆牵引前进,拖车车轮滚动,通过传动系带动交流发电机给车载蓄电池充电;同时还带动功率吸收器,通过功率吸收器吸收能量,对转子产生制动阻力矩,制动阻力矩传到拖车车轮使其制动,由车轮与地面的摩擦所产生的摩擦阻力给前面的被测车辆施加负荷。而负荷拖车的控制单元计算机由蓄电池提供电源,试验人员可以通过操作计算机输入所要求的各种不同的负荷及速度目标值,再由计算机向 DC/DC 控制器发出指令,由 DC/DC 控制器调节蓄电池供给功率吸收器定子中电磁线圈的电流大小,从而改变负荷拖车的负荷,达到所要求的目标。计算机作为负荷拖车的主控单元,用来选择负荷拖车的控制模式并发出指令,而测力传感器和速度传感器则向计算机传送负荷及速度的反馈信号。一旦计算机选定了负荷/速度参数,它将不断比较控制目标信息和实际的反馈信息,如果两者不相符,它将传给 DC/DC 控制器来调整指令,改变负荷拖车的负荷,直到两者一致,达到控制要求。

3. 测功负荷拖车的应用

1) 牵引性能试验

(1) 一般牵引性能试验。用牵引杆连接试验车和负荷拖车,牵引杆应保持平衡。试验时,牵引杆纵轴线和行车方向保持一致。汽车起步,加速换挡至试验需要的挡位,节气门全开,加速至该挡最高车速的80%左右,负荷拖车施加负荷,在发动机正常使用的转速范围内,测取5~6个间隔均匀的稳定车速和该车速时的拖钩牵引力,测量时车速须稳定10s以上,往返各进行一次。

(2) 最大拖钩牵引力试验。试验汽车的传动系统处于最大传动比位置,驱动轮均处于驱动状态,节气门全开,以该工况最高车速的80%左右的车速行驶,负荷拖车施加负荷,试验车车速平稳下降,直至发动机熄火或驱动轮完全停转为止。往返各进行一次相同的试验,以两个方向的最大拖钩牵引力的平均值作为试验结果。

2) 测量滚动阻力及滚动阻力系数

测量滚动阻力及滚动阻力系数时,由负荷拖车牵引试验车,并且为了除掉发动机及传动系摩擦阻力,还需要将试验车的半轴取出。测定时,负荷拖车以较低的速度等速牵引试验车行驶。由于车速低,并且是等速行驶,汽车的空气阻力和加速阻力皆很小,可以忽略不计。这样,牵引力与试验车的滚动阻力很接近,测出的拖钩牵引力可视为滚动阻力。

滚动阻力测出后,可以按下式计算该路段的滚动阻力系数,即:

$$f = \frac{P_f}{G_a \cos\alpha} \tag{2-5}$$

式中:f——试验车滚动阻力系数;

P_f——试验车测出的滚动阻力,N;

G_a——试验车重力,N;

α——路面坡度,(°)。

3) 模拟爬坡

在汽车爬坡时,拖钩牵引力主要用来克服爬坡阻力,可近似认为:

$$P_g = G_a \sin\alpha \tag{2-6}$$

或

$$\alpha = \arcsin\left(\frac{P_g}{G_a}\right) \tag{2-7}$$

根据式(2-6),每一个P_g都对应一个α角,即相当于爬一种坡路,因此可以模拟爬坡。当将汽车置于最低挡时,测得其最大牵引力,则该试验车的最大爬坡度计算式为:

$$\alpha_{max} = \arcsin\left(\frac{P_{gmax}}{G_a}\right) \tag{2-8}$$

式中:α_{max}——试验车最大爬坡度,(°);

P_{gmax}——试验车最大牵引力,N。

4) 提供可以调节的稳定负荷

在没有负荷拖车的条件下,进行车辆隔热通风试验、各总成热负荷试验及爬坡试验等,都需要去南方高气温的山区进行。如果利用负荷拖车,一般利用当地的自然条件就可以进行上述试验。这是因为在牵引力允许的范围内,使用负荷拖车能够无级模拟爬坡,并且模拟的坡路长度能够超过任何自然的山路。

在汽车热负荷试验时,用试验车牵引负荷拖车,并利用计算机调节功率吸收单元的励磁电流,得到所需要的各种拖钩牵引力,再利用测得的汽车最大总质量,便可以计算出爬坡的坡度。由于能够控制拖钩牵引力使其保持恒定,也相当于能使各种汽车在坡度完全相同的坡道上爬坡,这样,利用负荷拖车进行对比试验更为合适,既经济,精度又高。

五、汽车底盘测功机

汽车底盘测功机是一种不解体检测汽车性能的检测设备。它通过在室内台架上汽车模拟道路行驶工况的方法来检测汽车动力性,而且还可以测量多工况排放指标及油耗。同时能方便地进行汽车的加载调试和诊断汽车负载条件下出现的故障。底盘测功机分为滚筒式和平板式两类。滚筒式底盘测功机又分为单滚筒和双滚筒。单滚筒底盘测功机的滚筒直径大(1 500～2 500mm),制造和安装费用大,但测试精度高;双滚筒底盘测功机的滚筒直径小(180～500mm),成本低,使用方便;但测试精度差。

1. 工作原理

汽车在道路上运行过程中存在着运动惯性和行驶阻力,要在试验台上模拟汽车道路运行工况,首先要解决模拟汽车整车的运动惯性和行驶阻力问题,这样才能用台架测试汽车运行状况的动态性能。为此,在该试验台上利用惯性飞轮的转动惯量来模拟汽车旋转体。转动惯量及汽车直线运动惯量,采用电磁离合器自动或手动切换飞轮的组合,在允许的误差范围内满足汽车惯量模拟。至于汽车在运行中所受的空气阻力、非驱动轮的滚动阻力及爬坡阻力等,则采用功率吸收加载装置来模拟。路面模拟是通过滚筒来实现的,即以滚筒表面取代路面,滚筒的表面相对于汽车作旋转运动。

2. 汽车底盘测功机的构造

汽车底盘测功机主要由道路模拟系统、数据采集与控制系统、安全保障系统及引导系统等构成。图 2-14 所示为道路模拟系统。

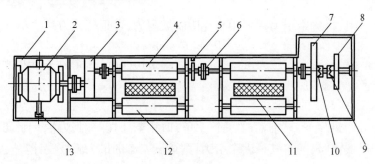

图 2-14 普通型汽车底盘测功机道路模拟系统结构示意图
1-机架;2-功能吸收装置;3-变速器;4-滚筒;5-速度传感器;6-联轴器;7、8-飞轮;9、10-电磁离合器;11-举升器具;12-从动滚筒;13-压力传感器

1)道路模拟系统

(1)滚筒。汽车底盘测功机所采用的路面模拟系统的滚筒一般为钢滚筒,按其结构可分为两滚筒和四滚筒。所谓两滚筒路面模拟系统由两根长滚筒组成,其特点是支承轴承少,台架的机械损失少;所谓四滚筒路面模拟系统由 4 根短滚筒组成,它较两滚筒多了 4 个支承轴承和一个联轴器,在检测过程中,其功率损失较大。

(2)功率吸收装置(加载装置)。底盘测功机功率吸收装置的常见类型是水冷式电涡流功率吸收装置,其基本结构如图2-15所示。

电涡流式功率吸收装置主要由转子、定子、励磁线圈、支承轴承、冷却风扇叶片、力传感器等组成,其工作原理如下。

当励磁线圈通以直流电时,在转子与铁芯间隙就有磁力线通过,此间隙的磁通分布在转子齿顶处的磁通密度最大,而通过齿槽处的磁通密度最小。当转子以转速 n 旋转时,则磁通量就减少。由磁感应定理可知,此时在定子的涡流环内产生感生电动势,试图阻止磁通量的减小,于是就有电涡流产生,电涡流方向用右手定则判断,此时定子受力,此力便与定子处外壳相连接的力臂引入称量机构便可进行力矩测量。

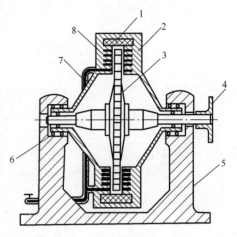

图2-15 水冷式电涡流功率吸收装置
1-励磁线圈;2-定子;3-转子;4-联轴器;5-底座;6-轴承;7-冷却水管;8-涡流环

(3)惯性模拟装置。汽车在道路上行驶时汽车本身具有一定的惯性能,即汽车的动能。而汽车在底盘测功机上运行时车身静止不动,是车轮带动滚筒旋转,在汽车减速工况时,由于系统的惯量比较小,汽车很快停止运行,所以检测汽车的减速工况和加速工况时,汽车底盘测功机必须配备惯性模拟系统。汽车底盘测功机台架转动惯量是通过飞轮来实现的,目前由于对汽车台架的惯量没有制定相应的标准,因而国产底盘测功机所装配的惯性飞轮的个数不同,且飞轮惯量的大小也不同,飞轮的个数越多,则检测精度越高。

2)底盘测功机采集与控制系统

(1)车速信号采集。汽车底盘测功机所采用的车速信号传感器主要有光电式车速信号传感器、磁电式车速传感器、霍尔传感器和测速电机等。

(2)驱动力信号。汽车底盘测功机驱动力传感器可分为拉压传感器和位移传感器两种,它们一边连接功率吸收装置的外壳,另一边连接机体。

功率吸收装置在工作过程中,无论是水力式、电涡流式,还是电力式功率吸收装置,其外壳都是浮动的。以电涡流式为例,当线圈通过一定的电流时,就产生一定的涡流强度。对转子来说,电磁感应产生的力偶的作用方向与其转动的方向相反。当传动器固定后,外壳上的力臂对传感器就有一定的拉力或压力(与安装的位置有关),拉压传感器在工作时,传感器受力产生应变,通过应变放大器可得到一定的输出电压,这样将力信号转变成电信号来处理,通过标定,可以得到传感器的受力数值。

(3)汽车底盘测功机控制系统。汽车在行驶过程中存在滚动阻力、加速阻力和坡道阻力,其中加速阻力通过惯性飞轮来模拟。通过台架模拟道路必须选用加载装置,要想控制它,就必须知道如何控制电压及电流。电涡流式加载装置控制系统的框图如图2-16所示。

汽车底盘测功机常见的位控信号有举升机升降控制或滚筒锁定控制、电磁阀控制、飞轮控制、车辆检测灯控制、手动或自动控制等信号,它们常常通过计算机或单片机I/O输出板,再经过信号放大、驱动来实现。

3)安全保障系统

安全保障系统包括左右挡轮、系留装置、发动机与车轮冷风机等。左右挡轮是防止汽车车轮在旋转过程中,在侧向风力的作用下驶出滚筒,对前驱动车辆更应注意;系留装置是指地面上的固定盘与车辆相连,以防车辆高速行驶时,由于滚筒的卡死飞出滚筒;发动机与车轮冷却风机是防止车辆在运行过程中发动机和车轮过热。

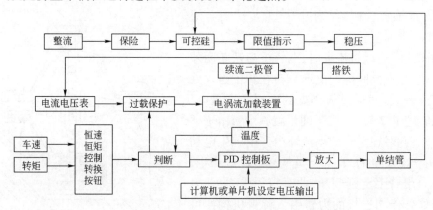

图 2-16 电涡流式加载装置控制系统框图

4) 引导与举升及滚筒锁定系统

(1) 引导系统。引导系统也称驾驶员助手,其作用是引导驾驶员按提示进行操作,提示的方法有显示牌和大屏幕显示装置两种。显示牌一般与计算机的串行通信口相连,当计算机对显示牌初始化后,便可对显示牌发送 ASCII 码与汉字,以提示驾驶员如何操作车辆及显示检测结果;大屏幕显示器通过 AV 转换盒与计算机相连,AV 转换盒是将计算机的数字信号转换成视频信号供电视机用,如图 2-17 所示。

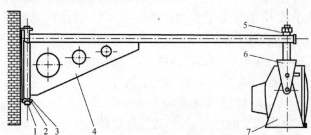

图 2-17 大屏幕显示装置

1-转轴;2-开口销;3-支架;4-悬臂;5-小转轴;6-显示器吊架;7-显示器机座

(2) 举升装置。升降系统的类型较多,底盘测功机升降系统常见类型有:

① 气压式升降机,如图 2-18 所示。它是由电磁阀、气动控制阀及双向汽缸或橡胶气囊组成,在气压力的作用下,汽缸中的活塞便可上下运动以实现升降目的。

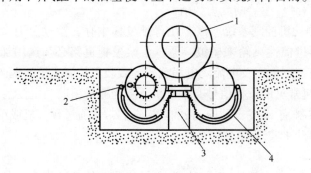

图 2-18 气压式升降机

1-车轮;2-滚筒转速传感器;3-举升器;4-滚筒制动装置

②液压式举升装置,通常由电磁阀、分配阀、液压举升缸等组成。在液压作用下,举升缸活塞向上移动,实现举升目的。

(3)滚筒锁止系统。棘轮棘爪式锁止系统装置如图2-19所示。它由双向汽缸、棘轮、棘爪、复位弹簧、杠杆及控制器等组成,通过控制器控制压缩空气的通断。当某一方向通气后,空气推动汽缸活塞运动,控制棘爪与棘轮离合以达到锁止或放松的目的。

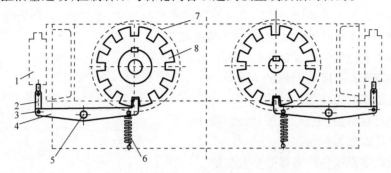

图2-19 棘轮棘爪式滚筒锁止系统示意图
1-双向汽缸;2-拉杆;3-链接销;4-棘爪;5-固定销;6-复位弹簧;7-滚筒;8-棘轮

3. 应用

1)底盘测功机上道路行驶阻力的设定

能否正确地测量汽车道路行驶阻力及在底盘测功机上设定和再现汽车行驶阻力,将直接影响底盘测功机的测试结果。因此试验前,首先要测量并设定汽车的行驶阻力。滑行法是目前采用较为广泛的测量汽车道路行驶阻力的方法,底盘测功机上测量汽车道路行驶阻力经常使用的就是此种方法。通过底盘测功机自动化系统的调节,使得道路上测出的汽车行驶阻力在底盘测功机上得以再现。

2)滑行试验

汽车的滑行性能是指行驶中的汽车将变速器置于空挡,依靠本身惯性克服道路阻力的能力。在底盘测功机上进行滑行试验,可以验证测功机上阻力参数的设定是否正确,检查被试车辆底盘的技术状况和调整状况,为下面的基本性能试验做准备。

3)动力性能试验

在底盘测功机上,可以做最高车速、最低稳定车速、起步换挡加速、直接挡加速和汽车牵引等动力性能试验。

4)燃料经济性能试验

做燃料经济性试验时,直接挡全节气门加速燃料消耗量试验、等速行驶燃料消耗量试验和多工况燃料消耗量试验,外接油耗仪,其数据由计算机数据采集系统采集处理。

此外,还可以在底盘测功机上进行发动机冷却系统试验和气阻试验。

六、发动机综合性能检测

1. 发动机综合性能检测的基本内容及特点

发动机综合性能检测与发动机台架试验不同,后者是发动机拆离汽车以测功机吸收发动机的输出功率对诸如功率和转矩以及油耗和排放等最终性能指标进行定量测定,而发动机综合性能检测装置主要是在检测线上或汽车调试站内就车对发动机各系统的工作状态,如点火、喷油、电控系统和传感元件以及进排气和机械工作状态等静态和动态参数进行分析,为发动机技术状态判断和故障诊断提供科学依据。有专家系统的发动机综合分析仪还具有故障自动判别功能,有排气分析元件的综合分析仪还能测定汽车排放指标。

1) 发动机综合分析仪的基本功能

(1) 无外载测功功能,即加速测功法。

(2) 检测点火系统的初级与次级点火波形的采集与处理,平列波、并列波与重叠角的处理与显示,断电闭合角和开启角、点火提前角的测定等。

(3) 机械和电控喷油过程各参数(压力、波形、喷油、脉宽、喷油提前角等)的测定。

(4) 进气歧管真空度波形测定与分析。

(5) 各缸工作均匀性测定。

(6) 起动过程参数(电压、电流、转速)测定。

(7) 各缸压缩压力判断。

(8) 电控供油系统各传感器的参数测定。

(9) 万用表功能。

(10) 排气分析功能。

2) 发动机综合性能检测仪的三大特点

(1) 动态的测试功能:它的传感系统和信号采集与记录存储系统能迅速准确地捕获到发动机各瞬变参数的时间函数曲线,这些动态参数才是对发动机进行有效判断的科学依据。

(2) 通用性:测试过程不依据被检车辆的数据卡(即测试软件),只针对基本结构和各系统的形式和工作原理进行测试,因此它的检测结果具有良好的普遍性,其检测方法同样也具有最广泛的通用性。

(3) 主动性:发动机综合检测仪不仅能用于采集发动机的动态参数,而且还能主动地发出指令干预发动机工作,以完成某些特定的试验程序,如断缸试验等。

2. 发动机综合性能检测装置的基本组成

发动机综合性能检测装置千差万别,形式各异。概括起来不外乎由信号提取系统、信息处理系统、采控显示系统三大部分组成,如图 2-20 所示。

图 2-20　发动机综合性能检测装置的基本组成

图 2-21 为发动机综合性能分析仪一般结构形式的外形图。

1) 信号提取系统

信号提取系统的任务在于拾取汽车被测点的结构和性质参数,据其不同,信号提取装置必须具有多种形式以适用不同的测试部位。图 2-22 所示为大多数发动机综合性能分析仪的信号提取系统。图中显示这一系统是由一些不同形式的接插头或探头组成,以它们接触的形式不同可以分为四类。蓄电池夹 1 和 4 分别接蓄电池的正负极,点火线圈初级接线夹 2 和 3 接点火线圈初级的正负极,探针 9 为万用表功能或测试各传感器时的接头,它可以再转接各类结构的探针以适应不同的测试点,如图 2-22 所示,鳄鱼夹 10 的两个夹由一个分流器引出,用以测定发电机电流,以上各接头属于直接接触的一类。

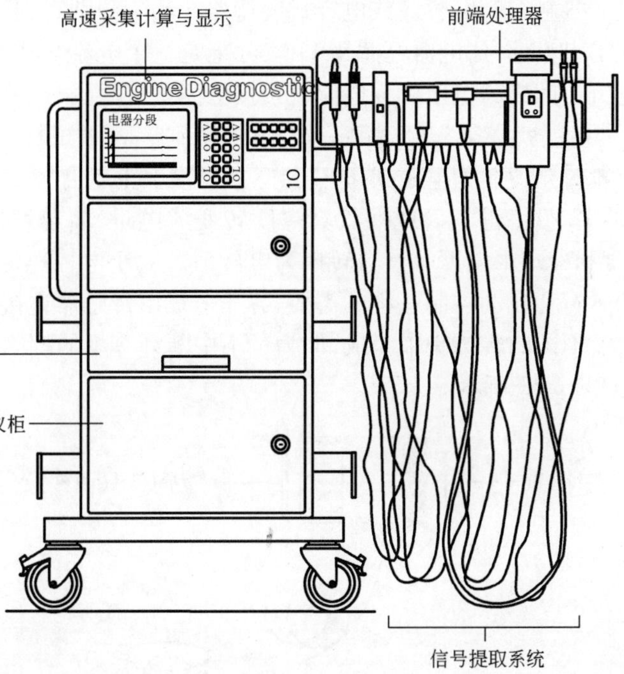

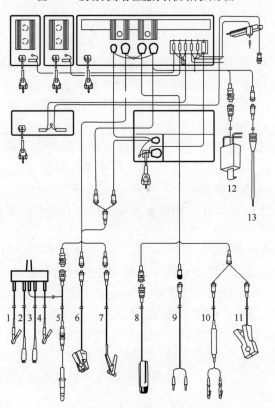

图 2-21 发动机综合性能分析仪结构外形图

图 2-22 信号提取系统

1、4-蓄电池夹(红色为正极,黑色为负极);2、3-点火线圈初级接线夹;5-上止点位置传感器;6、7-电感式或电容式夹持器;8-频闪灯;9-探针;10-鳄鱼夹;11-电流互感钳;12-压力传感器;13-温度传感器第二类则是非接触式。电感式或电容式夹持器 6 和 7 分别钳到一缸点火线上和点火线圈高压线上以获得点火信号,电流互感钳 11 实际上是一个电流互感器,夹持在蓄电池线上,可感应出起动电流。因为高电压和强电流直接接触测量极为困难。以上都是对电量参数的提取,对于非电量参数就必须先经过某一类型的传感器将非电量转变成电量,这就是第三类。如上止点位置传感器 5 为电磁式 TDC 传感器提供上止点信号,频闪灯 8 可寻找点火提前角,压力传感器 12 可将进气管或喉管真空度转变成电量,而温度传感器 13 为一热敏电阻,可将机油温度和冷却水温度等参数转换为电压值。对于电控燃油喷射(EFI)发动机,因计算机计算喷油脉宽和自动控制过程的需要,各非电量由传感器直接转换成电量,它们的提取可用探针 9 通过不同的转接头来完成,但为了不中断计算机的控制功能,必须通过 T 形接头来提取信号,如图 2-23 所示。

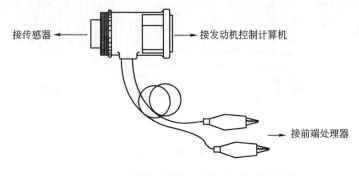

图 2-23　信号的 T 形接头

2)信号预处理系统

信号预处理系统也称前端处理器,俗称"黑盒子"。它是电控燃油喷射系统检测的关键部件,其作用相当于多路测试系统中的多功能二次仪表集合,工作框图如图 2-24 所示。它可对发动机的所有传感信号(图示为 20 个)进行衰减、滤波、放大、整形,并将所有脉冲和数字信号输入(HSI),也可经 $F—V$ 转换成 $0\sim5V$ 或 $0\sim10V$ 的交流模拟信号送入高速瞬变信号采集卡。

发动机上装配的传感器是发动机控制和判断发动机故障的关键部件,但其输出的电信号千差万别,不能被车载计算机或发动机分析仪的中央控制器直接使用,必须经过预处理转换成标准的数字信号后送入计算机。

车载传感器的输出信号从电子学角度分为模拟信号和频率信号两种,应采用不同的处理方法。

对于模拟信号,如温度传感器、压力传感器、气门位置传感器等信号的幅值为 $0\sim5V$,频率变化也比较慢,主要的处理手段是对其进行低通滤波和信号隔离。经低通滤波后的低频信号经由隔离装置送入 A/D 转换器,以消除模拟电路和数字电路的共地干扰。

对于频率信号,如发动机的转速、判缸信号等。由于多选用电磁式、霍尔效应式和光电式传感器,其输出信号本身即为数字脉冲,但由于传输过程中的衰减、交变电磁波辐射等原因,也易形成一定程度的失真,故需对其进行整形,这多用电压比较器或施密特触发器实现,整形后输出的标准数字脉冲,再经高速光电隔离器送入后继电路,以消除其干扰,提高系统的工作可靠性。

为了实现传感器的准确测量,不影响发动机的正常运转,信号提取时必须保证电路有足够高的输入阻抗,而且为了保证预处理系统的主板安全,对各路输出信号均采取了限幅措施。

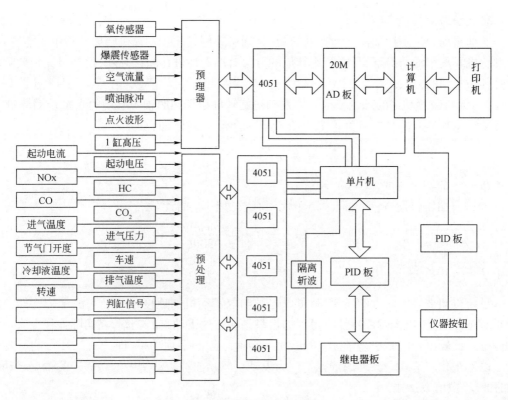

图 2-24 前端处理器框图

3）采控与显示装置

发动机综合性能分析仪多采用 14 英寸彩色 CRT 显示器,手提便携式则用小型液晶显示器。现代分析仪都能醒目地显示操作菜单,实时显示当前动态参数和波形,十字光标可显示曲线任一点的数值,同时也可显示极限参数的数值,配以色棒显示以示醒目,可任意设定显示范围和图形比例。

为捕捉喷油、爆震等高频信号,采集卡一般具有采集功能,采样率可达 10Msps,量化精度不低于 10Bit,并行 2 通道,有存储功能以提供波形回取,锁定波形供观察分析或输出、打印之用。

3. 发动机动力性检测

汽车动力性的好坏,首先取决于发动机的动力性。在汽车使用和维修部门检测发动机的动力性时,通常不将发动机从汽车上拆下,而是采用就车检测法。一是检测单缸动力性;二是进行发动机无负载测功。

1）单缸动力性检测

所谓单缸动力性检测,就是用仪器判断发动机各缸的工作情况。检测仪器利用点火电压作为触发信号,能方便准确地测量发动机的转速。单缸断火以后,发动机转速下降值能准确地被仪器检测出来。这样就将传统的人工凭耳朵听察的断火试验方法加以量化。另外,检测仪还可以实现自动逐缸断火,来完成整个检测项目,不必将每个缸的高压线分别拔下。当某一缸断火时,人耳听到的发动机声音的变化与打印出的检测结果是一致的。单缸断火时,四冲程发动机转速下降值一般应在规定的范围内,且各缸转速下降值相差不应超过 25%。

2)无负载测功法

发动机动力性指标如额定功率和转矩,其确切数值只能在发动机台架试验中才能得到,在发动机不离车的情况下,只能使用其他的方法对动力性进行间接判断,发动机无负载测功就是其中常用的方法之一。

(1)无负载测功法的理论依据。以发动机旋转件换算到曲轴中心线的当量转动惯量 J,在发动机急加速时的惯性阻力矩 T 为该工况下的唯一负载,即:

$$T = J\frac{d\omega}{dt} = J\frac{\pi}{30}\frac{dn}{dt} \tag{2-9}$$

式中:ω——曲轴角速度,$\omega = \pi n/30$;

n——曲轴转速,将惯性阻力矩 T 代入有效功率 P_e 的计算式,得:

$$P_e = 0.1047 Tn \times 10^{-3} = 0.1047 \frac{Jn\pi dn}{30 dt} \times 10^{-3} = C\frac{dn}{dt} \tag{2-10}$$

其中:$C = 0.1047 \frac{Jn\pi}{30} \times 10^{-3}$

只要得知被测发动机的 n 值,就可以通过测取发动机加速度来判断它的动力性能。因为是瞬态参数,所以式(2-10)计算得到的也只是 n 转速下的瞬时功率,在实际操作中有一定的困难。比较可行的方法是求 n_1 和 n_2 两个转速之间的平均功率,即把式(2-10)的微观概念予以宏观化。这一方法理论依据是认为发动机驱动曲轴转动所做的功等于曲轴旋转动能 A 的增量,数值表达式为:

$$A = \frac{1}{2}J(\omega_2^2 - \omega_1^2) \tag{2-11}$$

设角速度由 ω_1 加速到 ω_2 经历的时间为 Δt,则此时间间隔的平均功率为:

$$P_m = \frac{A}{\Delta t} = \frac{J(\omega_2^2 - \omega_1^2)}{2\Delta t} = \frac{J\pi}{60\Delta t}(n_2^2 - n_1^2)$$

因 n_1 和 n_2 为设定值,故令 $K = \frac{J\pi}{60}(n_2^2 - n_1^2)$,把 K 称为惯性系数,则平均功率 P_m 为:

$$P_m = \frac{K}{\Delta t} \tag{2-12}$$

(2)测试方法。为了提高无外载测功机的测试精度,必须从检测方法和被检测车辆的准备工作入手,首先加速踏板踩下的速度和力度要均匀,且要求重复性良好,为此该项测试必须由经过专门训练的专职人员操作。为避免操作上的误差,必须取三次测试结果的平均值,若有飞点必须剔除。

被测车辆与加速性能有关的机构必须处于正常技术状况,尤其是供油系统操纵机构的间隙对发动机的加速过程影响极大,在测试前不允许调整原车节气门位置和柴油机的调整机构。

惯性系数 K 值的确定,仪器生产厂家提供的某些车型的 K 值多为发动机台架试验的总功率状态,即不带空气滤清器、冷却风扇和排气消声器,显然这一 K 值不能为检测站的汽车进行就车检测之用。因此,检测站测试必须使用有关部门提供的就车试验 K 值,即使同一机型也要注意是否有特殊的附件,如空调、转向助力泵、风扇的驱动力方式等,也就是说,对同一底盘的各类型改装车,K 值的选取必须慎重。

对于新型或初次试验的车型必须经过大量试验并与出厂指标和台架试验相对比后形成

一个具有代表性的统计值作为该车型的 K 值。

为避免迅猛加速过程操作上的误差而引起的数值离散，可将节气门事先开到最大，然后打开点火开关，发动机即起动并自由加速。为使测试数据尽量准确并不伤害发动机，试验前必须充分暖车，使冷却系统预热到正常温度。

必须说明的是，上述无外载测功的理论依据尚需斟酌。首先，这一方法所测得的是发动机的加速性能，仅是动力性的一个侧面，而不是全部，因为功率指标高的发动机其加速性能不一定优良。

但因无外载测功法简单易行，在设有测功设备或无须严格要求最终测试结果的情况下，例如作为同一台发动机调整前后或维修前后的质量判断，这是十分有效的。

第二节　典型试验设施

一、内燃机高海拔（低气压）模拟试验台

高海拔（低气压）模拟试验台，可以在平原地区模拟高原环境的大气状况，进行内燃机性能试验，研究及评价内燃机及其附件（包括风扇离合器、打气泵、燃油加热器等）在不同海拔高度环境下的动力性、经济性、排放以及起动性能。图 2-25、图 2-26 为高海拔（低气压）模拟试验台整体布置结构图和模拟系统工作流程图。

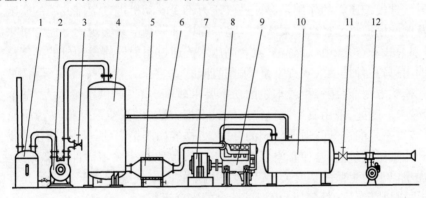

图 2-25　内燃机高海拔（低气压）模拟试验台
1-气水分离器；2-水循环真空泵；3-排气调压阀；4-排气稳压箱；5-热交换器；6-低压起动连通管；7-测功机；8-废气涡轮增压器；9-发动机；10-进气稳压箱；11-进气节流阀；12-空气流量计

1. 内燃机高海拔（低气压）模拟试验台工作原理

高海拔大气条件对内燃机性能的主要影响因素包括大气压力、大气温度和空气相对湿度。其中大气压力、大气温度的影响十分显著。我国高原地域广阔，气温由于季节、昼夜、天气的不同变化很大，以年平均统计温度缺少实用意义，加之大气温度模拟装置昂贵复杂，一时难以实现。因此，试验台重点对高海拔大气压力进行模拟，不对温度、湿度进行模拟。

试验台高海拔（低气压）模拟系统，是通过进气节流，利用发动机运行过程中进气抽吸作用，实现进气低压模拟；在发动机排气管后用真空泵抽吸，实现排气背压的模拟；同时通过在发动机曲轴箱内保持同样的真空度来达到模拟高海拔大气压力的精确性。试验台可以模拟 0~6000m 海拔高度的大气压力，具体工作原理如下：

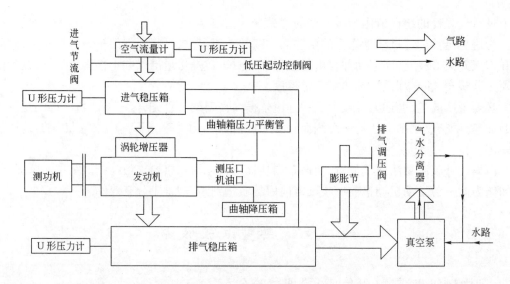

图 2-26 高海拔(低气压)模拟系统工作流程

进气压力的模拟是通过进气节流降压来实现的。空气经过空气流量计和进气节流阀,进入进气稳压箱,再通过进气管经涡轮增压器进入发动机。当发动机工作时,由进气节流阀的节流作用在进气稳压箱中产生进气低压。通过调节进气节流阀开度可以控制进气稳压箱中的进气压力,以模拟不同海拔高度的大气压力。为了保证测量数据的精确性,整个进气系统严格密封。进气稳压箱的作用是保证进气压力不受发动机进气气流波动的影响。

排气背压的模拟是通过真空泵从排气稳压箱中抽取真空来实现的。通常可采用两种方式:一种是引射式真空泵,由压缩空气或者高压水流通过引射器将发动机的排气从排气稳压箱中强制抽出;另一种是抽气式真空泵,采用直吸式真空泵直接从排气稳压箱中抽取真空。采用射流式模拟方法,对压气机或水泵的功率要求较高,供气或供水量很大,整个系统价格昂贵,体积较大。因此,采用真空泵直接抽气式模拟方法,由真空泵从排气稳压箱中抽取真空,通过调节真空泵的进气旁通调压阀的开度,将排气稳压箱内的气压控制在所模拟的压力。考虑到排气温度较高,会使真空泵内工质升温,致使其相关零件性能降低或受损,排气系统中增加了以水为工质的热交换器,使发动机排放的废气温度降至真空泵允许的范围之内,以确保内燃机高海拔(低气压)模拟试验台的安全运行。

曲轴箱内压力的模拟是通过与进排气稳压箱相连接,实现与模拟大气压力一致。将曲轴箱机油口与排气稳压箱连接,同时将呼吸器测压口与进气稳压箱连接,将油尺探测口及整个曲轴箱严格密封。

在进行高原环境低压模拟起动时,由于发动机停车无法实现进气低压模拟,需先将进气稳压箱与排气稳压箱相连通,由真空泵同时抽取进、排气稳压箱真空,通过调节进气节流阀及调节进、排气稳压箱连通阀和真空泵进气旁通调压阀,使进、排气稳压箱内分别达到所需模拟的大气压力,然后在不同海拔高度进行低压起动试验。发动机起动后关闭进排气稳压箱连通阀,进入正常模拟状态。

2. 内燃机高海拔(低气压)模拟试验台的用途

通过内燃机高海拔(低气压)模拟试验台,开展对发动机高原适用性研究,探索其性能指标随海拔变化的规律,为改善燃烧过程、降低油耗和炭烟排放,以及为开发设计适合高原地区使用的新型发动机提供依据和资料。

另外,内燃机高海拔(低气压)模拟试验台不仅可以对发动机不同海拔高度下的动力性、经济性以及排放性能进行试验研究;还可以通过试验,研究发动机附件在不同海拔高度下的适应性问题,如发动机打气泵在不同海拔高度下压力的变化情况、风扇转速的变化情况以及发动机水箱的压力变化情况等,这些针对发动机附件的研究工作为改善发动机整体性能研究提供了参考和依据,有助于发动机高海拔环境适应性问题的进一步研究。

二、高低温模拟实验室

1. 高温实验室

为了让汽车适应高温、高热环境,了解其性能及部件老化情况,各汽车厂家根据各自汽车产品的需要纷纷兴建高温实验室。

1)结构

(1)日照装置。在实验室顶壁与侧壁均匀安置红外线灯,灯光照射强度及光照区域均可以按试验要求进行调节。用以模拟在炎热的阳光下,测试汽车各部位的温升及受热状态。

(2)供风系统。模拟汽车实际行驶的迎面行驶风由大型鼓风机产生,再配以风道及风速调节装置,组成供风系统。与空气动力风洞不同的是,风道出口截面积很小。同时,风速调节范围要尽可能地覆盖汽车的车速(目前,轿车车速可达200km/h)。

(3)加热装置。采用电加热与蒸气加热两种形式。一般大型实验室采用蒸气加热。

(4)路面辐射装置。为了再现路面热辐射状态,一般使用加热箱,并将它铺装在试验地面上。设定的温度范围为40~80℃。

2)技术指标

(1)温度。上限温度有许多,如+60℃、+50℃、+40℃等,最多采用+50℃。

(2)湿度。有30%~80%、30%~100%、0%~95%、5%~95%几种,其中以5%~95%范围最妥。

(3)风速。尽可能覆盖整个车速范围。

3)试验项目

(1)冷却性能试验:在炎热的地带和夏季气温很高的条件下,以是否能保证汽车主要部件保持合适的温度来评价其散热性能。检测内容包括发动机冷却液温度、发动机及变速器等润滑油油温、发动机进气温度以及燃油油温和气阻。

(2)动力性能试验:在高温条件下,在燃油及进气温度上升,发动机功率降低的状态下,评价汽车的动力性能或评价在高温条件下,汽车熄火停车后的再起动性能。

(3)耐热性能试验:在高温条件下高速行驶、爬坡行驶、城市市区行驶,以及行驶之后的停车怠速等各种行驶工况下,评价汽车结构部件的耐热性以及发动机舱内和车身各部位的橡胶件、塑料件的耐热性等。

(4)空调性能试验:在高温潮湿强烈日照的条件下,评价车内环境的舒适性,检测内容包括驾驶室内的温度、湿度、凉风、风速、换气及车窗视野等。

2. 低温实验室

低温实验室模拟低温环境状态。与实地寒区试验比较,具有节约人力、物力、财力,不受外界气候环境的影响,不受季节限制等优点。同时,具有环境控制精度高、稳定性好、重复性好的特点。

1)结构

低温实验室,一般由以下系统构成。

(1)低温实验间要求密封、保温、防腐,有足够的面积和高度,以及足够的地面承载能力。内设防潮照明、冷风机和蒸发器及温度、压力、转速、CO报警器等各类传感器,并配有测试传感器、电源等需要的各类插座、排烟接口、拍摄支架等。

低温实验间大门要能保证试验车辆通过,并要有良好的保温性能。试验过程中,试验人员进出的小门外要有过渡室。过渡室除了能减少人员进出时低温实验间冷气的损失、保持低温实验间温度稳定以外,还可以使试验人员进出低温实验间时有一个温度适应过程,减少人体过强的"冷热冲击",防止感冒。

低温实验间还要设有保温除霜观察窗、通信线路接头、报警器等,保证试验安全、有效地进行。

如果低温实验间设置功率吸收装置,如底盘测功机,就可完成车辆在低温条件下的各种行驶工况的模拟试验。

(2)制冷机房和制冷系统提供冷源,包括制冷压缩机、冷却器、中冷器、蒸发器、管线、阀门、电源和配电柜、测量参数显示装置和有关报警装置,同时要设置机组操作人员值班室。

(3)换气系统排除室内有害废气,更换和补充低温实验间的新鲜的低温冷空气,排除人员及试验样品散发的热量,维持试验规定的低温状态。

(4)冷却水系统是制冷系统必需的辅助设施,用以冷却制冷机组。一般包括:冷却塔、水泵、水池和软化水装置等。

(5)测控及观察间安放试验测量仪器、试验数据的采集与处理系统,是整个低温实验室的联络指挥中心。

(6)试验数据采集与处理系统包括温度、电流、电压、时间、转速等各类试验参数的采集与处理的设备仪器,一般使用计算机进行。

(7)通用系统及配电动力系统。

2)技术指标

(1)根据检测标准,选择温度多为 $-50 \sim -40℃$。

(2)湿度在5%~95%之间。

(3)风速与高温室相同。

3)试验项目

(1)汽车发动机的低温起动性能试验。

①发动机极限起动温度试验,即找出不带任何辅助起动装置发动机仍能起动的温度。

②发动机低温起动辅助装置的性能测试与匹配。

③发动机起动系统各参数的低温匹配,这些参数包括起动系统电压、起动机齿轮的齿数、起动机功率和转速、蓄电池容量和蓄电池低温充放电能力等。

(2)发动机低温行驶性能匹配。

在低温环境下,发动机冷起动、暖机、起步以及车辆行驶等工况的发动机点火角、能量、供油量、节气门开度等参数的匹配。

(3)汽车行驶安全性检验。

在我国强制性标准中需要进行整车低温试验的有两项:

①汽车风窗玻璃除霜系统试验。

②汽车风窗玻璃除雾装置试验。

(4)汽车寒区适应性试验。

①汽车采暖性能试验。

②汽车起步性能试验,在发动机起动后,经过最短的暖机时间,汽车应能顺利起驶。

(5)刮水器等总成的低温性能试验。

(6)非金属零件的低温适应性试验。

(7)汽车燃油、润滑油、液压油等的低温性能验证试验。

(8)其他必要的低温性能、低温适应性试验。

3. 高低温实验室(或称环境实验室)

高低温实验室是综合上述 1 与 2 的技术要求而设立的,其结构也是将二者合一。将转鼓试验台也放在其中,其结构示意图如图 2-27 所示。

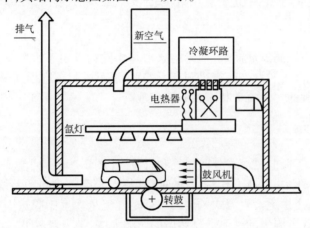

图 2-27 高低温实验室结构示意图

三、雨淋实验室

典型的雨淋实验室示意图如图 2-28 所示,它主要用于对车辆进行耐湿热气候、耐雨实验,其容积为 450m³,其主要参数见表 2-1。

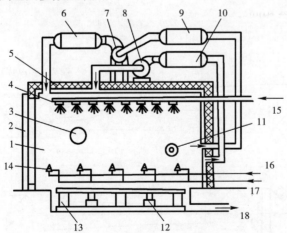

图 2-28 450m³ 的热度、湿度、雨淋和海雾实验室

1-实验室;2-双开双扇门;3-观察孔;4-淋雨系统;5-空气隔离层;6-润湿室;7、8-通风机;9、10-加热器;11-平衡机轴;12-液压缸;13-升降平台;14-海雾系统;15-淋雨试验用水;16-盐水;17-压缩空气;18-通向下水道系统

某雨淋实验室主要技术参数　　　　　　　　表 2-1

项　目	技术参数	项　目	技术参数
实验室有效容积(m^3)	450	压缩空气排量(cm^3/s)	66 700
实验设备总功率(kW)	800	盐溶液排量(cm^3/s)	20.2
工作温度(℃)	20~60	处于雾状时的温度(℃)	27
被实验实物最大外形尺寸(m)	12×3.5×4	淋雨强度(mm/s)	0.083 3~0.133
实验室外形尺寸(m)	16×6×5.5	淋雨方向	45°
相对湿度(%)	95±5	淋雨用水温度(℃)	15~30
空气工作压力(kPa)	70~140		

在该实验室内装有 500kW 的负荷试验台,可对车辆做负载式制动试验。利用在蒸馏水中加氯化钠溶液(33±3g/L)获得海雾,可做耐海雾试验。利用温度为 15~30℃ 的水,在倾斜角 45°下向两个主向喷淋,能进行耐雨淋试验。

四、汽车风洞

汽车风洞由航空风洞发展而来,两者的原理是相同的。由于汽车是在地面上行驶而不是在空中飞行,因此汽车风洞与航空风洞有所差别,汽车风洞在进行汽车试验时的流场与汽车在实际道路上行驶的气流流动状态相同或接近。

1. 汽车风洞特性

1) 风洞形式

从结构上看,汽车风洞的形式分回流式和直流式(图 2-29)。回流式风洞又分单回流式风洞(图 2-30)和双回流式风洞(图 2-31)两种,其特点是空气沿封闭路线循环流动,气流不受自然风的影响,流态稳定。直流式风洞的特点是气流从大气中吸进而后从风洞的后部排到大气中去。直流式风洞里的气流受自然风的影响大些,噪声普遍很高。

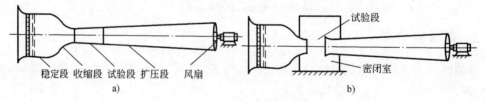

图 2-29　直流式风洞
a)闭口试验段;b)开口试验段

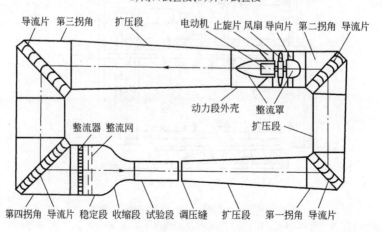

图 2-30　单回流式风洞

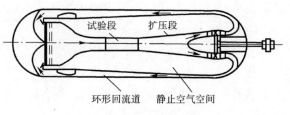

图 2-31 双回流式风洞

2) 风洞试验段

试验段形式分闭口试验段、开槽壁试验段和开口试验段(图 2-32)。实车风洞闭口试验段横截面积大多选择在 $20m^2$ 以上;开口或开槽壁试验段阻塞的影响小,试验段横截面积在 $12\sim20m^2$ 之间。模型风洞多采用闭口试验段形式,试验段横截面积在 $12m^2$ 左右。

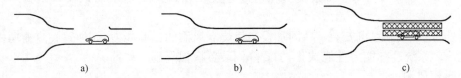

图 2-32 风洞试验段形式
a)开口试验段;b)闭口试验段;c)开槽壁试验段

采用闭口试验段风洞进行试验,模型的高度不超过模型支承地板到风洞顶壁高度的 1/3,模型在最大侧偏角下的正投影宽度不超过风洞试验段宽度的 1/3,阻塞度控制在 5% 以内,这样试验数据可以不进行洞壁阻塞修正;否则,需进行阻塞修正。

风洞试验段的长度一般为模型长度的 $2\sim5$ 倍。全尺寸风洞试验段的长度为 $10\sim25m$,而一般轿车的实际长度约为 $5m$。试验段的长度对空气特性的测定值有影响。

3) 风洞最大风速

实车风洞的最大试验风速一般要求大于,至少不低于汽车的最大车速。现代车的最大车速已超过 200km/h,而现在的风洞中,奔驰和日产(新)汽车风洞的最大风速为 270km/h。随着轿车的空气阻力越来越小,其空气动力特性对风速越来越敏感。

4) 风洞收缩比

收缩比的选择直接关系到风洞试验段气流的紊流度、均匀度等。现有风洞的收缩比分布很广,从 1.45:1 到 12:1。对于汽车风洞来说,为把紊流度降低到一定水平,最低选用 4:1。

5) 地面附面层

由于在风洞试验中试验段下洞壁会产生地面附面层,从而影响到试验数据的准确性,因此通常采用一些装置来消除或减小其影响,使下洞壁气流接近于实际流动状态。常用的装置有附面层吸除装置、吹气装置、移动地板等(图 2-33)。在风洞试验中最小离地间隙小的车型特别需要采取措施控制地面附面层。

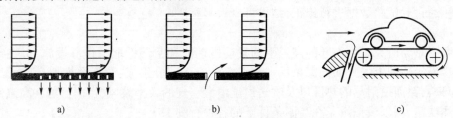

图 2-33 消除地面附面层厚度方法
a)吸气法;b)吹气法;c)移动带法

汽车支承一般为四轮支承,支承板与风洞下洞壁或地板平齐,以消除支架干扰等带来的影响。

2. 风洞类型

1) 空气动力风洞

空气动力风洞分实车风洞和模型风洞,实车风洞主要进行实车或全尺寸模型的空气动力试验,而模型风洞进行缩尺模型的空气动力试验。

与实车风洞试验相比,缩尺模型的试验费用低,改动方便,其试验量是实车试验的几倍。随着综合性风洞的日益增多以及对原有实车风洞进行改造,实车风洞中也进行缩尺模型的试验。汽车缩尺模型采用的缩尺比通常为3/8、1/3、1/4、1/5。模型风洞的风速范围在30~70m/s之间。模型风洞汽车试验要求雷诺数相似,但在实际应用上,以车宽为特征长度的雷诺数大于2.4×10^6时,对于多数模型气动力的测量结果是可用的,所以模型试验不要求雷诺数必须一致。

另外,汽车风洞里可安装一些附加设备以提高风洞的试验能力,如加置底盘测功机进行发动机冷却系统冷却能力性能试验,加置降雨装置模拟降雨条件等。

2) 噪声风洞

噪声风洞用于研究气流造成的车体噪声,如风噪声、漏风噪声等,是现代汽车重要的研究课题。噪声风洞的设计是通过在风道盖顶和围墙加吸声材料和装置、在转角叶片加吸声材料并整形、使试验段成为无回声室等措施,来降低风洞背景噪声,使得汽车上的风噪声测量成为可能。

3) 气候风洞

气候风洞的用途是进行汽车的环境适应性试验,其合适的试验横截面积在$10 \sim 12m^2$之间,过大的试验段横截面积是一种浪费。气候风洞的阻塞度修正因子需要先在大型风洞或道路上进行校测来确定,并据此对风洞中的气流速度进行调整。对气流的调整还可尝试采用缓冲板等辅助设备,以使汽车表面上的压力分布尽可能与道路上的表面压力分布一致。

4) 气候风室

气候风室又叫空调室,其试验段横截面积为$5m^2$,甚至更小。在气候风室中,轿车前部的压力分布能够趋近真实情况,它通过修正风速得到,这样的压力分布可以满足发动机冷却系性能试验要求。气候风室内一般有日照模拟装置,室内温度可以调节,能进行汽车的空调试验。

目前,气候风洞和气候风室的最大风速能达到180km/h,温度调节范围通常在$-50 \sim +50℃$。

5) 小型全尺寸风洞

小型全尺寸风洞的试验段横截面积范围为$10 \sim 20m^2$,它们的试验段是3/4开口或者开槽壁的。通过对试验数据进行修正,结果可令人满意。

6) 高温室

高温室是为研究日照引起的高温下的发动机性能和空调性能的试验设施,可在室内模拟炎热沙漠等地球上的一切高温条件。高温室由以下部分组成:数百个模拟日照的红外线灯、模拟来自路面反射热的热源以及吹送恒温恒湿空气的大型鼓风机,而且可在高温室内设置底盘测功机,用以模拟汽车在高温条件下的各种行驶工况。

7) 低温室

低温室是研究在极寒地区的发动机性能和暖风机性能的试验设施。它不只是单纯地再现低温环境,而且还能再现降雪,模拟极寒地区的所有气象条件。同时,还设置有底盘测功机,用以模拟汽车在低温条件下的各种行驶工况。

8)低压室

低压室是模拟高原地区低气压条件下的试验设施。在高原地区,由于气压降低而使发动机性能下降。低压室由抽吸室内空气的真空泵、温度调节装置和底盘测功机构成,它可模拟世界上所有的高原山路环境。

第三节　汽车试验场

汽车试验场,亦称试车场,是进行汽车整车道路试验的场所。为满足汽车的实际行驶要求,汽车试验场的主要试验设施是集中修筑的各种各样的试验道路,包括汽车能持续高速行驶的高速环形道路、可造成汽车强烈颠簸的凹凸不平路,以及易滑道、陡坡、转向广场等,给汽车试验提供稳定的路面试验条件。汽车试验场的规模有大有小,试验道路的种类和长短也不尽相同,而且随着汽车技术的发展,不断会提出修筑新的试验设施的要求。

一、汽车试验场功用

汽车试验场是重现汽车使用中遇到的各种各样的道路条件和使用条件的试验场地。试验道路是实际存在的各种各样的道路经过集中、浓缩、不失真的强化并典型化的道路。汽车在试验场试验比在试验室或一般行驶条件下的试验更严格、更科学、更迅速、更实际。

汽车试验场的主要功用是:

(1)汽车产品的质量鉴定试验。

(2)汽车新产品的开发、鉴定和认证试验。

(3)为试验室零部件试验或整车模拟试验以及计算机模拟确定工况和提供采样条件。

(4)汽车标准及法规的研究和验证试验等。

由于控制技术和计算机的高速发展,汽车的部分行驶工况能够在试验室进行模拟试验和用计算机进行仿真计算,如在整车振动试验台上模拟汽车在道路上行驶的振动情况,在驾驶模拟器上模拟汽车的加速、制动、侧滑、甩尾、高速失控等极限工况,用虚拟试车场(Virtual Proving Ground)技术进行仿真计算等。但这并不意味着汽车试验场的作用的减少,恰恰相反,这些先进的试验手段应用的前提是汽车在实际道路上行驶的各种数据,这些数据大部分是在试车场采集的,现代化试验技术将汽车道路试验与试验室内的试验研究紧密结合,相互验证,相互依存,相互补充,达到全面检验和评价汽车性能的目的。

二、汽车试验场规模

汽车试验场从功能上可分为两类,即综合实验场和专用试验场。以规模而论,可分为大型、中型和小型试验场。大型试验场面积在$10km^2$以上,试验道路总长超过$100km$,种类相对比较齐全,多属于综合性实验场。美国三大汽车公司,即通用、福特、克莱斯勒都有这样的大型综合性试验场。如通用汽车公司(GM)的Milford汽车试验场,占地$16.2km^2$,试车道路总长$200km$,年总试行车里程2500万~3000万km。该试验场自1924年建成以来不断补充完善,是目前最具代表性的汽车试验场。德国大众汽车公司(VW)在Ehra-lessin的试车场是目前欧洲最大的汽车试验场。其总体布置很有特色,电话听筒形高速环道周长达$20.5km$。在各有特色的汽车试验场中,中小型规模的占大多数,其中综合性试验场由于受面积所限,布置上相对比较紧凑,但试验道路和设施的种类比较齐全,亚洲和欧洲大部分试验场属于此类。如欧洲汽车工业协会(MIRA)汽车试验场、日本自动车研究所(JARI)汽车试验场等。

在中小型试验场中,很大一部分是汽车零部件公司为满足产品开发和法规要求而修建的专用功能试验场,如德国 WABCO 公司设在汉诺威附近的试验场,其主要试验道路是附着系数从 0.15~0.5 以上五条制动试验路,以满足该公司开发和评价制动防抱死系统 ABS、ASR 和 EBS 等的需要。专用功能试验场也有大型的,如美国通用汽车公司在马萨(Mase)的沙漠热带汽车试验场,总面积 18km^2。当地气候干燥,夏季最高温度可达 45℃,是鉴定发动机冷却系、供油系以及整车的动力性、燃料经济性、空调系统等性能的理想试验环境。世界上具有代表性的汽车试验场规模见表 2-2,其中也列入了中国的四个汽车试验场。

世界上具有代表性的汽车试验场规模　　　　表 2-2

试车场名称	总面积(km^2)	高速环道		
		形状	长度(km)	设计车速(km/h)
GM,Milford	16.2	圆形	7.2	177
Ford Romeo	15.6	长圆形	8.0	225
Chrysler,Chelsea	16	长圆形	7.6	225
Volkswagen	10.6	电话听筒形	20.5	190
TRC,Ohio	30	长圆形	12	225
MIRA	2.63	三角形	4.4	145
JARI	2.5	长圆形	5.5	190
海南汽车试验场	0.68	电话听筒形	6.0	120
襄樊汽车试验场	1.93	长圆形	5.3	160
定远汽车试验场	2.39	长圆形	4	120
交通部公路交通试验场	2.4	长圆形	5.5	190

中国的四个汽车试验场,即海南汽车试验场、襄樊汽车试验场、定远汽车试验场和交通部公路交通试验场。虽然规模不大,却在中国汽车产业中发挥着重要作用。图 2-34 是襄樊汽车试验场的全景图,其设计和施工经过英国 MIRA 的技术咨询,在试验道路种类和路面参数上有些是相近和相似的。1998 年在北京通县建成的交通部公路交通试验场,高速环道设计车速达到 190km/h,从一个侧面反映出汽车高速试验的需求。

图 2-34　襄樊汽车试验场的全景图

三、试验道路和设施

由于规模和功能的差别,各汽车试验场的试验道路和设施的种类、几何形状、路面参数等各有不同,甚至同样的设施有不同的名称。下面仅就常规项目进行说明。

1. 高速环行跑道

以持续高速行驶为目的的高速环道（图2-35）是试车场的主体工程，其形状和大小视场地条件而异，以长圆形居多，其余是电话听筒形、圆形及三角形等，周长从几百米到数千米。德国大众汽车公司的 Ehra-Lessin 的高速环道超过20km，是世界上最长的。

 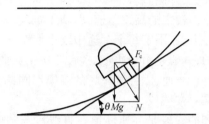

图2-35 高速环形跑道弯道

除正圆形之外，一般高速环路由三部分组成，即直线段、圆曲线段和缓和曲线段。

1）直线段

直线段与高速公路相似，纵坡尽量小，如果兼作性能试验路，要求纵坡不大于0.2%。横坡一般是内倾单向坡，坡度能够确保雨水及时排掉，过大的横坡会使驾驶员长期紧握转向盘而疲劳，为了测试突然遭遇到侧向风时其对车辆行驶状态的影响，某些试车场在直线段一侧设有横向风发生装置。

2）圆曲线段

高速环道的设计车速和最大允许车速直接受圆曲线段半径和横断面形状控制。

质量为 M 的汽车在半径为 R 的道路上以速度 v 行驶时，除汽车本身的重力外，同时产生离心力 F_c，见图2-35。

$$F_c = M \times \frac{v^2}{R} \tag{2-13}$$

为了使汽车不产生侧向力，必须使汽车的重力 G 和离心力 F_c 的合力 N 垂直于路面，此时有：

$$v^2 = gR\tan\theta \tag{2-14}$$

行驶车速 v 称为平衡速度。在高速环道的设计中，一般取最外车道的平衡速度为设计车速。

从式(2-14)中可知，提高圆曲线半径 R 和倾斜角都可以提高设计车速，但是半径 R 受场地条件限制，倾斜角也不能过大。过大的倾斜角，不仅施工困难，而且由于离心力引起的汽车附加载荷增加了汽车的负荷和悬架的变形，在持续高速行驶中增加了爆胎的危险，驾驶员也因承受过大的垂直加速度而容易紧张和疲劳。

圆曲线横断面的设计，希望从内侧到外侧平衡速度从低到高是连续变化的，因此倾斜角应该从内侧到外侧逐渐增大。最大倾斜角的设定主要取决于施工的难度，同时考虑不使汽车附加载荷过大，一般认为，附加载荷不超过30%是合适的。

为满足上述要求，横断面一般采用指数方程，即：

$$y = x^n \tag{2-15}$$

式中：y——圆曲线超高；

x——横断面的水平投影。

指数 n 的选择,对圆曲线段的车道宽度、平衡车速从低到高变化速率以及土方工程量都有直接影响。

一次曲线线形简单,只有一个平衡车速。三次曲线能保证平衡车速沿横断面方向线性变化,所以得以广泛应用。二次曲线线形曲率半径比三次曲线大,对具有双轮胎的汽车,双轮差较小,对防止轮胎热爆有作用,所以它适合于载货汽车车道,但它所需的土方工程量比三次曲线大,外侧倾斜角度小。四次曲线外侧倾斜角度大,有利于防止车辆飞出,安全性好,适用于路面较窄的高速跑道,但施工难度大,试车场跑道使用较少。

实际上,在限定每个车道中线平衡车速、车道宽度和最大倾斜角以后,用单一指数曲线是不够的,一般是由一次、二次和三次指数曲线相接的组合曲线。车道数、车道宽度和各车道中线设计车速,因各试车场的规模不同,适用车型也不尽相同,可视需要选定。

3)缓和曲线段

缓和曲线段是高速环道在直线段与圆曲线段之间的过渡段。汽车从直线段经缓和曲线段到圆曲线段,有上下、绕垂直轴横摆和绕纵轴旋转等运动,为了使汽车平顺地过渡,恰当地选择缓和曲线的形状和长度是十分重要的。现有的高速环道,缓和曲线形式大体上是两种。

让汽车等速行驶,以等速度旋转转向盘,依汽车运动轨迹而求得的回旋曲线,在数学上,该回旋曲线称为欧拉螺旋曲线(Fuler's Spiral),基本公式为:

$$R \times L = A^2 \qquad (2-16)$$

式中:R——曲线曲率半径;

L——曲线长度;

A——常数。

该曲线的基本特点是随着曲线长度的增加,曲率半径成比例地减小,对缓和曲线而言,其最小曲率半径即是圆曲线半径。这种曲线在公路上仍广为采用,20世纪50年代以前修建的试车场高速环道,大多采用它作为缓和曲线。

按人的感觉,将运动特性值控制在某一定值而设计的曲线,称为麦康奈尔曲线。自麦氏曲线1957年面世以来,其后修建的试车场高速环道基本上是用该曲线作为缓和曲线。麦康奈尔通过实际人体试验得到了人对运动状态开始有感觉的临界值,亦称感觉的阈值,见表2-3。下面将扼要介绍按麦氏曲线确定缓和曲线参数的方法。

人对运动状态产生感觉的阈值　　　表2-3

运动自由度		运动特性			
		位置(x)	速度(dx/dt)	加速度(d^2x/dt^2)	加加速度(d^3x/dt^3)
直线运动	纵向	没感觉	没感觉	±0.30m/s²	±0.15m/s³
	横向	没感觉	没感觉	±0.18m/s²	±0.09m/s³
	法向	没感觉	没感觉	±1.20m/s²	±0.24m/s³
旋转运动	横摆	没感觉	±5°/s	±2°/s²	±1°/s³
	倾摆	±1.1°	±8°/s	±4°/s²	±2°/s³
	纵摆	±1.9°	±12°/s	±6°/s²	±3°/s³

如果选择运动参数在阈值以下进行设计,人在缓和曲线上的感觉与在平坦直线道路上行驶没什么两样。按麦氏曲线进行缓和曲线设计时,一般是将人感觉较敏感的绕纵轴旋转的加速度变化率作为控制值,确定缓和曲线的长度,然后验算其他运动状态的计算值与其阈值的符合程度。

设 C 为汽车绕纵轴旋转的加速度变化率（亦称加加速度），则 C 小于等于 $2°/s^3$ 是理想的。但是由于场地或资金限制，多数高速环道的 C 值大于 $2°/s^3$，有时达到该阈值的 $2 \sim 3$ 倍，现在从使用情况来看也是可以接受的。

C 值确定以后，缓和曲线长度 L 计算式为：

$$L = v\sqrt[3]{\frac{32}{C}(\theta_1 - \theta_0)} \tag{2-17}$$

式中：v——设计车速，m/s；
θ_1——圆曲线段倾斜角，(°)；
θ_0——直线段排水坡度，(°)。

计算结果可取整数，然后按长度可分四段，见图 2-36。

按表 2-4 的方法连续积分，即可分别得出侧摆角加加速度、角加速度、角速度和侧摆角方程，并可求出其最大值。

汽车侧摆运动特性值计算公式　　　　　　　　　　　　　　　　　表 2-4

L	$L = 0 \sim s/4$	$L = s/4 \sim 3s/4$	$L = 3s/4 \sim s$
侧摆角加加速度 J	Cv^3	$-Cv^3$	Cv^3
侧摆角加速度 a	Cv^2L	$Cv^2\left(\dfrac{s}{2} - L\right)$	$Cv^2(L-s)$
侧摆角速度 ω	$\dfrac{1}{2}CvL^2$	$\dfrac{1}{2}Cv\left(-L^2 + sL - \dfrac{s^2}{8}\right)$	$\dfrac{1}{2}Cv(L^2 - 2sL + s^2)$
侧摆角 φ	$\dfrac{1}{6}CL^3$	$-\dfrac{1}{6}CL^3 + \dfrac{1}{4}CsL^2 - \dfrac{1}{16}Cs^2L + \dfrac{1}{192}Cs^3$	$\dfrac{1}{6}CL^3 - \dfrac{1}{2}CsL^2 + \dfrac{1}{2}Cs^2L - \dfrac{13}{96}Cs^3$

汽车侧摆角即路面倾斜角，根据倾斜角即可确定汽车在该斜面上保持平衡速度的曲率半径，再通过进一步计算，可以求出一条缓和曲线的平面曲线，确定缓和曲线的平面坐标以及竖曲线和高度方向的坐标，见图 2-37 和表 2-5。这样根据三维坐标即可确定缓和曲线的空间位置，再用计算机设计缓和曲线就相当容易。

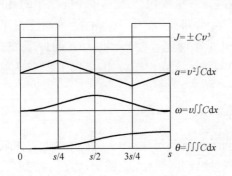

图 2-36　麦康奈尔曲线变化规律　　　　2-37　麦康奈尔曲线平面线计算示意图

麦康奈尔曲线平面线计算式　　　　　　　　　　　　　　　　　表 2-5

横断面倾角 φ	$\varphi = \theta_i + \arctan k$　其中 k 为直线段排水坡度
平曲线半径 R	$R_i = v^2/(g\tan\theta_i)$
平曲线转角 α	$\alpha_i = \beta_1 + \beta_2 + \cdots + \beta_{i-1} + \beta_i/2$，其中 $\beta_i = 2\arcsin(\Delta L/2R_i)$ $\Delta L = L/n$（n 为 4 的倍数，n 的大小决定计算步长）
平曲线坐标 x, y	$\Delta x_i = \Delta L\cos\alpha_i, \Delta y_i = \Delta L\sin\alpha_i, x_i = \sum_{j=1}^{i}\Delta x_j, y_i = \sum_{j=1}^{i}\Delta y_j$

上面介绍的是汽车在平衡速度下行驶的情况。如果超过了平衡速度,汽车就会产生过大的侧向力。在该侧向力与轮胎和地面的摩擦力平衡时,汽车仍保持行驶路线而不发生侧滑,这时受力的关系式变成:

$$\frac{v^2}{Rg} \leq \frac{\tan\varphi + \mu}{1 - \mu\tan\varphi} \tag{2-18}$$

μ 是路面附着系数。μ 值越大,汽车实际行驶的速度也就越高。因此,对高速环道不仅有严格的平整度要求,而且应该长期保持一定的粗糙度,这样即使下雨,汽车仍能保证以高于平衡速度的车速安全行驶。为了安全起见,在规定最大允许行驶车速时,要求的路面附着系数 μ 应小于 0.3。

2. 普通路环道

通常用于试验里程累积和试车场内的交通路,设置各种无超高弯道后,可兼作操纵稳定性试验路。试车场的普通路环道,路旁设有水泥混凝土路面的制动路,这样既可以防止试验时发生追尾事故,又可以减少环道本身的磨损。

3. 综合性能路

综合性能路又称水平直线性能路。一般是电话听筒形,直线部分是试验段,要求路面平坦均匀;横坡在保证排水的前提下尽量小,纵坡不得大于 0.2%,最好是水平的,长度在 1 000m 以上,宽度大于 8m,主要进行汽车动力性、燃料经济性及制动性能等试验。有些中小型试车场将直线段中间加宽到数十米,进行操纵稳定性等试验,两端是回转弯道,主要起掉头和加速作用。在直线段不是足够长时,回转弯道设一定的超高以提高试验车速。

4. 回转特性试验广场

回转特性试验广场一般是直径 100m 左右的圆形广场,内倾坡或外倾坡小于 0.5%,路面平坦均匀,而且能长期保持比较稳定的附着系数,主要用作测量和评价汽车的转向特性。有的还设有淋水或溢水设施,用来测试汽车在湿滑路面上的回转特性。为研究汽车高速下的操纵性和稳定性,美国通用汽车公司 Milfard 试车场建有边长 500m 的近似方形的广场,面积达 23 万 m^2,两端设有加速用的半环形跑道。德国大众汽车公司、美国 TRC 等也有近似规模的汽车运动特性试验广场。

5. 多附着系数制动试验路

多附着系数制动试验路亦称易滑路,中间是加宽的试验段,长 200m 以上。两端设有加速跑道。试验段由几种不同附着系数的路面对接或并接成组合路面,以检验汽车从高附着系数路到低附着系数路或左右两侧车轮各在高附着系数路和低附着系数路面上制动的稳定性,这是研究汽车防抱死装置 ABS 不可缺少的试验道路。

各种附着系数的路面用不同的耐磨材料铺砌,两侧装有淋水量可调的喷头,可以形成湿滑路面,最低时可达到 $\mu = 0.15 \sim 0.3$,相当于冰雪路面的效果。英国 MIRA 试车场用玄武岩瓦铺砌的低附着系数路是比较有代表性的易滑路,路面上有 100mm × 100mm 的含水槽,起到及时恢复制动时被汽车前轮破坏的水膜的作用。

有的试车场还建有多附着系数的试验场,设有水量可调的喷头,用来研究汽车在转弯制动情况下的运动状态。

6. 操纵性、平顺性试验路

试验路由不同半径的弯曲路包括回头弯和 S 弯以及存在各种缺陷的路段组成,弯道一般不设超高。缺陷路上布置有凸出或凹下去的阴井盖、横沟、铁路岔口、局部修补的补丁和反向超高等。其主要用于检验汽车的操纵性、稳定性、平顺性及噪声等,同时也可作为一种典型的坏路进行汽车可靠性行驶试验。

7. 石块路(比利时路)

石块路是汽车行业一致认同的汽车可靠性行驶试验路,长从几百米到几千米,宽 3.5～4.0m,几乎每个试车场都有,因为这种路最早取自比利时某些失修的石块路,所以又称比利时路。襄樊试车场石块路(图 2-38)环路长 2 667m,包括两条直线段和 S 形弯道,花岗岩石块基本尺寸为(长×宽×高)22.5mm×125mm×170mm。路面参数等效采用了英国 MIRA 石块路数据,标准差 15～28mm,是考核汽车轮胎、悬架系统、车身、车架以及结构部件的强度、振动和可靠性的比较理想的试验道路。

8. 卵石路

卵石路是将直径 180～310mm 的鹅卵石稀疏地、不规则地埋入水泥混凝土路槽中(图 2-39)。

图 2-38　石块路(比利时路)　　　　图 2-39　卵石路

卵石高出地表部分的高度为 40～120mm,铺砌成几百米长的卵石路。汽车在卵石路上行驶时,除了引起垂直跳动外,不规则分布的卵石路还对车轮、转向系统和悬架系统造成较大的纵向和横向冲击。卵石是大中型载货汽车、自卸车等可靠性试验路之一。

9. 扭曲路

扭曲路由左右两排互相交错分布的凸块组成,凸块形状以梯形最简单(图 2-40),也有正弦波形或环锥形,作用都是一致的,就是使汽车产生强烈的扭曲,以检验车辆的车架、车身结构强度和各系统的连接强度、干涉等。凸块高度一般为 80～200mm,分别修筑成甲、乙、丙等扭曲路。如海南试车场,规定大中型载货汽车要通过 200mm 的甲种扭曲路,微型车只需通过 80mm 的丙种扭曲路。

10. 搓板路

搓板路每个凸起近似于正弦波,是沙石路上常见的路况。波距以 500～900mm 不等,行驶车速很高的波距可达到 1 000mm。汽车以较高车速在搓板路行驶时,悬下呈高频振动,悬上比较平稳。试车场用水泥混凝土修筑的搓板路大多采用的波高为 25mm,波距为 500～800mm。为了造成左右车轮的相位差,常将左右两侧的搓板错位布置或斜置某一角度(图 2-41)。搓板路用于汽车的振动特性、平顺性、可靠性试验。

图2-40　扭曲路　　　　　　　　　图2-41　搓板路

11. 溅水池、涉水池

溅水池(图2-42)一般是并联在石块路上,水深0.15m左右可调,池两侧设挡水墙。汽车连续在石块路上行驶时,悬架系统,特别是减振器发热严重,造成非正常损坏。所以试车场一般规定汽车在石块路上每转两圈必须通过一次溅水池,起到冷却悬架系统作用。

涉水池可修成环形或长条形,水深可调,用于制动器浸水恢复试验,汽车下部和底板浸水密封性以及电气装置防水性能等试验。

12. 标准坡道

标准坡道(图2-43)是常用坡道从10%~60%并列布置或阴阳坡两面布置的数条坡道,坡长不小于20m。40%以上的坡道要采取防滑措施,坡顶和坡底的广场能保证汽车方便地掉头。标准坡道用于汽车爬坡性能、驻车制动器驻坡性能、坡道起步和离合器研究开发等试验。

图2-42　溅水池　　　　　　　　　图2-43　标准坡道

除以上道路和设施之外,有些汽车试验场还有长坡路、枕木路、砾石路、盐水池、灰尘洞、噪声发生路、静路(标准路面),以及沙石路、越野路等。越野路主要是崎岖不平的、无铺装路面的道路,同时有沙地、沼泽地等地面通过性试验设施以及弹坑、横沟、垂直台阶、驼峰等地形通过性试验设施,用于考核越野车在无路区的通过性能。

13. 安全和环境设施

每一项试验道路和设施的设计,都应该同时考虑汽车试验安全的需要。高速环道两侧,除供临时停车的硬路肩外,要设不少于10m宽的安全地带并种植草皮;弯道外侧、桥涵处、填方处以及在安全带内设置的标志杆、灯柱、测速装置等都应安装安全护栏;高环入口应该是唯一的,并且能实施有效的控制。其他试验道路和设施,也希望设置宽3.5m以上的辅助道路和一定宽度的紧急停车带。辅助道路是故障车辆或交通事故的救援通道,同时作为监测路保证测试车和摄影车对试验车的跟踪,所有的试验道路都必须有醒目的标线和指示标牌,而且夜间在灯光的照射下也是清晰的。

对试车场要进行绿地设计。充分利用空地种植树木花草,在试验道路两侧形成高低错落、形态各异的绿化带可以有效地发挥挡风、抑制灰尘、降低噪声和排气污染、防止夜晚灯光炫目等作用,同时能给人一个生机盎然的感觉和轻松的心情,对减轻试验人员枯燥感和疲劳是很有效的。

1. 简述接地式车速仪的结构与检测原理
2. 陀螺仪的使用时的注意事项有哪些?
3. 负荷拖车有哪些应用?
4. 汽车底盘测功机的组成有哪些?
5. 发动机综合分析仪的基本功能有哪些?
6. 汽车试验场的功用有哪些?
7. 发动机起动试验的低温起动、中温(暖机)起动和热机起动试验条件是怎样规定的?

第三章 整车技术参数的检测

第一节 汽车几何参数测量

一、测量汽车几何参数的目的

汽车几何参数是表征汽车结构的重要参数,通常包括外廓尺寸、内部尺寸、通过性及机动性参数、容量参数等,其测量主要目的如下:

(1)检验新试制或现生产汽车的结构是否符合设计要求,从中发现设计、制造及装配中的问题。

(2)测定未知参数的样车尺寸,为汽车设计师提供参考数据。

(3)对进行可靠性、耐久性试验的汽车进行主要尺寸参数的测定,评价其尺寸参数在试验过程中保持原技术状态的能力,为进一步提高汽车的可靠性和耐久性提供依据。

(4)为检测、维修与调整提供技术数据,提高车辆的运行性能。

二、基本概念

1. 三维坐标系

三维坐标系是汽车设计阶段建立的抽象的三个相互垂直的空间平面,这三个平面分别称为 X 基准面、Y 基准面、Z 基准面,这三个基准面只存在于图纸上,实际车身上并不可见,它们是决定汽车外部尺寸和内部尺寸关系的基准。汽车所有被测几何参数,都依据该坐标系的三个基准面进行测量和标注。

Y 基准面是车辆的纵向对称面。

X 基准面是垂直于 Y 基准面和车辆支承平面的某一平面,具体位置由制造厂规定。

Z 基准面是垂直于 X、Y 基准面且平行于支承平面的某一平面,具体位置由制造厂规定。

Y 平面是平行于 Y 基准平面的平面。

X 平面是平行于 X 基准平面的平面。

Z 平面是平行于 Z 基准平面的平面。

相对于 X、Y、Z 平面基准点及基准标志的尺寸见图 3-1 和图 3-2。

2. 基准点

为表示基准平面的位置而在车体上明确标出三个或多个实际点(压坑或孔),称其为基准点,它们由制造厂自行规定的。

有了基准点,三维坐标系在车体上也就明确了。如图 3-2 所示基准点 1、基准点 3、基准点 4。

从我国车辆设计现状看,一般车体上并未表示出基准点的位置,这种情况下则可按车架上表面为特征点面,确定 Z 基准面,X 基准面为过前轴中心垂直于 Y 基准的平面。

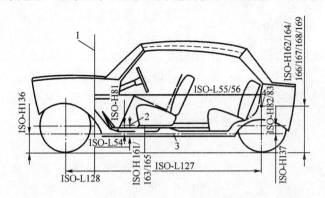

图 3-1 相对于 X 与 Z 平面基准点的尺寸
1-X 基准平面;2-基准标志 1;3-Z 基准平面;4-基准标志 2 和 3

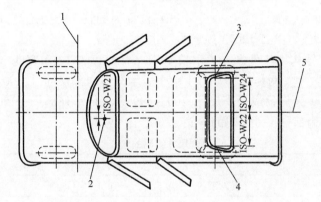

图 3-2 相对于 Y 基准平面基准标志的尺寸
1-X 基准平面;2-基准点 1;3-基准点 3;4-基准点 4;5-Y 基准平面

3. R 点

R 点即座椅参考点(Seating Reference Point,SRP,进一步又缩写为 R 点)。制造厂的设计基准点,用于确定由制造厂规定的每个座位最后的正常位置,它是模拟人体躯干和大腿的胯关节中心位置,并相对于所设计汽车结构而建立的坐标,这一点称为"座位基准点"(若座椅垂直可调,应调至最低位置)。该点有以下功用:

(1)确定了由制造厂规定的座椅每个设计乘坐位置的最后面的正常驾驶和乘坐位置,它考虑了所有座椅的可能调节状态(水平、垂直及倾斜)。

(2)具有相对于所设计的车辆的结构建立的坐标。

(3)模拟人体躯干和大腿铰接中心位置。

(4)作为安放二维人体样板的参考点。

确定了 R 点后,驾驶室内诸尺寸都可以分别以此为基准予以测量。但欲精确确定 R 点坐标位置,需使用 H 点人体三维模型和三维坐标测量仪。

H 点在三维 H 点人体模型上的位置,是躯干与大腿的铰接中心点,它位于此模型两侧 H 点标记钮的连线的中点上。三维 H 点人体模型见图 3-3。

汽车座椅的实际 H 点是将人体模型以制造厂规定的正常驾驶或乘坐的姿势放置到座

椅的最后位置，此时，与人体模型上 H 点标记钮连线中点重合的座椅上的空间点即为 R 点。

在理论上座椅的实际 H 点应与 R 点为一点。但是，由于制造、测量的误差影响，这两个点的位置往往都出现偏差。如果测量的结果是座椅的实际 H 点处于以 R 点为对角线交点，水平边长 30mm，铅垂边长 200mm，并且在座椅纵向中心平面上的矩形内，则认为所测量的座椅符合要求。

4. 尺寸编码

按国际标准 ISO 4131—1979 和 GB/T 12673—1990《汽车主要尺寸测量方法》的规定，汽车内部尺寸和外部尺寸都有统一的编码，它由词首、代号、数字三部分组成。

例：ISO—H136

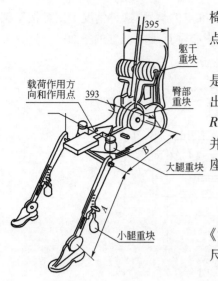

图 3-3 三维 H 点人体模型

"ISO"位置为词首。分为两类：ISO 表示 ISO 4131 规定的尺寸，QGB 表示 GB/T 12673 规定的尺寸。

"H"位置为代号。共有四类：L 表示长度，H 表示高度，W 表示宽度，V 表示体积。

"136"位置为数字。两类表示方式：1～99 表示车身内部尺寸号，100～199 表示车身外部尺寸号，200～299 为货物或行李尺寸，400～499 为载货车外部尺寸，500～599 为载货车货物尺寸。表 3-1 为部分尺寸编码的含义。

部分尺寸编码的含义　　　表 3-1

编码	含义	编码	含义
ISO—W101	前轮距	QGB—L411	双后轴间距离
ISO—W102	后轮距	ISO—H106	空车接近角
ISO—W103	车宽	ISO—H117	满载接近角
ISO—H100	空车车辆高	ISO—H107	空车离去角
ISO—H101	满载车辆高	ISO—H118	满载离去角
ISO—H113	最大总重车辆高	ISO—H119	空车纵向通过半径
ISO—L101	轴距	ISO—H147	满载纵向通过半径
ISO—L103	汽车长	ISO—H157	最小离地间隙
ISO—L104	前悬	QGB—H108	前轮胎静力半径
ISO—L105	后悬	QGB—H109	后轮胎静力半径

三、几何参数测量

测量外部尺寸时，可以按 GB/T 12673—1990 中规定的外部宽度、高度、长度等测量项目进行，测量内部尺寸按 JB 4100 中规定的测量项目进行。由于这两个标准不可能包括各种汽车的全部尺寸，尤其是专用汽车尺寸，因此，其他一些尺寸可以参照这两个标准或根据技术要求自行确定测量项目。

1. 测量场地要求及常规仪器设备

（1）场地要求：测量场地应平整、坚实、清洁，最好是水磨石地面。其平面度应为 1m² 范围内小于±1mm,面积应能足够容纳下被测车辆。

测量设备最理想的是三维坐标测量仪,它能精确地测量三维空间的点、线、面的位置关系,若与三维 H 点人体模型配合使用,能实现国际标准中要求的主要尺寸的测量。但是,该设备价格昂贵,国内只有极少数单位有此设备,加之目前我国尚未研制出符合我国人体尺寸的三维 H 点人体模型,而只能以国外(例如日本)的三维 H 点人体模型代用,因此,使用三维坐标测量仪测量汽车主要尺寸尚未普及。

(2)常规仪器设备:高度尺、离地间隙仪、角度尺、钢卷尺、水平仪、铅锤、油泥、划针。

2. 测量前的准备工作

1)将汽车调整到符合技术条件的状态

(1)检查汽车各总成、零部件、备用轮胎及随车工具等是否齐全,是否装配在规定的位置上;燃油、润滑油及冷却液等是否加注足量。

(2)检查下列各项内容,并将其调整到符合技术条件的状态。

①座椅、各种操纵踏板的行程及前轮定位等。

②后视镜等汽车外部可动的附件或附属装置所处的状态(其中收音机天线应处于回收状态)是否正常。

③货箱栏板是否处于关闭状态(测定货箱底板离地高度时除外)。

④车门、发动机罩、行李舱盖及通风孔盖等是否处于全关闭状态。

⑤汽车牌照架是否处于正常位置(不包括汽车牌照)。

⑥内饰件及车内附属设备是否符合本车型规定的标准。

(3)严格检查轮胎气压(轮胎气压是汽车尺寸测定中极为重要的条件,它主要影响铅垂方向的汽车尺寸,对其应严格检查。要求轮胎气压必须符合技术条件的规定,气压误差不允许超过±10kPa)。

2)将汽车载荷装载到规定的状态

在测定汽车尺寸参数的过程中,各种尺寸参数都要求在一定的载荷下测量,为此,应根据测定的尺寸参数,将汽车装载到相应的载荷状态。汽车的载荷状态分为如下三种。

(1)整备质量状态:指汽车处于装备齐全,燃油、润滑油及冷却水等加注足量,无载荷、无乘员时的状态。

(2)设计载荷状态:指汽车在整备质量状态下乘坐乘员后的状态。

这一载荷状态仅为测量轿车尺寸参数时使用,并在 JB 3982—1985 中规定了这一概念。乘员质量按 GB/T 12534—1990《汽车道路试验方法通则》中的规定计,见表1-1;乘员乘坐分布见表3-2。

轿车乘员分布情况 表3-2

座位数(个)	乘员数(人)	乘员分布状况
2、3	3	2人皆乘坐在前排座椅上
4、5	3	2人乘坐在前排,1人乘坐在后排座椅上
6、7	4	前排、最后排座椅上各乘坐2人
8、9	5	2人乘坐在前排座椅,3人乘坐在最后一排座椅上(当最后一排仅设2个座位时,有1人应乘坐在倒数第二排座椅上)

(3)满载状态:指厂定最大总质量状态,是指按规定的装载质量加载荷,驾驶室按规定人数乘坐,装备齐全,燃油、润滑油及冷却液等加注足量的状态。

厂定最大总质量是汽车制造厂根据该汽车的使用条件,考虑制造材料的刚度、强度等多方面因素核定出的质量。

进行装载测量时,载荷物应该分布均匀,确保轴载质量、轮载质量分配正确,以得到正确的尺寸参数测量结果。对于货车,载荷一般为标准铁块或混凝土块;对于客车和轿车,则用沙袋代替乘客的质量。如果没有上述专用载荷物,允许用砂石、土等散袋的形式来代替。但是应该注意,不得因下雨潮湿、散失及颠簸等改变质量的大小及分布状态。

尺寸参数测定时,由于对乘员的质量要求十分严格,因此,通常用相同质量的重物来代替乘员进行测定。GB/T 12534—1990 中对各种车型的乘员质量、行李质量及代替重物的分布等都作了明确规定(表1-1、表3-2)。

3. 测量步骤与方法

1) 测量步骤

(1) 清洗车辆,去除油污、泥土等。

(2) 将各车轮分别支起并离开地面,在各车轮轴头处粘上一层油泥,而后依次在车轮轴头处地面上放置划针,旋转车轮,使划针在轴头油泥表面上划出一尽量小的圆圈,每两侧车轮上圆圈的圆心连线即为该车轴中心线。

(3) 落下汽车,并将其开上测量平台,而后用钢卷尺分别测量两侧转向轮至参照点的距离(可在转向轮轮胎胎面中心线上量起,参照物可以是车架纵梁上某一记号点),转动转向盘使两个距离相等,此时汽车便以直线行驶状态停放在测量平台上。再分别于汽车的前部和后部下压汽车,使之摇晃数次,以消除悬架内部阻尼对车身位置的影响。

2) 测量方法

(1) 水平尺寸测量。测量汽车水平尺寸时,可以用钢卷尺直接测量,也可以使用铅锤将测量尺寸两端投影到地面上,并将投影点用笔作明显的"十"字记号,而后测量两投影点距离。这些投影点如下。

① 各车轮中心的投影,投影时需要正对油泥圆圈中心投影,利用这些投影能够测量出各轴之间的距离。

轴距指分别过车辆同一侧相邻两车轮落地中心点并垂直于车辆纵向对称平面和车辆支承水平面的两平面之间的距离(图3-4)。

② 各轮胎前、后胎面外缘的中心投影,用以测量各轴的轮距。

轮距指同一轴上两端车轮落地中心点之间的距离(图3-5)。

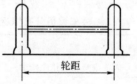
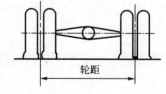

图3-4 轴距图　　　　　　　　　　图3-5 轮距图

③ 汽车前、后最外点的投影,用以测量汽车总长,并与①的投影点相结合,测量汽车的前悬、后悬。

前悬是指通过两前轮中心的铅垂面与抵靠在汽车最前端(包括前拖钩、车牌照架等任何固定在汽车最前部的刚性零部件)并垂直于 Y 基准平面的铅垂面之间的距离(图3-6)。

后悬指通过汽车两个最后车轮中心的铅垂面与抵靠在汽车最后端(包括牵引装置、车牌照架等固定在汽车最后部的任何刚性零部件)并垂直于 Y 基准平面的铅垂平面之间的距离(图 3-7)。如果被测汽车是二轴汽车,那么前悬、轴距、后悬与汽车总长将构成一尺寸链,此时应选择一最不重要的尺寸作为尺寸链的链口。一般选择前悬或后悬作为链口,以使前悬、轴距、后悬三个尺寸相加等于汽车总长。

汽车长指分别过汽车前后最外端点且垂直于水平面和车辆纵向对称平面的两平面间的距离(图 3-8)。

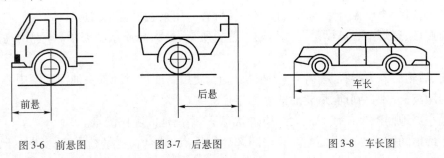

图 3-6　前悬图　　　图 3-7　后悬图　　　图 3-8　车长图

④汽车左、右侧最外点投影,用以测量汽车宽度。

车宽指分别过车辆两侧固定突出部位最外侧点且平行于车辆纵向对称平面的两平面间的距离(图 3-9)。

左、右侧最外点是指除后视镜、侧面灯具、挠性挡泥板、折叠式踏板、防滑链以及轮胎与地面接触部分的变形位置以外零部件上的点。

⑤前、后车门开启时最外点投影,用以测量前、后车门开启时的最大宽度。

⑥对开式尾部车门开启时两车门最外点投影,用以测量尾部车门完全开启时的汽车宽度。

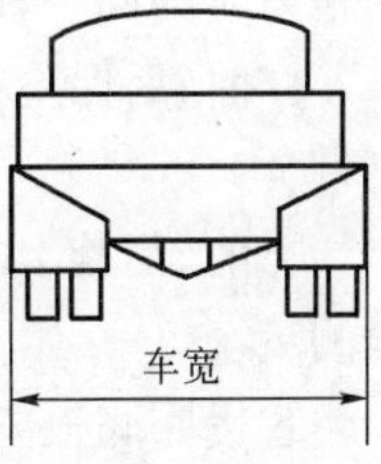

图 3-9　车宽图

⑦各车轮挡泥板外缘投影,用以测量前、后车轮挡泥板汽车宽度。

⑧两外后视镜调整到工作位置时最外点投影,用以测量外后视镜汽车宽度。对于只设置一个外后视镜的汽车,测量其最外点投影至 Y 基准平面的距离。

⑨当汽车行李舱盖开启最大时,如果其最后点超出了该汽车的最后端,则投影,并测量其最后点到汽车最前点的距离,作为行李舱盖开启时汽车总长。

⑩前翻转式驾驶室未翻转时前保险杠最前端投影及驾驶室翻转最大位置时其前端的投影,用以测量分别过这两个投影且垂直于 Y 基准平面两个铅垂面之间的距离,即驾驶室翻转时前保险杆到驾驶室的距离。

以上①~⑩项尺寸测量均在整备质量状态下进行;所说的两投影之间的距离均为两投影所在的,两个平行于基准平面的平面之间的距离;在全部直接测量尺寸,包括后面的测量项目和投影完成之后,用纸板将可能被车轮碾压的投影点记号盖上,以便汽车驶出测量场地后进行测量。

(2)高度尺寸测量。通常用高度尺、离地间隙仪、钢卷尺及铅锤等进行直接或间接测量。

①汽车总高。使用测量架或用平板抵靠在汽车最高固定部位上,再辅以铅锤,用钢卷尺直接测量。

车高是车辆最高点至车辆支承水平地面的距离(图 3-10)。测量一般在整备质量、最大总质量和允许最大总质量三种状态下进行。装载质量指货运质量与客运质量之和。最大装载质量指最大货运质量与最大客运质量之和。总质量指整车整备质量与装载质量之和。最大总质量指整车整备质量与最大装载质量之和。货车的总高多为货箱保险架高度,还应测量驾驶室顶高度,两者之差是安全标准中的重要参数。

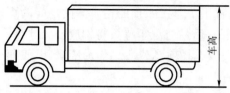

图 3-10　车高图

②行李舱盖开启车辆总高是在汽车处于整备质量状态下,将行李舱盖开启到最大位置,辅以铅锤,用钢卷尺直接测量。

③前照灯、尾灯中心高度是在汽车处于整备质量、最大总质量状态下,分别用高度尺直接测量。

④前、后轮胎静力半径是在汽车满载状态下,使用高度尺对准轴头油泥圆圈中心测量其至地面的距离,分别得到前、后轮胎的静力半径。

⑤最小离地间隙是在汽车最大总质量状态下,用离地间隙仪测量。

最小离地间隙指支承平面与车辆中间部分最低点的距离,测量结果应标明处于最低点的零部件名称。

中间部分是指与汽车 Y 基准平面等距且平行的两个平面之间的部分。这两平面之间的距离应为同一轴上两端车轮内缘间最小距离的 80%。

⑥前、后保险杠中心离地高度及宽度是在汽车整备质量状态下用高度尺及钢卷尺直接测量。

⑦前、后拖钩中心离地高度是在汽车质量整备状态下,用高度尺或钢卷尺及铅锤测量。

⑧货厢底板离地高度是在汽车分别处于整备质量、最大总质量状态下,将货厢板放下,用高度尺或钢卷尺、铅锤在 Y 基准平面内测量货厢底板尾部到支承平面的距离,即货厢底板离地高度。

(3)角度尺寸测量。

①接近角、离去角及纵向通过角。

接近角指水平面与切于前轮胎外缘的平面之间的最大夹角(前轴前面任何固定在车辆上的刚性部件不得在此切平面的下方)。

离去角指水平面与切于车辆最后车轮轮胎外缘的平面之间的最大夹角(位于最后车轴后方的任何固定在车辆上的刚性部件不得在此平面的下方)(图 3-11)。

纵向通过角指当垂直于 Y 基准平面且分别切于前、后车轮轮胎外缘两平面的交线触及车体下部较低部位时,两平面所夹的最小锐角(图 3-12)。该角为车辆可以超越的最大角度。

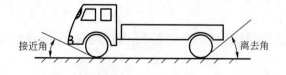

图 3-11　接近角、离去角

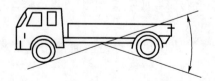

图 3-12　纵向通过角

测量是在汽车处于整备质量和最大总质量状态下,分别用辅助平板和角度尺直接测量这三个角度。如果需要精确地测量这三个角度,应采用作图法,即先测定特征点的位置(高度尺寸和水平尺寸)、轮胎静力半径和自由半径,然后绘图,求出这三个角度。

②驾驶室翻转角指汽车在整备质量状态下,用角度尺直接测量驾驶室从原始位置翻转到极限位置时的角度。

还可以采用下述方法测量,即自制一画有角度刻度的纸板,在角度顶点挂一铅锤,使铅锤线原始位置与0°刻度线对齐,并将铅锤线粘贴在驾驶室外部,然后将驾驶室前翻至极限位置,则铅锤线所对纸板角度即为驾驶室翻转角。

③车门玻璃内倾角、风窗玻璃倾角及后窗玻璃倾角等汽车在整备质量状态下,借助平板和铅锤,用角度尺直接测量。

④货厢尺寸及内部尺寸。

货厢尺寸可以使用钢卷尺直接测量;内部尺寸的测量,大多数涉及 R 点,最好使用三维 H 点人体模型和三维坐标测量仪测量。如果没有这两种设备,只能测量出一部分参数。

(4)装货容积。

①行李舱有效容积 V_1:

a. 与客厢不相通的封闭式行李舱的体积测量。

行李舱的内部装备(备轮、千斤顶等),应根据制造厂的设计布置。以最多数量的"单位模"(具有最大半径为10mm 的圆棱,体积为 $8dm^3$,长(400±4)mm,宽(200±2)mm,高(100±1)mm的矩形平行六面体)填满行李舱,"单位模"的堆叠应不影响行李舱的开启。

b. 与客厢相通的行李舱的体积测量。

对制造厂为获得最大装载体积而采取的专门设施(诸如:折叠式或可卸式后座椅或靠背)应采用分别测量的方法。

(a)处于正常乘坐位置的后座椅和靠背:上限,驾驶员座椅的 R 点上方400mm 处的水平平面。

(b)折叠或可卸的后座椅和靠背:前限,紧靠行李舱的座椅靠背的垂直平面。座椅应按制造厂规定调至最后正常位置。

行李舱内部设备(备轮、千斤顶等)应按制造厂的设计布置。以最多数量的"单位模"填满行李舱,"单位模"的堆叠应不影响行李舱的关闭和开启。填入行李舱中的"单位模"的体积总和。

②旅行车容积 V_2:

$$V_2 = \frac{W_1 \times H_1 \times L_2}{10^9} \quad (m^3) \tag{3-1}$$

式中:W_1——后箱肩部空间(测量内饰表面之间的最小距离,在通过后 R 点的 X 平面内并在该点之上不小于254mm 处测量);

H_1——货箱高(在 Y 基准面和过后轴中心线的 X 平面上测量货箱底板上表面到上盖内表面的距离);

L_2——前排座椅肩高处装货长(在 Y 基准平面内,从肩高部位,水平测量从前排座靠背顶端后面到关闭后尾板或门的内表面最小距离)。

③后开舱门客车容积 V_3:

$$V_3 = \frac{\frac{L_1 + L_2}{2} \times W_1 \times H_2}{10^9} \quad (\text{m}^3) \tag{3-2}$$

式中：L_1——装货长，在 Y 基准平面和过驾驶员座椅靠背顶面的 Z 平面交线上，测量过驾驶员座椅靠背背面 X 平面到后舱门内侧的水平距离；

L_2——装货长，在 Y 基准平面内，在货箱底板上测量驾驶员座椅靠背背面到后舱门内表面距离。

④隐藏载货容积 V_4，按制造厂规定。

⑤半封闭厢式货车容积 V_5：

$$V_5 = \frac{L_3 \times W_2 \times H_3}{10^9} \quad (\text{m}^3) \tag{3-3}$$

式中：L_3——货箱顶部长；

W_2——货箱底板装货宽；

H_3——货箱高（在过后轴中心线的 X 平面内测量货箱底板表面到货箱挡板上平面的距离）。

⑥封闭式货厢式货车容积 V_6：

$$V_6 = \frac{L_4 \times W_2 \times H_4}{10^9} \quad (\text{m}^3) \tag{3-4}$$

式中：L_4——前排座肩高处装货长；

H_4——货箱高（货箱底板平面到货箱顶部内表面的最短距离）。

(5) 玻璃总面积 S：

$$S = S_1 + S_2 + S_3 \tag{3-5}$$

式中：S_1——风窗玻璃面积；

S_2——侧窗玻璃面积；

S_3——后窗玻璃面积。

第二节　质量参数测量

汽车质量参数包括汽车质量和质心位置。汽车质量又包括整备质量、最大总质量、各轴的轴载质量等。汽车质量参数是汽车设计的重要指标，直接影响汽车的动力性、制动性、操纵稳定性及其相关性能。

一、整车质量测量

测量汽车质量通常使用地中衡（地秤），也可用车轮负荷计，精度为 0.5%。使用地中衡时要求台面与地中衡出入口地面处于同一水平面；使用车轮负荷计时，应保证各车轮负荷计之上平面处于同一水平面内。被测车辆必须清洁，无特殊规定时，一般测定空车及满载两种情况。

1. 测量方法

下面主要介绍怎样利用地中衡测量汽车的质量。

(1) 将地中衡调零，调好后将汽车以低速驶上地中衡，当汽车驶上要求的位置时停车，待汽车停稳后,再打开地中衡锁止装置,以防对地中衡刃口造成冲击损伤。与此同时,将发动机熄火,变速器置于空挡,行车制动器和驻车制动器均置于放松状态。汽车在台面上不允许制动,以防对地中衡刃口造成冲击损伤,也不得用三角木楔顶车轮,以免产生附加测量力。

(2)测量顺序为前轴轴载质量、整车质量、后轴轴载质量。

(3)测量完毕后,将汽车掉头,并从相反方向驶上地中衡,按试验步骤(2)的顺序测量质量参数。

2. 数据处理

整备质量 G_0 和最大总质量 G 为两个方向整车质量称量值的算术平均值,空车时测得的为整备质量,满载时测得的为最大总质量。

$$G_0 = \frac{G'_0 + G''_0}{2} \quad (3-6)$$

式中:G_0——整车质量,kg;

G'_0、G''_0——分别为两个方向称量的整车质量,kg。

轴载质量计算式为:

$$\overline{G}_{0i} = \frac{G'_{0i} + G''_{0i}}{2} \quad (3-7)$$

式中:$\overline{G}_{0i}$——第 i 轴轴载质量,kg;

G'_{0i}、G''_{0i}——分别为两个方向称量的第 i 轴轴载质量,kg;

i——汽车车轴序号;$i = 1, 2, \cdots, n$(n 为被测汽车的轴数)。

当轴载质量之和不等于整车质量时,用各轴的轴载质量之比例分配整车质量,再计算,修正后的轴载质量为:

$$G_{0i} = \frac{\overline{G}_{0i}}{\sum_{i=1}^{n} \overline{G}_{0i}} G_0 \quad (3-8)$$

式中:G_{0i}——修正后的第 i 轴轴载质量,kg;

$\sum_{i=1}^{n} \overline{G}_{0i}$——各轴轴载质量之和,kg。

二、质心位置测量

汽车质心位置由纵向、横向和高度几何参数值确定。将受检车辆置于水平台面上,按 GB/T 12673—1990 和 GB/T 12674—1990 规定的方法,对相应的尺寸及质量参数进行测量和记录。

1. 测试参数的精度

(1)绝对轴载质量:±0.2%;

(2)抬高后轴载质量的变化(推荐采用测轴载质量改变的设备):±2.5%;

(3)尺寸≤2000mm:±1mm(绝对误差);>2000mm:±0.05%;

(4)角度:±1%。

2. 试验注意事项

(1)测试时应逐步抬高一轴(建议采用 3 步以上)。对每一步位置,记录抬高角度及另一轴的负荷。最小抬高角度取决于测量轴载质量的磅秤精度。磅秤的负荷率要足够大,以便得到规定的精度。

(2) 为平衡阻滞的影响，应再逐步降低已抬高的那一轴到水平位置，同样测量和记录每一步位置的抬高角度及轴载质量。

(3) 根据记录结果作轴载质量和相应的抬高角度正切的坐标曲线图，并求得对应抬高角度轴载质量平均值。

(4) 推荐采用抬高另一轴进行同样的测量。

(5) 如果抬高角度由轴距和每一次抬高车轮的离地高度决定，应当考虑轮胎的变形。

3. 测试的参数

l_{left}——左侧轴距(mm)；

l_{right}——右侧轴距(mm)；

b_f——前轮距(mm)；

b_r——后轮距(mm)；

r_{stat1}——左前轮静力半径(mm)；

r_{stat2}——右前轮静力半径(mm)；

r_{stat3}——左后轮静力半径(mm)；

r_{stat4}——右后轮静力半径(mm)；

m_1——左前轮载质量(kg)；

m_2——右前轮载质量(kg)；

m_3——左后轮载质量(kg)；

m_4——右后轮载质量(kg)；

m_v——车辆总质量(kg)。

4. 重心位置的确定

1) 质心横向位置测量

一般认为，汽车的质心横向位置处于汽车的纵向对称平面内。实际上由于燃料箱、蓄电池、随车工具及备用轮胎等的布置，使汽车质心并不在汽车纵向中心平面内。对于前、后轴轮距相等的汽车，在地中衡上分别测量出左、右侧车轮负荷，而后计算出质心的横向位置。

设重心横向位置为 y_{CG}，单位为毫米(mm)，其值为纵向对称平面与重心的水平距离。

$$y_{CG} = \frac{b_f(m_1 - m_2) + b_r(m_3 - m_4)}{2m_v} \quad (3\text{-}9)$$

2) 重心纵向位置

前轴中心线距车辆重心的位置 x_{CG}，单位为毫米(mm)，由下式决定：

$$x_{CG} = \frac{m_r}{m_v \times l} \quad (3\text{-}10)$$

式中：m_r——后轴载质量，$m_r = m_3 + m_4$，kg；

m_v——车辆总质量，$m_v = m_1 + m_2 + m_3 + m_4$，kg；

l——轴距，$l = 0.5(l_{\text{left}} + l_{\text{righ}})$，mm。

3) 重心高度的确定

轴载质量和抬高角度应由线性拟合曲线得到。m_r 和 m_v 是车辆倾斜时，在地面上的前轴和后同载质量。θ 角是相应的抬高角度。

重心高度 z_{CG}(mm)，由下式决定：

$$z_{CG} = \frac{l(m'_f - m_f)}{m_v \times \tan\theta + r_{\text{stat. }f}} \tag{3-11}$$

或者

$$z_{CG} = \frac{l(m'_r - m_r)}{m_v \times \tan\theta + r_{\text{stat. }r}} \tag{3-12}$$

式中：m_f——前轴载质量，$m_f = m_1 + m_2$，kg；

m_r——后轴载质量，$m_r = m_3 + m_4$，kg；

$r_{\text{stat. }f}$——前轮静力半径，$r_{\text{stat. }f} = 0.5(r_{\text{stat}1} + r_{\text{stat}2})$，mm；

$r_{\text{stat. }r}$——后轮静力半径，$r_{\text{stat. }r} = 0.5(r_{\text{stat}3} + r_{\text{stat}4})$，mm。

如果只测重心的高度，可以直接测量轴载质量 m_f 和 m_r，不需测量轮载质量 m_1，m_2，m_3，m_4。

1. 测量汽车几何参数的目的是什么？
2. 汽车动力性能评价指标有哪些？
3. 底盘测功机由哪几部分组成？简述各组成部分的功能。
4. 常用汽车动力性能道路试验设备有哪些？
5. 汽车的载荷状态有哪几种？
6. 汽车道路试验基本条件包括哪些内容？
7. 如何获得汽车的质心位置？

第四章 汽车环境保护特性测量

第一节 排气污染物测量

汽车排气污染物是指从汽车发动机排气管排出的有害气体,如一氧化碳(CO)、碳氢化合物(HC)、氮氧化物(NO_x)等;从发动机曲轴箱内泄漏到大气中的废气(主要含有CO、HC、NO_x);从汽油发动机燃料供给系(油箱、燃油管路等)蒸发到大气中的汽油蒸气(HC);以及从柴油发动机排气管排出的黑烟及微粒子。汽车排放污染物测定试验可分为怠速排放试验、汽车运行工况试验(包括标准规定的试验及为某种目的而制定的工况试验)、曲轴箱废气测定及汽油蒸发试验。试验对象可以是汽车,也可以是发动机或某个部件、某种排气净化装置。

一、汽油车排气污染物排放测量

装配点燃式发动机的车辆,其排气污染物是指CO、HC和NO_x。其中HC以正己烷当量表示,而NO_x以NO表示。装用点燃式发动机的新生产汽车和在用汽车排气污染物限值见GB 18285—2005《点燃式发动机汽车排气污染物排放限值及测量方法(双怠速法及简易工况法)》。

对于同时检测CO、CO_2、HC、NO_x、O_2的五组分废气分析仪,CO、CO_2、HC通过不分光红外线不同波长能量吸收原理测量,NO_x浓度采用化学发光法测量,O_2浓度通过在测试通道中设置氧传感器测定。

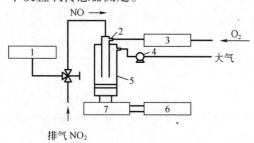

图4-1 废气分析仪的组成原理
1-NO_2—NO转化器;2-反应器;3-O_3发生器;4-真空泵;
5-光电倍增管;6-记录器;7-放大器

废气分析仪的组成原理见图4-1。分析仪由反应器、NO_2—NO催化转化器、光电倍增管、放大器和记录器等组成。检测时,汽车尾气进入催化转化器,尾气中的NO_2经催化转化器转化为NO后进入反应器,O_3发生器产生的O_3也同时进入反应器。在反应器中,NO与O_3发生化学反应,产生化学发光,并经滤光片进入光电倍增管转化成电信号,此信号经信号放大器放大后,由记录器记录并显示出NO_2的浓度。

对于汽油车排气污染物的测量方法主要有双怠速法、简易工况法以及工况法。

GB 18285—2005《点燃式发动机汽车排气污染物排放限值及测量方法》规定了M_1、M_2和N_1类车辆排气污染物的检测应采用双怠速测量法或加速模拟工况法(ASM)。

1. 双怠速测量法

双怠速测量法是参照国际标准化组织 ISO 3929 中制定的双怠速排放测量程序进行的。

1）测量程序

（1）应保证被检测车辆处于制造厂规定的正常状态，发动机进气系统应装有空气滤清器，排气系统应装有排气消声器，并不得有泄漏。

（2）应在发动机上安装转速计、点火正时仪、冷却液和润滑油测温计等测量仪器。测量时，发动机冷却液和润滑油温度应不低于80℃，或者达到汽车使用说明书规定的热车状态。

（3）发动机从怠速状态加速至70%额定转速，运转30s后降至高怠速状态。将取样探头插入排气管中，深度不少于400mm，并固定在排气管上。维持15s后，由具有平均值功能的仪器读取30s内的平均值，或者人工读取30s内的最高值和最低值，其平均值即为高怠速污染物测量结果。对于使用闭环控制电子燃油喷射系统和三元催化转化器技术的汽车，还应同时读取过量空气系数（λ）的数值。

（4）发动机从高怠速降至怠速状态15s后，由具有平均值功能的仪器读取30s内的平均值，或者人工读取30s内的最高值和最低值，其平均值即为怠速污染物测量结果。

（5）若为多排气管时，取各排气管测量结果的算术平均值作为测量结果。

（6）若车辆排气管长度小于测量深度时，应使用排气加长管。

2）测量结果判定

（1）检测污染物有一项超过规定的限值，则认为排放不合格。

（2）对于使用闭环控制电子燃油喷射系统和三元催化转化器技术的车辆，如果检测的过量空气系数（λ）超出要求，则认为排放不合格。

2. 稳态工况法（ASM）

稳态工况法是在汽车有荷载的情况下进行的排放测试，该方法利用底盘测功机模拟道路行驶阻力，汽车按照一定速度，并克服一定的阻力，在保持该阻力不变的情况下进行试验，利用简易工况法可以测量尾气中的污染物含量。它同新车排放测试方法相比，采用的设备仪器作了简化，试验时间也缩短许多，使得测试成本大幅度降低，故称稳态工况法。

稳态工况法使用的主要仪器和设备有服务器计算机、底盘测功机、主控计算机、控制柜、废气分析仪、不透光式烟度计、显示屏、各传感器及打印机等。

在底盘测功机上的测试运转循环由 ASM 5025 和 ASM 2540 两个工况组成，如图4-2和表4-1所示。

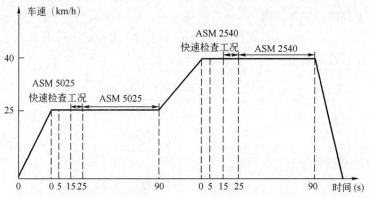

图4-2　简易工况法（ASM）试验流程图

简易工况法(ASM)试验运转时间表　　　　　　表 4-1

工况	运转次序	速度(km/h)	操作时间(s)	测试时间(s)
ASM 5025	1	25	5	—
	2	25	15	—
	3	25	25	10
	4	25	90	65
ASM 2540	5	40	5	—
	6	40	15	—
	7	40	25	10
	8	40	90	65

1)检测程序

车辆驱动轮位于测功机滚筒上,将分析仪取样探头插入排气管中,深度为 400mm,并固定于排气管上,对独立工作的多排气管应同时取样。

(1) ASM 5025 工况。

经预热后的车辆加速至 25.0km/h,测功机以车辆速度为 25.0km/h、加速度为 1.475m/s^2 时的输出功率的 50% 作为设定功率对车辆加载,工况计时器开始计时($t=0\text{s}$)。车辆以 $(25.0\pm1.5)\text{km/h}$ 的速度持续运转 5s,如果底盘测功机模拟的惯量值在计时开始后持续 3s 超出所规定误差范围,工况计时器将重新开始计时($t=0$)。如果再次出现该情况,检测将被停止。系统将根据分析仪最长响应时间进行预置(如果分析仪响应时间为 10s,则预置时间为 10s,$t=15\text{s}$),然后系统开始取样,持续运行 10s($t=25\text{s}$)即为 ASM 5025 快速检查工况。ASM 5025 快速检查工况结束后继续运行至 90s($t=90\text{s}$)即为 ASM 5025 工况。

(2) ASM 2540 工况。

ASM 5025 工况检测结束后车辆立即加速至 40.0km/h,测功机以车辆速度为 40.0km/h、加速度为 1.475m/s^2 时的输出功率的 25% 作为设定功率对车辆加载。工况计时器开始计时($t=0\text{s}$)。车辆以 $(40.0\pm1.5)\text{km/h}$ 的速度持续运转 5s,如果底盘测功机模拟的惯量值在计时开始后持续 3s 超出所规定误差范围,工况计时器将重新开始计时($t=0$)。如果再次出现该情况,检测将被停止。系统将根据分析仪最长响应时间进行预制(如果分析仪响应时间为 10s,则预时间为 10s,$t=15\text{s}$),然后系统开始取样,持续运行 10s($t=25\text{s}$)即为 ASM 2540 快速检查工况。ASM 2540 快速检查工况结束后继续运行至 90s($t=90\text{s}$)即为 ASM 2540 工况。

2)排气污染物测量值的计算

排放测试结果应进行稀释校正及湿度校正,计算 10 次有效测试的算术平均值。测量结果计算公式如下:

$$C_{\text{HC}} = \frac{\sum_{i=1}^{10} C_{\text{HC}}(i) \times \text{DF}(i)}{10} \tag{4-1}$$

$$C_{\text{CO}} = \frac{\sum_{i=1}^{10} C_{\text{CO}}(i) \times \text{DF}(i)}{10} \tag{4-2}$$

$$C_{\text{NO}} = \frac{\sum_{i=1}^{10} C_{\text{NO}}(i) \times DF(i) \times k_{\text{H}}(i)}{10} \tag{4-3}$$

式中：C_{HC}——HC 排放平均浓度，10^{-6}；

C_{CO}——CO 排放平均浓度，%；

C_{NO}——NO 排放平均浓度，10^{-6}；

$C_{HC}(i)$——第 i 秒 HC 排放平均浓度，10^{-6}；

$C_{CO}(i)$——第 i 秒 CO 排放平均浓度，%；

$C_{NO}(i)$——第 i 秒 NO 排放平均浓度，10^{-6}；

$DF(i)$——第 i 秒稀释系数；

$k_H(i)$——第 i 秒湿度校正系数。

(1) 稀释校正。

ASM 排放试验的 CO、HC、NO 测量值应乘以稀释系数（DF）予以校正。当稀释系数计算值大于 3.0 时，取稀释系数等于 3.0。

稀释系数计算公式如下：

$$DF = \frac{C_{CO_2修}}{C_{CO_2测}} \quad (4\text{-}4)$$

$$C_{CO_2修} = \left(\frac{X}{a + 1.88X}\right) \cdot 100 \quad (4\text{-}5)$$

$$X = \frac{C_{CO_2测}}{C_{CO_2测} + C_{CO测}} \quad (4\text{-}6)$$

式中：DF——稀释系数；

$C_{CO_2修}$——CO_2 排放浓度测量修正值，%；

$C_{CO_2测}$——CO_2 排放浓度测量值，%；

$C_{CO测}$——CO 排放浓度测量值，%；

a——燃料计算系数，汽油 4.644；压缩天然气 6.64；液化石油气为 5.39。

(2) NO 测量值应同时乘以相对湿度校正系数 k_H 予以修正。

湿度校正系数计算公式如下：

$$k_H = \frac{1}{1 - 0.0047(H - 75)} \quad (4\text{-}7)$$

$$H = \frac{43.478 \times R_a \times P_d}{P_B - \left(\dfrac{P_d \times R_a}{100}\right)} \quad (4\text{-}8)$$

式中：k_H——湿度校正系数；

H——绝对湿度（干空气）；

R_a——环境空气的相对湿度，%；

P_d——环境温度下饱和蒸气压，kPa，如果温度大于 30℃，应用 30℃饱和蒸气压代替；

P_B——大气压力，kPa。

3) 检测结果判定

(1) ASM 5025 工况。

在测量过程中，任意连续 10s 内第一秒至第十秒的车速变化相对于第一秒小于 ±0.5km/h，则测试结果有效。快速检查工况 10s 内的排放平均值经修正后如果等于或低于限值的 50%,则测试合格,检测结束;否则应继续进行至 90s 工况。如果所有检测污染物连续 10s 的平均值均低于或等于限值,则该车应判定为 ASM 5025 工况合格,继续进行 ASM 2540 检测;如任何一种污染物连续 10s 的平均值超过限值,则测试不合格,检测结束。在检测过程中如任意连续 10s 内的任何一种污染物 10 次排放值经修正后均高于限值的 500%,则测试不合格,检测结束。

(2) ASM 2540 工况。

在测量过程中,任意连续 10s 内第一秒至第十秒的车速变化相对于第一秒小于 ±0.5km/h,则测试结果有效。快速检查工况 10s 内的排放平均值经修正后如果等于或低于限值的 50%,则测试合格,检测结束;否则应继续进行至 90s 工况。如果所有检测污染物连续 10s 的平均值均低于或等于限值,则该车应判定为合格。如任何一种污染物连续 10s 的平均值超过限值,则测试不合格,检测结束。在检测过程中如任意连续 10s 内的任何一种污染物 10 次排放值经修正后如高于限值的 500%,则测试不合格,检测结束。

二、柴油车排气污染物测量

1. 滤纸式烟度计的结构和工作原理

1) 基本检测原理

用滤纸式烟度计测试自由加速工况下柴油机的烟度时,需从排气管抽取规定容积的废气,并使之通过规定面积的标准洁白滤纸。其滤纸被染黑的程度称之为烟度。烟度用符号 S_F 表示,烟度单位是无量纲的量,用符号 FSN 表示。滤纸染黑的程度不同,则对照射到滤纸表面光线的反射能力不同。据此,烟度 S_F 表示为:

$$S_F = 10\left(1 - \frac{R_d}{R_c}\right) \tag{4-9}$$

式中:R_d、R_c——污染滤纸和洁白滤纸的反射因数;

R_d/R_c——由 0 ~ 100%,分别对应于全黑滤纸的反射和洁白标准滤纸的反射。

当污染滤纸为全黑时,烟度值为 10;滤纸没有受到污染时,烟度值为 0。

2) 滤纸式烟度计的工作原理

滤纸式 BOSCH 烟度计是吸气泵—滤纸—光反射式烟度计。它是利用吸气泵在一定时间内吸取一定量的废气,并使这部分废气通过一定面积的滤纸,使废气中的炭烟粒子吸附在滤纸上,滤纸变黑,然后用一定的光线照射滤纸,并用光电池接收反射光,再根据光电池产生的电流使仪表指针偏转,把烟度用污染度百分比的形式显示出来。

2. 不透光式烟度计的结构和工作原理

GB 3847—2005《车用压燃式发动机和压燃式发动机汽车排气烟度排放限值及测量方法》规定,使用不透光度仪测量压燃式发动机和装用压燃式发动机车辆的可见污染物。要求不透光度仪的显示仪表应有两种刻度:一种为绝对光吸收的单位,从 $0m^{-1}$ ~ $4m^{-1}$;另一种为线性刻度从 0 ~ 100。两种刻度的范围均以光全通过时为 0,全暗时为满刻度。

1) 测量设备

不透光度仪可以分为取样式和全流式两类。取样式不透光度仪的取样探头与排气管的横截面积之比应不小于 0.05,应位于烟气分布大致均匀的断面上,尽可能放置在排气管的最下游,必要时可放在延长管中。探头、冷却装置等和不透光度仪之间的距离应尽可能地短,管路应从取样点倾斜向上至不透光度仪,应避免使用炭烟积聚的急弯。

标准规定不透光度仪的光源应为色度在2 800～3 250K范围内的白炽灯;接收器应由光电池组成,其光响应曲线应类似于人眼的光适应曲线;还要求将被测气体封闭在一个内表面不反光的容器内,由于内部反射或漫反射作用产生的漫反射光对光电池的影响应减小到最小,并且对不透光度仪的有效长度、响应时间、被测气体的温度和压力、清扫空气的压力等也作了规定。

美国使用的PHS式烟度计是将柴油机全部排气都导入检测部分进行烟度测定的透光式烟度计。它是基于光电转换原理,用透光度来测定排烟浓度。把光源和光电变换装置直接放在离发动机排气口一定距离的排气通道上,以减小排气散热的影响。该烟度计无专设的校正管,使用时应注意消除光源以外光线的干扰。PHS式烟度计的测定值受到排气管直径的影响,在排气量和排气管直径都大时,即使排烟浓度很低,由于通过检测部分的烟层厚,所得测定值仍然较高。为此,通常规定发动机标定功率在73.5kW以下时用50.8mm管;在73.5～147kW时用76.2mm管;在147～220.5kW时用101.6mm管;220.5kW以上用127mm管。

2)测量方法

对于柴油车尾气排放的测量常使用烟度法进行检测,可分为稳态和非稳态两种。

(1)稳态烟度测量。

柴油车冒黑烟在全负荷运转时较为严重,因此稳态烟度测量通常是在柴油车全负荷稳定运转时进行。各国都有各自的烟度测量规范与排放标准。我国制定的车用柴油机全荷烟度测量方法规定:在最低转速至额定转速之间选取6～7个转速对各种车用柴油机进行全负荷烟度测量,其中包括最大转矩转速和最大功率转速。最低转速是指45%额定转速或1 000r/min中较高的一个。每一转速的烟度测量必须在柴油机运转稳定后进行,任何一次测量结果都不得超过允许限值。

稳态烟度测量适用于在台架上进行,在汽车上测定比较困难。对于增压柴油机,由于在突然加速等过程中排烟浓度很高,因此稳态烟度测量不能反映柴油机的全部冒烟特性。

(2)非稳态烟度测量。

非稳态烟度测量有自由加速法和控制加速法,按照GB 3847—2005的规定,柴油车自由加速烟度的检测应在自由加速工况下,采用滤纸式烟度计按测量规程进行。自由加速工况是指:发动机处于怠速工况(离合器处于结合位置,加速踏板位于松开位置,装机械式或半自动变速器时变速杆位于空挡位置,当装自动变速器时选择器在停车或空挡位置),将加速踏板迅速踩到底,维持数秒后松开。由于柴油机从怠速状态突然加速至高速空载转速过程中进行排气烟度测定,不需对柴油机加载,适用于检测站对在用柴油车的年检以及环保部门对柴油车的检测。

①检测仪器的准备:

认真阅读烟度计的使用说明书,在仪器使用前应做好以下准备工作。

在未接通电源时,检查指示仪表指针是否在机械零点上。若指针失准,可用零点调整螺钉使指针与"10"的刻度重合。

接通电源,进行必要的预热。

用标准烟度卡对仪表指针进行校准,使表头指针指在标准烟度卡所代表的烟度值上。

检查取样装置和控制装置中各部机件的工作性能,特别要注意脚或手控制的抽气泵开关与抽气动作是否同步。

检查控制用压缩空气的压力和清洗用压缩空气的压力是否达到300~400kPa。
检查滤纸是否合格、洁白无污,然后将合格的滤纸装到烟度计上。

②被检测车辆的准备:

起动、预热发动机至规定的热状态。

检查燃用柴油是否添加了消烟剂;如有添加,应予更换。

排气系统不得有泄漏。

排气管应能保证取样探头插入深度不小于300mm;否则,排气管应加接管,并保证接口不漏气。

③检测步骤:

将取样探头逆气流方向固定在排气管内,并使其中心线与排气管轴线平行。

将踏板开关引入汽车驾驶室或将手动橡皮球通过真空软管引入汽车驾驶室。

把抽气泵活塞压下锁止。

按图4-3所示的测量规程进行自由加速烟度的检测。先由急速工况将加速踏板踩到底,约4s后迅速松开,如此重复三次,以便把排气管内炭渣吹掉。然后急速运转约16s。在此期间内用压缩空气对取样软管和取样探头吹洗3~4s。

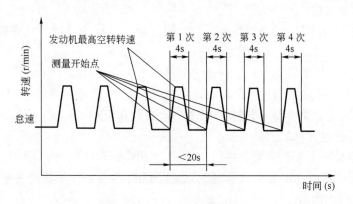

图4-3 自由加速烟度检测规程

将踏板开关固定在加速踏板上或将手动橡皮球拿在手中。

将加速踏板与踏板开关一起迅速踏到底,或在踩下加速踏板的同时,急速压缩手动橡皮球,至4s时迅速松开加速踏板和踏板开关。

维持16s急速运转。在此期间,将抽气泵的活塞压下至吸气开始位置,有纸卷的烟度计可完成走纸并可直接由表头读取烟度值。在此期间均要用压缩空气对取样软管及取样探头吹洗3~4s。

再次踩下加速踏板与踏板开关,两次之间的时间间隔为20s,如此重复取样四次,对一次采样不测量,后三次读数的算术平均值,即为该工况下的排气烟度值。

④使用注意事项:

取样软管的内径和长度不能随意更换。

硒光电池不要暴露在强光下,以免缩短其使用寿命。

标准烟度卡和滤纸不要放置在阳光下直射,并注意防潮、防尘。

烟度计要避免放置在阳光直射和振动及湿度大的地方。

烟度计须确保使用精度。

第二节　汽车噪声测量

噪声对人类在生理、心理和社会各方面都有影响。长期在高噪声环境下工作和生活会危害人体的健康,即使噪声级较低也会干扰人们的正常活动。随着汽车工业的迅速发展,人们对于汽车的舒适性和振动噪声控制的要求越来越严格。据国外有关资料表明,城市噪声的70%来源于交通噪声,而交通噪声主要是汽车噪声。它严重地污染着城市环境,影响着人们的生活、工作和健康。所以噪声的控制不仅关系到乘坐舒适性,而且还关系到环境保护。

一、噪声及其评价指标

1. 声压级

人耳能从听阈声压到痛阈声压,其绝对值相差达100万倍,因此用声压或声强的绝对值来表示声音的强弱是很不方便的。通过试验,人们发现人耳对声音的感觉(听觉)和客观的物理量(声强,或声压)之间并不是线性关系,而近似于对数关系,表明人的听觉随着刺激量的增大而逐趋迟钝。在人听觉的中间声范围内,即当声强按10倍规律变化时,人耳听起来只像是按它们的对数在变化似的。因此,人们引出了一个成倍比关系的对比量,即声级,亦称分贝(dB),用来表示声音的强弱大小。所谓级是指实际量与基准量比值的对数,它是一种作相对比较的无量纲单位。与声强、声压和声功率等物理量相对应,它包括有声强级、声压级和声功率级。

大多数声学测量仪器,直接测量声源的声压,因此,声压级 L_p(dB)是声学中最常用的测量单位。

声压与基准声压之比,取常用对数的20倍称声压级,即:

$$L_p = 20 \times \lg\left(\frac{P}{P_0}\right) \tag{4-10}$$

式中:L_p——声压级,dB;
　　P——声压,Pa;
　　P_0——基准声压(取 2×10^{-5}Pa)。

也就是说,某点的声压级,是指该点的声压 P 与基准声压(听阈声压)P_0 的比值取常用对数再乘以20的值。

2. 计权网络

为了模拟人耳听觉在不同频率有不同的灵敏性,在声级计内设有一种能够模拟人耳的听觉特性,把电信号修正为与听感近似值的网络,这种网络叫作计权网络。国际组织规定,一般情况下,声级计设有三套修正电路(即A、B、C三种计权网络),使它所接收的声音按不同的程度滤波。

A网络效仿40方等响曲线而设计,对低频和中频声有较大的衰减,即使测量仪器对高频敏感,对低频不敏感,这正与人耳对声音的感觉比较接近。用A网络所测得的噪声值较为接近人耳对声音的感觉,因此,将A声级作为评价噪声的主要指标。

B网络是效仿70方等响曲线,使被测的声音通过时,低频段有一定的衰减。

C网络是效仿100方等响曲线,任何频率都没有衰减,因为100dB的声压级线和100方等响曲线基本上是一条重合的水平线。它对各种频率声音,几乎等同对待,不加滤波。C声级可以代表噪声的客观数值,通常为总声级。

所以,一般在表示噪声测量结果时,都应注明采用的是哪种计权网络。如90dB(A),即代表用 A 计权网络测量出的声级为90dB。

3. 计权声级

噪声的大小、危害程度以及对周围环境的污染,是用噪声级来评定的。通过计权网络测得的声压级,已不再是客观物理量的声压级(叫线性声压级),而是经过听感修正的声压级,叫作计权声级或噪声级。国际标准组织近几年发布的标准都是用 A 声级表示。

二、噪声来源及测量仪器

1. 噪声来源

汽车是一个高速运动的复杂组合式噪声源。汽车发动机和传动系工作时产生的振动、高速行驶中汽车轮胎在地面上的滚动、车身与空气的作用,是产生汽车噪声的根本原因。汽车噪声简要分为以下几种:发动机噪声、排气系统噪声、风扇噪声、传动系统噪声、轮胎噪声、制动噪声、气动噪声、车身结构噪声等。

2. 噪声测量仪器

汽车噪声的测量是汽车噪声控制与评价的重要组成部分。汽车噪声测试,常用的设备是声级计。

声级计是把工业噪声、生活噪声和交通噪声等,按人耳听觉特性近似地测定其噪声级的仪器。声级计一般由传声器、放大器、衰减器、计权网络、检波器、指示表头和电源等组成,见图4-4。

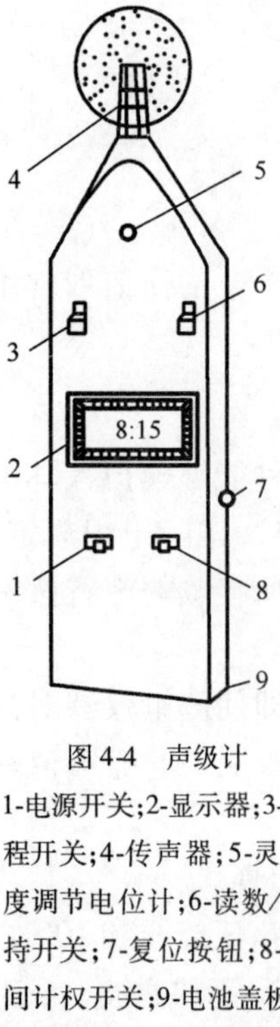

1)传声器

传声器将声压信号转变为电压信号,也称为话筒,是声级计的传感器。电容式传声器主要由金属膜片和金属电极组成,是一个平板电容。金属膜片与金属电极构成了平板电容的两个极板。当膜片受到声压作用时,膜片发生变形,使两个极板之间的距离发生改变,电容量也随之变化,从而产生交变电压。其波形在传声器线性范畴内与声压级波形成比例。

电容式传声器动态范围大、频率响应平直、灵敏度高,在一般测量环境中稳定性好,但需要通过前置放大器进行阻抗变换。前置放大器装在声级计内部靠近安装电容式传声器的部位。

2)放大器和衰减器

一般声级计的放大线路中都采用两级放大器,即输入放大器和输出放大器,将微弱的电信号放大。输入衰减器和输出衰减器用来改变输入信号的衰减量和输出信号的衰减量,使表头指针指在适当的位置,其每一挡的衰减量为10dB。输入放大器使用的衰减器调节范围为测量低端(如 0~70dB),输出放大器使用的衰减器调节范围为测量高端(如 70~120dB)。

输入和输出两个衰减器的刻度盘常做成不同颜色,目前为黑色和透明色。由于许多声级计的高、低端以70dB为界限,故在旋转时要防

图4-4 声级计
1-电源开关;2-显示器;3-量程开关;4-传声器;5-灵敏度调节电位计;6-读数/保持开关;7-复位按钮;8-时间计权开关;9-电池盖板

止超过界限,以免损坏装置。

3)计权网络

通过计权网络测得的声压级,是经过听感修正的声压级。从声级计上得出的噪声级读数,必须注明测量条件。

三、汽车噪声测量方法及标准

1. 车外噪声检测

噪声测量场地示意图如图4-5所示。测试场地跑道应为平直、干燥的沥青或混凝土路面,坡度不大于0.5%。声级计话筒布置在20m跑道中心点两侧,各距中心线7.5m,距地面高度1.2m,话筒轴线平行于路面并垂直于车辆行驶方向。测试场地应空旷,在测试中心以25m为半径的范围内不应有大的反射物,如建筑物、围墙等。被试车辆不发动时,在测试场地测得的周围环境的噪声应比所测车辆噪声至少低10dB(A),并保证测量不被偶然的其他声源所干扰。为避免风噪声的干扰,测量最好在风速为零的条件下进行,或采用防风罩,但应注意防风罩对声级计灵敏度的影响。测量时,声级计附近不应有其他人员,测量者离声级计至少0.5m,以减少因人体反射形成的测量误差。试验时被测车辆为空载,必要时可再进行满载试验。车上其他辅助设备也是噪声源,只要是经常使用的,测量时都应开动。

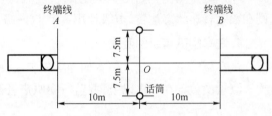

图4-5 噪声测量场地示意图

1)加速行驶车外噪声的测量

(1)为保证测量结果的可比性,要求各车辆按规定条件稳定地到达始端线:前进挡位为4挡以上的车辆用3挡,前进挡位为4挡或4挡以下的车辆用第二挡;发动机转速为标定转速的3/4,此时若车速超过50km/h,那么车辆应以50km/h的车速稳定地到达始端线;对于采用自动变速器的车辆,在试验区间使用加速最快的挡位;辅助变速装置不应使用;在无转速表时,可以控制车速进入测量区,以所定挡位相当于3/4标定转速的车速稳定地到达始端线。

(2)从车辆前端到达始端线开始,立即将加速踏板踏到底或节气门全开,直线加速行驶,当车辆后端到达终端线时,立即停止加速。车辆后端不包括拖车以及和拖车连接的部分。

本测量要求被测车辆在后半区域发动机达到标定转速。若车速达不到这个要求,可延长O至终端线的距离为15m,若仍达不到这个要求,则车辆使用挡位要降低一挡。若车辆在后半区域超过标定转速,可适当降低到始端线的车速。

(3)声级计用A计权网络、"快"挡进行测量,读取车辆驶过时的声级计表头最大读数。

(4)同样的测量往返进行1次。车辆同侧两次测量结果之差,应不大于2dB,并把测量结果记入规定的表格中。取每侧2次声级计读数平均值中的最大值作为被侧车辆的最大噪声级。若只用1个声级计测量,同样的测量应进行4次,即每侧测量2次。

2)匀速行驶车外噪声测量

(1)车辆用常用挡位,节气门开度保持稳定,以50km/h的车速等速驶过测量区域。

(2)声级计用A计权网络、"快"挡进行测量,读取车辆驶过时声级计表头的最大读数。

(3)同样的测量往返进行1次,车辆同侧两次测量结果之差不应大于2dB,并把测量结果记入记录中。若只用1个声级计测量,同样的测量应进行4次,即每侧测量2次。

2. 车内噪声测量

1) 车内噪声测点位置

车内噪声测量通常在人耳附近布置测点,话筒朝向车辆前进方向。驾驶室内噪声测点位置如图4-6所示;客车室内噪声测点可选在车厢中部及最后一排座的中间位置,话筒高度可参考图4-6。

2) 车内噪声测量方法

测量车辆以常用挡位50km/h以上的不同车速等速行驶时的车内噪声。用声级计"慢"挡测量A、C计权声级,分别读取表头指针最大读数的平均值。如果作车内噪声频谱分析,应包括中心频率为31.5Hz、63Hz、125Hz、250Hz、500Hz、1 000Hz、2 000Hz、4 000Hz、8 000Hz的倍频带声级。

3. 驾驶员耳旁噪声测量

噪声测量点位置如图4-6所示,检测时,将变速器置于空挡,使车辆处于静止,而发动机则在额定转速状态运转,声级计用A计权网络、"快"挡进行测量,读取声级计的读数。

4. 汽车喇叭声级的测量

汽车喇叭声级的测点位置如图4-7所示,检测时应注意不被偶然的其他声源峰值所干扰。测量次数定在2次以上,并监听喇叭声音是否悦耳。

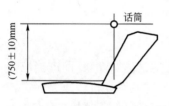 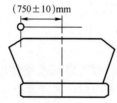   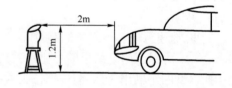

图4-6 车内噪声测点位置   图4-7 汽车喇叭升级的测点位置

5. 噪声检测参数标准

目前,我国实施的是2002年制定的(GB 1495—2002)《汽车加速行驶车外噪声限值及测量方法》,其对汽车加速行驶车外噪声的限值如表4-2所示。表中符号的意义:GVM为最大总质量(t);P为发动机额定功率(kW)。汽车加速行驶时,其车外最大噪声级不应超过表中规定的限值。

汽车加速行驶车外噪声的限值(GB 1495—2002)　　　　表4-2

汽车分类	噪声限值 dB(A)	
	第一阶段	第二阶段
	2002年10月1日~2004年12月30日期间生产的汽车	2005年1月1日以后生产的汽车
M_1	77	74
M_2(GVM≤3.5t),或N_1(GVM≤3.5t):		
GVM≤2t	78	76
2t<GVM≤3.5t	79	77

续上表

汽车分类	噪声限值 dB(A)	
	第一阶段 2002年10月1日~2004年12月30日期间生产的汽车	第二阶段 2005年1月1日以后生产的汽车
M_2(3.5t < GVM ≤ 5t),或 M_3(GVM > 5t): 　　P < 150kW 　　P ≥ 150kW	82 85	80 83
N_2(3.5t < GVM ≤ 12t),或 N_3(GVM > 12t): 　　P < 75kW 　　75kW < P ≤ 150kW 　　P ≥ 150kW	83 86 88	81 83 84

注:1. M_1、M_2(GVM ≤ 3.5t)和 N_1 类汽车装用直喷式柴油机,其限值增加 1dB(A)。

2. 对于越野汽车,其 GVM > 2t 时,如果 P < 150kW,其限值增加 1dB(A);如果 P ≥ 150kW,其限值增加 2dB(A)。

3. M_1 类汽车,若其变速器前进挡多于四个,P > 140kW,$P/$GVM 之比大于 75kW/t,并且用第三挡测试其尾端出线的速度大于 61km/h,则其限值增加 1dB(A)。

第三节　汽车无线电干扰特性测量

为了使汽车上灵敏度较高的电子设备和通信设备,以及附近的移动或通信接收设备等能兼容工作,必须对汽车点火系等产生的无线电干扰进行抑制,并限制其干扰场强在允许范围内。GB 14023—2011《车辆、船和内燃机　无线电骚扰特性　用于保护车外接收机的限值和测量方法》规定了其限值与测量方法。GB 14023 规定的限值将为居住环境中使用的广播接收机在 30M~1 000MHz 频率范围内提供保护,但对距离车辆或装置 10m 内的居住环境中使用的新型无线电发射和接收机不提供足够的保护。图 4-8 为居住环境示意图。

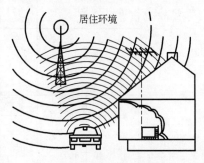

图 4-8　居住环境示意图

一、测量方法及评定

1. 骚扰限值

1)适用限值电平的确定

如果不知道骚扰类型,可以用图 4-9 所示的流程图来确定应采用哪种限值。

2)宽带发射

宽带发射的限值见图 4-10。测量时,只需要选择图中的一种带宽。为了更准确地确定限值,应使用图中给出的限值计算公式计算。若测量距离为 3m,则限值应增加 10dB。采用不同的检波器模式和测量距离时,若测量结果发生矛盾,本标准规定采用准峰值检波器及 10m 测量距离为准。

3)窄带发射

窄带发射的限值见图 4-11。若测量距离为 3m,则限值应增加 10dB。采用不同的测量距离时,若测量结果发生矛盾,本标准规定采用 10m 测量距离为准。

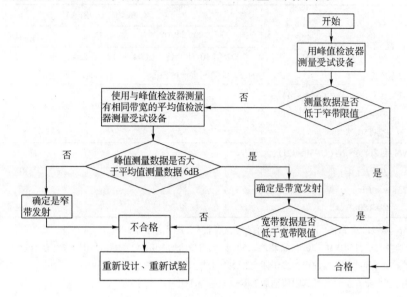

图 4-9 确定辐射骚扰的流程图

限值 $L_{BW}[dB(\mu V/m)]$——带宽、检波器和频率 $f(MHz)$ 的函数

带宽	30~75 MHz	75~400 MHz	400~1 000 MHz	测量仪类型
120kHz	$L=34$	$L=34+15.13\lg(f/75)$	$L=45$	准峰值
120kHz	$L=54$	$L=54+15.13\lg(f/75)$	$L=65$	峰值
1MHz	$L=72$	$L=72+15.13\lg(f/75)$	$L=83$	峰值

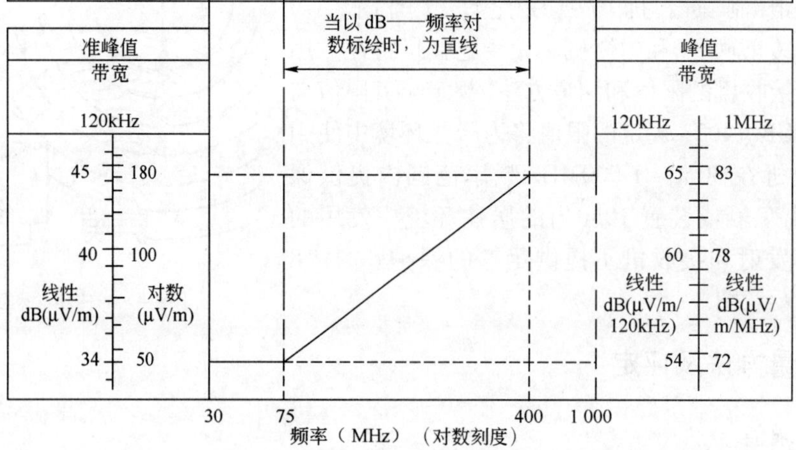

图 4-10 天线测量距离为 10m 的骚扰限值(峰值和准峰值检波器)

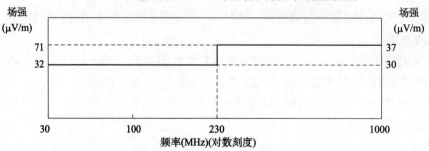

图 4-11 天线测量距离为 10m 的骚扰限值(平均值检波器)

2. 测量评定

1)测量设备

测量仪器应符合 GB/T 6113.101—2008《无线电骚扰和抗扰度测量设备和测量方法规范》的要求,手动或自动频率扫描方式均可使用,并应专门考虑过载、线性度、选择性和对脉冲的正常响应等特性。

频谱分析仪和扫频接收机适用于辐射干扰场强的测量。对于相同的带宽,频谱分析仪和扫频接收机的峰值检波器所显示的峰值均大于准峰值。由于峰值检波比准峰值检波扫描速度快,所以发射测量采用峰值检波更方便。在采用准峰值限值时,为了提高效率也可使用峰值检波器测量。任何测量的峰值等于或超过相应单个采样形式试验限值时,则使用准峰值检波器重新测量。测量仪器的最小扫描时间/频率(即最快扫描速率)见表 4-3。

最小扫描时间/频率　　　　表 4-3

频率范围(MHz)	峰值检波器(ms/MHz)	准峰值检波器(ms/MHz)
0.15 ~ 30	100	20
30 ~ 1 000	1	20

测量仪器的带宽是一个重要的技术参数,选择带宽时,应使仪器的本底噪声值至少比限值低 6dB。推荐的测量仪器带宽见表 4-4。

推荐的测量仪器带宽　　　　表 4-4

频率范围(MHz)	宽 带		窄 带	
	峰值(kHz)	准峰值(kHz)	峰值(kHz)	平均值(kHz)
0.15 ~ 30	9	9	9	9
30 ~ 1 000	120	120	120	120

当测量仪器的带宽大于窄带信号带宽时,测得的信号幅值不受影响;当测量仪器带宽减小时,宽带脉冲噪声的指示值将减小。若用频谱分析仪进行峰值测量,视频带宽至少为分辨力带宽的 3 倍。

2)测量场地

(1)开阔试验场(OATS)的要求。

试验场应是一个没有电磁波反射物,以车辆或装置与天线之间的中点为圆心,最小半径为 30m 的圆形平面空旷场地。大型汽车测量场地的要求见图 4-12,长度和宽度小于 2m 的车辆和装置,其试验场地要求,读者可参考 GB/T 6113.101—2008。其测量设备、测量棚或装有测量设备的车辆可置于试验场内,但只能处在图 4-12 中交叉阴影线标示的允许区域内。

为了保证没有足以影响测量值的外界噪声或信号,要在测试前后,车辆或装置没有运转的状态下测量环境噪声。这两次测量到的环境噪声电平(已知的无线电发射除外)应比规定的骚扰限值至少低 6dB。

(2)天线位置的要求。

①极化方向。在 30M ~ 1000MHz 频率范围内的每一个测量频率点上,应分别进行水平极化和垂

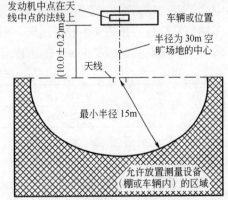

图 4-12　大型汽车测量场地

直极化的测量,见图 4-13 和图 4-14;在 150k~30MHz 频率范围内的每一个测量频率点上,仅进行垂直极化的测量。

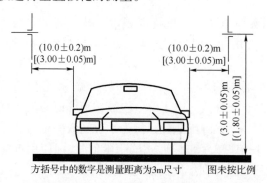

图 4-13 天线位置(水平极化)

图 4-14 天线位置(垂直极化)

天线安装应避免在天线单元与天线支架或升降系统之间、馈线与天线单元之间存在电耦合。耦极子天线高度为 3m 时,馈线下降至地平面,馈线形状应水平地向后延伸 6m(或测量距离为 3m 时,向后延伸 1.8m)。

②天线的高度。在 30M~1000MHz 频率范围内,测量距离为 10m 时,天线中心离地面或地板(或水平面)的高度为 $(3.00±0.05)$m;测量距离为 3m 时,高度为 $(1.80±0.05)$m。在 150k~30MHz 频率范围内,天线的平衡网络应尽可能地接近地面或地板,用最大长宽比为 7:1 的导线搭接到地面或地板上。

③天线的距离。天线到车辆或装置边缘的金属部分的水平距离优先选用 $(10.0±0.2)$m。只要符合天线位置要求,也可选用 $(3.00±0.05)$m 距离进行测量。

3)试验条件

(1)气候条件要求。试验分为干燥条件下测量和潮湿条件下测量。干燥条件下测量是指车辆或装置干燥状态或雨停 10min 之后进行的测量。外置的发动机或装置,除通常与水接触的那些表面以外,其他表面都应是干燥的。潮湿条件下测量是指在下雨或雨停后 10min 之内进行的测量,若所测得的电平低于限值 10dB 以下,则认为车辆符合本标准的要求。如果对测量有任何异议,应以干燥条件下进行的测量为准。需要注意的是,露水或轻度受潮可能严重影响具有塑料外壳装置的测量结果。

(2)车辆要求。测量时,应在车辆左右两侧进行测量(图 4-13、图 4-14),所有和动力系统一起自动接通的电气设备,都应尽可能处在典型的正常工作状态,发动机应处于正常工作温度。混合动力车中的不同动力系统,应分别进行测试。在每次测量时,装有内燃发动机的车辆的发动机应按表 4-5 规定运转。对于装有驱动电机的车辆,每次测量时均应在转鼓试验台上,车辆空载,以 20km/h 的恒速运动,并且仅用峰值检波器进行测量。

内燃发动机运转速度   表 4-5

缸 数	发动机转速(r/min)	缸 数	发动机转速(r/min)
单缸	2 500±250	多缸	1 500±150

(3)受试装置要求。受试装置应在正常工作位置和高度,急速空载的状态下,测量其最大骚扰辐射值。场地允许时,应在三个正交平面进行测量。若装置的工作位置和高度可变动,受试装置火花塞的位置应高出地面 $(1.0±0.2)$m。测量时,操作人员不应在测量场地内,必需时,可用非金属装置在尽可能远的地方操作,并且受试装置应保持正常的位置和规

定的发动机转速。

4）测量频率要求

标准规定的测量限值适用于宽带发射和窄带发射,在:30M～1000MHz 频率范围内评定骚扰特性。

5）数据采集

应在整个频率范围内进行扫描测量,为了统计评定,宽带准峰值的测量结果表示为 dB(μV/m)。根据图 4-10 所示的带宽之一,将宽带峰值的测量结果表示为 dB(μV/m/带宽)。对于用峰值检波器进行宽带测量时,图 4-10 所示限值加上修正系数 20lg(带宽(kHz)/120kHz)或 20lg(带宽(MHz)/1MHz)就可作为非 120kHz 或非 1MHz 的带宽时的限值。对于窄带的测量结果应表示为 dB(μV/m)。

二、测量结果统计分析评定

1. 测量结果统计分析

为了以 80% 的置信度保证在大量生产的车辆或装置中,有 80% 的产品符合规定的限值 L,应满足下列条件,即:

$$\bar{X} + kS_n \leq L \tag{4-11}$$

式中:$\bar{X}$——n 个车辆装置上测量结果的算术平均值;
  S_n——n 个车辆或装置测量结果的标准偏差;
  k——随 n 而定的统计系数,由表 4-6 给定;
  L——规定的骚扰限值。

$$\bar{X} = \frac{1}{n}(\sum_{i=1}^{n} X_i) \tag{4-12}$$

式中:X_i——单个车辆或装置的测量结果。

统计系数表　　　　表 4-6

n	6	7	8	9	10	11	12
k	1.42	1.35	1.30	1.27	1.24	1.21	1.20

n 个车辆或装置测量结果的标准偏差为:

$$S_n^2 = \frac{1}{n-1}\sum_{i=1}^{n}(X_i - \bar{X})^2 \tag{4-13}$$

S_n、X_i、$\bar{X}$、L 都以相同的对数单位表示,例如 dB(μV/m)或 dB(μV)等。

如果第一次的 n 个车辆或装置样品不能满足规定值,则应对第二次的 N 个车辆或装置样品进行测量,并将所有结果作为由 $n+N$ 个样品产生的结果加以评定。

2. 测量结果评定

(1)评定总则。单个车辆或装置的评定,采用扫描测量的全部数据;多个车辆或装置的评定,采用上述的特性电平与对应的自频段内的典型频的限值进行比较。

(2)形式试验结果的评定。单个样品的试验,对于新产品系列的样车或装置,测量结果应比规定的限值至少低 2dB。

多个样品的试验,应随机抽取 5 个或 5 个以上的样品进行测量,其测量结果要与单个样品的测量结果相结合,在每一个子频段的测量数据要按照上述统计方法统计评定,其结果应低于在该子频段典型频率上的限值。

(3)成批生产的监督检验结果评定。单个样品的试验,测量结果应比规定的限值最多高 2dB。多个样品的试验,应随机抽取 5 个或 5 个以上的样品进行测量,其测量结果要与单个样品的测量结果相结合,在每一个子频段的测量数据要按照上述统计方法统计评定,其结果都应比在该子频段典型频率上的限值最多高 2dB。

(4)研制试验用的快速样机检验(仅适用宽带发射)。可以任选一种测量方法来确定车辆或装置的发射电平,从而确定该骚扰电平是否有可能满足规定的限值。

1. 简述滤纸式烟度计的结构及工作原理
2. 简述汽油车排放污染物检测项目、检测方法、检测步骤。
3. 噪声的评价指标有哪些?
4. 噪声的测量仪器有哪几种?
5. 汽车噪声检测项目有哪些?表示方法(单位)是什么?
6. 汽车无线电干扰特性的测量方法有哪些?

第五章 汽车基本性能试验

第一节 动力性试验

汽车动力性试验可分为道路试验和室内试验。道路试验主要是测量汽车的最高车速、最低稳定车速、加速能力、最大爬坡度及牵引性能等项目。室内试验可测量汽车的驱动力和各种阻力。

本节将着重介绍在道路上进行汽车动力性试验的方法,也就是对汽车的最高车速、最低稳定车速、加速性能、爬陡坡性能以及牵引性能的测试。

一、车速测定试验

车速测定试验一般分为最高车速试验和最低稳定车速试验两类。

1. 试验条件

1) 试验气象条件

试验中的空气密度相对于标准环境中空气密度,其变化不应超过7.5%。试验过程中大气压力应不低于91kPa,温度应不低于273K,不高于313K(0℃~40℃)。

2) 试验仪器、器具

在进行最高车速试验时,其试验仪器、器具可以选用人工手动的试验器具,例如计时器(包括秒表,也可使用光电管式等其他计时装置,最小读数为0.01s)、钢卷尺和标杆等,也可以选用先进自动的试验仪器,如第五轮仪、非接触式速度仪、GPS车速试验仪器等。

3) 试验道路

试验应在直线道路或环形道路上进行。试验路面应坚硬、平整、干净、干燥并具有良好的附着系数。道路测量区长度应至少为200m,并用标杆等做好标记。道路加速区应与测量区具有相同特性,且足够长,以保证车辆在到达测量区前,能够稳定保持在最高车速。加速区和测量区的纵向坡度应不超过0.5%,单方向试验中直线道路纵向坡度应不超过0.1%。测量区的横向坡度应不超过3%。

4) 车辆试验质量及载荷分布

M1类车辆和最大设计总质量小于2t的N1类车辆,当车辆的50%最大允许装载质量小于等于180kg时,试验质量为车辆整备质量加上180kg;当车辆的50%最大允许装载质量大于180kg时,车辆的试验质量为车辆整备质量加上50%的最大允许装载质量(包括测量人员和仪器的质量)。载荷分布尽量均匀。M2、M3类汽车和最大设计总质量不小于2 t的

N 类车辆,除了特殊规定外,适用于 M2、M3 类城市客车为装载质量的 65%;其他车辆为满载。M2、M3 类汽车的载荷按照 GB/T 12428—2005 均布;N 类车辆的载荷按照 GB/T 12534—1990 均布。乘员平均质量按第一章表 1-1 计算,可用相同质量的重物代替。

5)试验车辆轮胎气压

试验过程中,轮胎冷充气压力应符合该车技术条件的规定,误差不超过 10kPa($\pm 0.1 \text{kgf/cm}^2$)。

6)试验车辆用燃料、润滑油(脂)和制动液

试验车辆使用的燃料、润滑油(脂)和制动液的牌号和规格,应符合该车技术条件或现行国家标准的规定。除可靠性行驶试验、耐久性道路试验及使用试验外,同一次试验的各项性能测定必须使用同一批燃料、润滑油(脂)和制动液。

7)试验车辆的准备

对新生产的汽车应根据试验要求,对试验车辆进行磨合。除另有规定外,磨合规范按该车使用说明书的规定。

试验前,试验车辆必须进行预热行驶,使汽车发动机、传动系及其他部分预热到规定的温度状态。同时还要检查试验汽车的转向机构、各部紧固件的紧固情况及制动系统的效能,以保证试验的安全。

2. 最高车速试验

汽车的最高车速是指汽车在良好的水平路面上直线行驶时汽车能达到并保持行驶的平均最高速度。它不是瞬时值,而是可连续行驶一定距离的最高速度。其试验方法按国家标准 GB/T 12544—2012《汽车最高车速试验方法》进行。

1)试验程序

在符合试验条件的道路上,选择中间 200m 为测量路段,做好标志,测量路段两端为试验加速区间。根据试验汽车加速性能的优劣,选定充足的加速区间(包括试车场内环形高速跑道),使汽车在驶入测量路段前能够达到最高的稳定车速。试验汽车在加速区间以最佳的加速状态行驶,在到达测量路段前保持变速器(及分动器)在汽车设计最高车速的相应挡位,节气门全开,使汽车以最高的稳定车速通过测量路段。为消除风向、道路坡度等因素对试验结果的影响,试验需要往返各进行一次。

在使用人工秒表试验时,测定的是汽车通过测量路段的时间;对使用自动记录的测量仪器,在其输出或打印时,能直接得到车速、测量段长度、测量段行驶时间。

按试验结果求出最高车速的计算式为:

$$v = L \times 3 \cdot \frac{6}{t} \tag{5-1}$$

式中:v——速度,km/h;

t——往返方向试验所测时间屯的算术平均值,s;

L——测量道路长度,m。

试验中车辆行驶速度变化不应超过 2%。每个方向上的试验不少于 1 次,所用时间的变化不超过 3%。

2)试验注意事项

(1)在进行最高车速试验时,应根据汽车加速性能的优劣,选择充足的加速区间,使汽车在驶入测量路段前能达到最高的稳定车速。一般情况下,要求供加速用的直线路段为

1~3km,其具体长度视汽车质量的大小和加速性能而定。最高车速试验可在汽车试验场利用高速跑道进行加速,在直线段达到最高的稳定车速后进行测量。

(2)试验时,变速器挡位置于汽车设计最高车速的相应挡位,一般是最高挡。如果最高挡速比设置(例如某些超速挡)不能使汽车达到最大行驶速度,可在次高挡进行测试。对于使用自动变速器的车辆,最高车速在"D"挡状况下进行试验。

(3)最高车速反映的是车辆依靠动力能达到的车速极限,因此,在试验时,要关闭车窗和附加设施(如空调系统),减少气流阻力和动力消耗。

3. 最低稳定车速试验

最低稳定车速通常指在某一挡位下,汽车能够稳定行驶的最慢车速。一般测量汽车直接挡和最高挡的最低稳定车速。其试验方法按国家标准 GB/T 12544—2012《汽车最高车速试验方法》进行。

1) 试验程序

在符合试验条件的道路上,选取 100m 长的试验路段,做好标志,试验路段两端为试验准备区间。将试验汽车的变速器(及分动器)置于所要求的挡位,使汽车保持一个较低的稳定车速行驶并通过试验路段。在汽车驶出试验路段时,立即急速踩下加速踏板,发动机不应熄火,传动系不应颤动,汽车能够平稳地加速。

在汽车驶出试验路段时,立即急速踩下加速踏板,若出现发动机熄火或传动系颤动,则适当提高汽车稳定车速,重复进行。直至在汽车驶出试验路段时,立即急速踩下加速踏板,未出现发动机熄火或传动系颤动为止,找到符合试验要求的汽车最低稳定车速。

为消除风向、道路坡度以及其他因素对试验结果的影响,试验应往返各进行 1 次,两次试验结果的平均值为试验结果。在使用人工秒表试验时,测定的是汽车通过测量路段的时间。对使用自动记录的测量仪器,在其输出或打印时,能直接得到车速、测量段长度、测量段行驶时间。

按试验结果求出最低稳定车速的计算式为:

$$v_{\min} = \frac{360}{t} \tag{5-2}$$

式中:$v_{\min}$——最低稳定车速,km/h;
t——测量段行驶时间,s。

2) 试验时需注意

对于使用自动变速器的车辆,不进行该项目试验。试验过程中,车速要稳定,传动系不应颤动,不能有异响;不允许为保持汽车稳定行驶而切断离合器或使离合器打滑。

二、加速性能试验

加速性能是指汽车从较低车速加速到较高车速时获得最短时间的能力,它主要用加速时间来衡量。表征汽车加速能力的指标有起步换挡加速时间和超越加速时间,相应的测试汽车加速性能的试验方法有超越加速性能试验和起步连续换挡加速性能试验两种。其试验方法按国家标准 GB/T 12543—2009《汽车加速性能试验方法》进行。

1. 试验条件

加速性能试验条件和车速试验条件相同。

2. 超越加速性能试验程序

在我国超越加速试验时,一般针对汽车最高挡和次高挡进行。

在试验道路上,选取合适长度的路段,作为加速性能试验路段,在两端各放置标杆作为记号。汽车在变速器预定挡位,以预定的车速(从稍高于该挡最低稳定车速起,选 5 的整数倍速度如 20km/h、25km/h、30km/h、35km/h、40km/h)作等速行驶,用第五轮仪或其他测速仪器监视初速度,当车速稳定后(偏差 ±1km/h),驶入试验路段,迅速将加速踏板踩到底,使汽车加速行驶至该挡最大车速的 80% 以上,对于轿车应达到 100km/h 以上。

用第五轮仪或其他测速仪器记录汽车的初速度和加速行驶的全过程或达到某些特征状况的车速、行驶距离、行驶时间,试验往返各进行一次,往返加速试验的路段应重合。

3. 起步连续换挡加速性能试验程序

起步连续换挡加速试验是指汽车在平直道路上用汽车的起步挡位起步,并以最大加速度迅速过渡到最高挡,或者使汽车达到某一速度或行驶一定距离的试验。

在试验道路上,选取合适长度的路段,作为加速性能试验路段,在两端各放置标杆作为记号。汽车停于试验路段之一端,变速器置入该车的起步挡位,迅速起步并将加速踏板快速踩到底,使汽车尽快加速行驶,当发动机达到最大功率转速时,力求迅速无声地换挡,换挡后立即将节气门全开,直至最高挡最高车速的 80% 以上,对于轿车应加速到 100km/h 以上。

用第五轮仪或其他测速仪器记录汽车加速行驶的全过程或达到某些特点状况的车速、行驶距离、行驶时间,往返各进行一次,往返试验的路段应重合。

4. 试验结果

1) 加速性能曲线

根据记录数据,分别绘制试验车往返两次的加速性能曲线(v—t 和 v—s)。取两次曲线的平均值绘制汽车的加速性能曲线,见图 5-1、图 5-2。

图 5-1 最高挡加速性能曲线

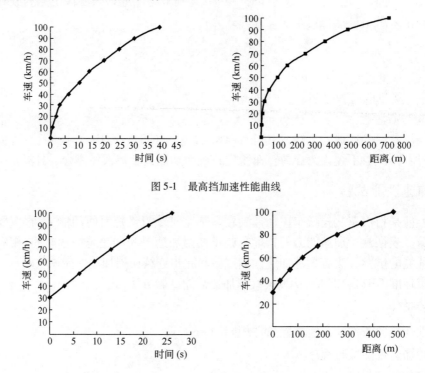

图 5-2 起步连续换挡加速性能曲线

2）试验结果

从加速性能曲线对应点取值填入表5-1～表5-3，即为试验结果。

加速性能试验结果　　　　　　　　　　表5-1

测量项目＼车速	加速到下列车速（km/h）									
	20	30	40	50	60	70	80	90	100	110
加速时间 $t(s)$										
加速距离 $s(m)$										

起步连续换挡加速试验结果之一　　　　　　表5-2

测量项目＼车速	加速到下列车速（km/h）										
	10	20	30	40	50	60	70	80	90	100	110
加速时间 $t(s)$											
加速距离 $s(m)$											

起步连续换挡加速试验结果之二　　　　　　表5-3

加速距离 $s(m)$	400	600	1 000
加速时间 $t(s)$			
车速 $v(km/h)$			

5. 试验时需注意

对于使用自动变速器的车辆，在"D"挡进行试验。在超越加速性能试验时，初始车速的选取一般以车辆在加速中不至于自动换挡为原则。

由于汽油发动机达到最大功率的转速，往往不是标定的最高转速，因此对于使用手动变速器的车辆，在起步连续换挡加速性能试验过程中，一般选发动机标定的最高转速85%～90%为换挡转速。对于使用手动变速器的车辆，换挡时离合器踏板和加速踏板踩下和松开时要迅速，换挡要快。

因道路坡度和风速等因素，往返各进行一次试验时，加速试验的路段不可能完全重合，但应尽可能多地重合。

6. 不同国家的试验方法的区别

不同国家的试验标准中对这一速度或距离的规定有差异，见表5-4。

加速试验比较　　　　　　　　　　表5-4

试验规定＼国家	中国国家标准	日本工业标准	德国标准	美国汽车工程师学会标准
标准代号	GB/T 12543—2009	JISD 1016—1982	DIN 70020.3	SEA J1491—85
装载质量	满载	满载	允许质量和空载质量之差的1/2	整备质量+136kg
试验道路纵向坡度	≤0.1%	平直铺装路	≤1%	≤0.5%
起步连续换挡加速试验	0→最高挡最高车速的80%以上	0→200km 0→400km	0→50km/h 0→100km/h	0→96.6km/h（60mile/h） 0→402m（1/4mile） 0→5s
超越加速性能	从稍高于该挡最低稳定车速5的整数倍车速→最高车速的80%以上	从稍高于该挡最低稳定车速10的整数倍车速加速	—	64.4→96.6km/h （40→60mile/h）

三、爬坡试验

爬陡坡试验是测试汽车爬坡能力的方法之一,爬坡能力一般用最大爬坡度来衡量。其试验方法按国家标准 GB/T 12539—1990《汽车爬陡坡试验方法》进行。

1. 试验条件

1)试验气象

试验时应是无雨无雾天气,相对湿度小于 95%,气温 0~40℃,风速不大于 3m/s。

2)试验仪器、器具

秒表、钢卷尺(50m)、标杆、发动机转速表、坡度仪。

3)试验道路

坡道长不小于 25m,坡前应有 8~10m 的平直路段,坡度大于或等于 30% 的路面用水泥铺装,小于 30% 的坡道可用沥青铺装,在坡道中部设置 10m 的测速路段。允许以表面平整、坚实、坡度均匀的自然坡道代替。大于 40% 的纵坡必须设置安全保障装置。

4)其他条件与车速试验相同。

2. 非越野车爬坡试验程序

最初,试验车辆满载情况下,使用最低挡(一般都是 1 挡),如有副变速器也置于最低挡,将试验车停于接近坡道的平直路段上。起步后,将节气门全开进行爬坡。测量并记录汽车通过测速路段的时间及发动机转速。

爬坡过程中,监视各仪表(如水温、机油压力)的工作情况;爬至坡顶后,停车检查各部位有无异常现象发生,并作详细记录。如第一次爬不上坡,可进行第二次,但不超过两次。

当爬不上坡时,可以减少试验车辆的载荷,重新试验,直至汽车能爬上坡道为止。记录最后能爬上坡道时汽车的载荷以及通过测速路段的时间及发动机转速。

如果汽车能顺利爬上该坡,再选择更高的行驶挡位,重新试验,直至汽车不能爬上坡道为止。此时,降低一个挡位,适当增加载荷,重新试验,直至汽车不能爬上坡道为止。记录最后能爬上坡道时汽车的挡位、载荷以及通过测速路段的时间及发动机转速。

3. 越野车爬坡试验程序

试验车辆变速器使用最低挡,分动器置于最低挡,全轮驱动。将试验车辆停于接近坡道的平直路段上,起步后,将节气门全开进行爬坡;当试验车处于坡道上时,停住车辆,变速器放入空挡,发动机熄火 2min,再起步爬坡。测量并记录通过测速路段的时间及发动机转速。

爬坡过程中监视各仪表的工作状况,爬至坡顶后,检查各部位有无异常现象,并作详细记录。

如果爬不上坡,可以减少试验车辆的载荷,重新试验,直至汽车能爬上坡道为止。记录最后能爬上坡道时汽车的载荷以及通过测速路段的时间及发动机转速。

如果汽车能顺利爬上该坡,再选择变速器的更高行驶挡位,重新试验,直至汽车不能爬上坡道为止。此时,降低一个挡位,适当增加载荷,重新试验,直至汽车不能爬上坡道为止。记录最后能爬上坡道时汽车的挡位、载荷以及通过测速路段的时间及发动机转速。

4. 试验数据处理

1)最大爬坡度

$$\alpha_{\max} = \arcsin\left(\frac{m}{m_0} \times \frac{i_1}{i} \times \sin\alpha\right) \tag{5-3}$$

式中：α_{max}——折算后的最大爬坡度，(°)；
　　　α——试验用坡道的实际坡度，(°)；
　　　m_0——试验车辆制造厂规定的最大总质量，kg；
　　　m——试验时试验车辆的实际总质量，kg；
　　　i_1——变速器最低挡时传动系的传动比；
　　　i——试验时试验车辆传动系的实际传动比。

2）爬坡时的平均车速

$$v = \frac{36}{t} \tag{5-4}$$

式中：v——平均车速，km/h；
　　　t——试验车辆通过 10m 速度测量段的时间，s。

5. 负荷拖车测量法(牵引法)测量车辆最大爬坡度

用负荷拖车测量车辆最大爬坡度时，让车辆在平整、坚实的水平直线水泥铺装(沥青铺装)路面，使用负荷拖车为负荷，通过换挡试验结果求得最大爬坡度。

试验时，变速器置最低挡，节气门全开(或喷油泵齿条行程最大)，拖动负荷拖车(m_g)，牵引杆应处于水平位置并使试验汽车和负荷拖车的纵向中心平面平行。牵引杆内安装拉力传感器，用以测量拖钩牵引力。通过负荷拖车的制动，增加负荷，测量试验车最大拖钩牵引力 F_{tmax}，最大爬坡度为：

$$\alpha_{max} = \arcsin\frac{F_{tmax}}{m_g} \tag{5-5}$$

如果没有负荷拖车，也可以用最大总质量状态下的汽车来代替负荷拖车进行试验。试验时，被拖车变速器也置最低挡，并用制动器逐步增强制动强度，直到试验车拖不动为止。将牵引过程中测量的最大牵引力作为最大拖钩牵引力。

四、牵引试验

汽车牵引性能试验主要用于确定汽车牵引挂车的动力性能，包括牵引力性能试验和最大拖钩牵引力性能试验。其试验方法按国家标准 GB/T 12537—1990《汽车牵引性能试验方法》进行。

1. 试验条件

1）试验气象

试验时应是无雨无雾天气，相对湿度小于 95%，气温 0~40℃，风速不大于 3m/s。

2）试验仪器、器具

负荷拖车或能施加负荷的一般拖车；自动记录牵引力计及量程适当的牵引力传感器，测量精度为 2%；速度测量仪，测量精度为 1%；计时器，最小读数 0.1s。

如果没有专用的负荷拖车，可以用总质量适当的其他汽车来替代负荷拖车。

3）试验道路

试验道路应是清洁、干燥、平坦的，用沥青或混凝土铺装的直线道路。道路长 3km 左右，宽不小于 8m，纵向坡度在 0.1% 以内。

4）试验车辆装载质量

无特殊规定时，装载质量均为厂定最大装载质量或使试验车处于厂定最大总质量状态。

装载质量应均匀分布,装载物应固定牢靠,试验过程中不得晃动和颠离;不应因潮湿、散失等条件变化而改变其质量。

5)轮胎气压测定最大拖钩牵引力时,试验车的轮胎气压应不小于制造厂规定的最低轮胎气压值。

6)其他

其他试验条件与车速试验相同。

2. 牵引性能试验

1)试验方法

用牵引杆连接试验车和负荷拖车,牵引杆应保持水平;如使用一般拖车也采用前述的连接方式。试验时,牵引杆纵轴线和行车方向保持一致。如果用钢丝绳牵引,两车之间的钢丝绳长度应大于15m。试验车辆有自锁差速器的应锁住。

汽车起步,加速换挡至试验需要的挡位,节气门全开,加速至该挡最高车速的80%左右,负荷拖车施加负荷,在发动机正常使用的转速范围内,测取5~6个间隔均匀的稳定车速和该车速时的拖钩牵引力,测量时车速须稳定10s以上。往返各进行一次,试验数据记入牵引性能试验记录表中。取其算术平均值作为试验结果。

2)车速牵引性能曲线图

按记录的实际车速和拖钩牵引力画出各挡牵引性能曲线(图5-3)。车速在性能曲线图中1mm相当于0.5km/h;拖钩牵引力可取以下四种比例:

(1)1mm相当于200N。

(2)1mm相当于100N。

(3)1mm相当于50N。

(4)1mm相当于25N。

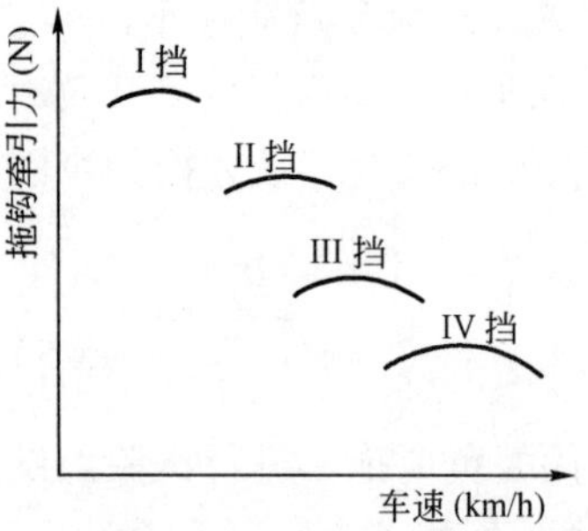

图5-3 汽车牵引力性能曲线

3. 最大拖钩牵引力试验

试验汽车的传动系统处于最大传动比位置,有自锁差速器的应锁住。如果用钢丝绳牵引,两车之间的钢丝绳长度应大于15m。

试验开始时,应缓慢起步,待直钢丝绳(或牵引杆)拉直呈水平状态时,逐渐将加速踏板踩到底(节气门全开),到达该工况最高车速的80%左右的车速时,负荷拖车施加负荷,试验车车速平稳下降,直至发动机熄火或驱动轮完全滑转为止,从自动记录牵引力计上读取最大拖钩牵引力。往返各进行一次相同的试验,以两个方向的最大拖钩牵引力的算术平均值作为试验结果。

五、附着系数测量试验

附着系数是指轮胎在不同路面的附着能力大小。该系数直接影响汽车的动力性能和制动性能的发挥。附着系数高的路面,车轮不容易打滑,行驶安全;附着系数低的路面,车轮容易打滑,比如雪地、冰面等。

附着系数测量试验一般有两种方法,一是倒拖法测量,二是制动法测量。

1. 倒拖法测量附着系数

试验条件和牵引试验相同。

利用其他动力,牵引拖动处于静止、制动状态下汽车的试验测量。试验时,牵引力缓慢增加,直至试验车辆被拖动(车轮滑动)为止。记录最大牵引力 F_{tmax},得出路面附着系数计算式为:

$$k = \frac{F_{tmax}}{mg} \tag{5-6}$$

式中:k——附着系数;

F_{tmax}——试验测量的最大牵引力,N;

m——试验测量总质量,kg;

g——重力加速度,$g = 9.81\mathrm{m/s^2}$。

2. 制动法测量附着系数

试验条件与车速试验相同。

可按国家标准 GB/T 13594—2003《机动车和挂车防抱制动性能和试验方法》的附录 B"附着系数利用率"中的方法进行。

附着系数是在无车轮抱死的前提下,由最大制动力除以被制动车轴(桥)的相应动态轴荷的商来确定。

只对试验车辆的单根车轴(桥)进行制动,试验初速度为 50km/h。制动力应在该车轴的车轮之间均匀分配,以达到最佳性能。在 20~40km/h 之间,防抱系统应脱开或不工作。

以逐次增加管路压力的方法进行多次试验来确定车辆的最大制动强度 Z_{max}。每次试验时,应保持脚踏板力不变。制动强度应根据车速从 40km/h 降到 20km/h 所经历的时间 t,用下面的公式来计算:

$$Z = \frac{0.566}{t} \tag{5-7}$$

从 t 的最小测量值 t_{min} 开始,在 t_{min} 和 $1.05t_{min}$ 之间选择 3 个 t 值(包括 t_{min}),计算其算术平均值 t_m,然后计算:

$$Z_m = \frac{0.566}{t_m} \tag{5-8}$$

Z_{max} 为 Z_m 的最大值,t 的单位为 s。

若实践证明,不能得到上述 3 个 t 值,可采用最短时间 t_{min}。

制动力应根据测得的制动强度和未制动车轮的滚动阻力来计算,驱动桥和非驱动桥的滚动阻力分别为其静态轴荷的 0.015 倍和 0.010 倍。

对于后轮驱动的双轴车,前轴(1)制动时,附着系数 k 由下式算出:

$$k_f = \frac{Z_m \times m \times g - 0.015 F_2}{F_1 + (h/E) \times Z_m \times m \times g} \tag{5-9}$$

对于后轮驱动的双轴车,后轴(2)制动时,附着系数 k 由下式算出:

$$k_r = \frac{Z_m \times m \times g - 0.010 F_1}{F_2 - (h/E) \times Z_m \times m \times g} \tag{5-10}$$

式中:m——试验车辆总质量,kg;

F_1——试验车辆前轴轴荷,N;

F_2——试验车辆后轴轴荷,N;

h——试验车辆重心高度,mm;

E——试验车辆轴距,mm;

g——重力加速度,$g=9.81\mathrm{m/s^2}$。

第二节 燃料经济性能试验

一、滑行试验

汽车滑行是在某一预定的车速行驶状况下摘挡(进入空挡状况),利用汽车功能(惯性)继续直线行驶,直至停车。汽车的滑行性能直接反映出了汽车在行驶过程中滚动阻力和空气阻力对汽车行驶的影响,从而也反映了汽车行驶的经济性。

滑行试验反映汽车在无驱动条件下的滑行性能,以检查汽车底盘技术状况和调整状况,也是在道路上测定汽车行驶阻力的方法之一。滑行性能可用初速度 50km/h 时的滑行距离和滑行时间来评价,也可通过测定滑行阻力系数来反映汽车行驶阻力的大小。

在同一车速下,汽车滑行距离的长短取决于滚动阻力系数、空气阻力系数、汽车总质量等参数及汽车底盘的技术状况和调整状况。滑行距离越长,汽车性能越好。其滑行距离的测量方法按国家标准 GB/T 12536—1990《汽车滑行试验方法》进行。

滑行试验应选择长约 1 000m 的平直路段作为滑行区段。

如果使用的是汽车第五轮仪、非接触式速度仪、GPS 车速试验仪器等专用设备,仪器设置的初速度为 50km/h。试验时,先以 51km/h 的车速匀速行驶,当行驶到滑行试验区段起点时,迅速踏下离合器踏板,变速器置空挡滑行至停车结束,同时仪器会自动在车速降至 50km/h 时,开始记录滑行时间和滑行距离。

如果使用卷尺、秒表或其他非智能专用设备进行试验,试验时,先以 50km/h 的车速匀速行驶,当行驶到滑行试验区段起点时,迅速踏下离合器踏板,变速器置空挡滑行至停车结束,同时仪器记录滑行时间和滑行距离或标志滑行初始、结束位置,测量滑行距离。

滑行过程中,应保持汽车直线行驶,尽可能不转动转向盘,不允许使用制动器。试验至少往返各进行一次,并且往返区段应尽量重合。

若使用非智能专用设备进行试验时,滑行的初速度很难准确地控制到 50km/h。为了使试验结果具有可比性,应将实测的滑行距离换算成标准滑行初速度为 50km/h 的滑行距离,其换算公式为:

$$s = \frac{-b + \sqrt{b^2 + ac}}{2a} \tag{5-11}$$

$$a = \frac{v_0'^2 - bs'}{s'^2} \tag{5-12}$$

式中:a——计算系数,1/s^2;

v_0'——实测滑行初速度,m/s;

b——常数,m/s^2(当试验车辆总质量不大于 4 000kg 且滑行距离不大于 600m 时,$b=0.3$;其他情况,$b=0.2$);

s'——实测滑行距离,m;

c——常数,m^2/s^2($c=771.6$);

s——换算成初速度为50km/h时的滑行距离,m。

取换算后两个方向滑行距离的平均值作为试验结果。

二、等速行驶燃料消耗量试验

等速行驶燃料消耗量试验是测量汽车以稳定的车速匀速行驶一定距离平直路段的燃油消耗,以得到各车速时的百公路油耗。

试验时,汽车变速器置于常用挡位,一般是最高挡和次高挡,使用自动变速器的车辆,在"D"挡进行测量。试验车车速以10的整倍数均匀选取,在该挡最小稳定车速至最高车速90%范围内,应至少测量5个车速点的油耗。

试验场地要有足够的稳速路段,以保证进入测试路段前汽车能以预定的车速稳定行驶,并匀速通过测试路段。在匀速行驶阶段,加速踏板应保持在一定的位置,要避免反复"泵油"操作。测量汽车通过测试路段的时间及燃料消耗量。

为了提高测量准确度,在每一车速下,至少要在往返方向各测量两次,并对测量结果进行重复性检验,计算置信区间,试验结果校正为标准状态下的数值。

根据测量出的各车速下的百公路油耗数据,通过拟合就可得到燃料消耗特性曲线。对于等速燃料经济性的评价,需要注意三个方面的特征,一是经济车速,二是最低燃料消耗量,三是高速油耗相对于最低油耗的增量(%)。

1. 乘用车90km/h和120km/h等速行驶燃料消耗量试验

该项试验对应的国家标准是GB/T 12545.1—2008《汽车燃料消耗量试验方法 第1部分:乘用车燃料消耗量试验方法》。

1)试验条件

(1)环境条件。

①环境温度应在5~35℃(278~308K)之间,大气压力应在91~104kPa之间,相对湿度应小于95%。

②如果制造厂允许,可在最低1℃的环境下进行。

③平均风速小于3m/s,阵风不应超过5m/s。

(2)测量用试验道路。试验道路应干燥,路面可以有湿的痕迹,但不得有任何积水。测量路段的长度应至少2km,可以是封闭的环形路(测量路程必须为完整的环形路),也可以是平直路(试验在两个方向上进行)。

试验道路应保证车辆按规定等速稳定行驶,路面应保持良好状态,在试验道路上任意两点之间的纵向坡度不应超过+2%。

试验车辆的一般条件:试验车辆在试验前应进行磨合,至少应行驶3 000km;应根据制造厂规定调整发动机和车辆操纵件。特别应调整怠速装置(调整转速和排气中CO含量)、起动装置和排气净化系统。为避免因偶然进气而影响混合气的形成,应检查试验车辆进气系统的密封性。试验车辆的性能应符合制造厂规定,应能正常行驶,并能顺利地冷、热起动。

在第一次测量之前,车辆应进行充分的预热,并达到正常工作条件。在每次测量之前,车辆应在试验道路上以尽可能接近试验要求的速度(该速度在任何情况下与试验速度相差不得大于±5%)行驶至少5km,以保持温度稳定。在测量燃料消耗量时,冷却液、机油和燃油温度变化不应超过±3℃。

试验车辆必须清洁,车窗和通风口应关闭;只能使用车辆行驶必需的设备。如果有手控进气预热装置,应处于制造厂根据进行试验时的环境温度规定的位置。

如果试验车辆的冷却风扇为温控型,应使其保证正常的工作状态。乘客舱的空调系统应关闭,但其压缩机应处于正常工作状态。

试验车辆如果装有增压器,试验时增压器应处于正常工作状态。

如果四轮驱动的试验车辆,只使用同轴两轮驱动进行试验,应在试验报告中注明。

试验车辆应使用制造厂规定的润滑油,并在试验报告中注明。轮胎应选用制造厂作为原配件所要求的类型,并按制造厂推荐的轮胎最大试验负荷和最高试验速度对应的轮胎充气压力进行充气。轮胎可以与车辆同时磨合或者花纹深度应在初始花纹深度的50%~90%之间。

(3)车辆试验质量。车辆试验质量为整车整备质量加上180kg,当车辆的50%载质量大于180kg时,则车辆试验质量为车辆整车整备质量加上50%的载质量(包括测量人员和仪器的质量)。

2)试验所用挡位

如果车辆在最高挡(n)时的最大速度超过130km/h,则只能使用该挡位进行燃料消耗量的测定;如果在($n-1$)挡的最大速度超过130km/h,而n挡的最大速度仅为120km/h,则120km/h的试验应在($n-1$)挡进行,但制造厂可要求120km/h的燃料消耗量在($n-1$)挡和n挡同时测定。

为了确定在规定速度时的燃料消耗量,应至少在低于或等于规定速度时进行两次试验,并在至少等于或高于规定速度时进行另两次试验,但应满足下面规定的误差。

在每次试验行驶期间,速度误差为±2km/h。每次试验的平均速度与试验规定速度之差不得超过2km/h。

3)燃料消耗量的计算

(1)采用质量法确定燃料消耗量C。百千米油耗计算公式如下:

$$C = \frac{100M}{D \cdot S_g} \quad (\text{L/100km}) \tag{5-13}$$

式中:C——某一挡位、某一车速下的等速百千米油耗,L/100km;

　　M——试验期间燃料消耗量测量值,kg;

　　D——试验期间的实际行驶距离,km;

　　S_g——标准温度(20℃)下的燃料密度,kg/dm³。

(2)采用容积法确定燃料消耗量C:

$$C = \frac{100V[1 + \alpha(T_0 - T_F)]}{D} \tag{5-14}$$

式中:V——试验期间燃料消耗量(体积)测量值,L;

　　D——试验期间的实际行驶距离,km;

α——燃料容积膨胀系数(燃料为汽油和柴油时,该系数为0.001/℃);

T_0——标准温度,为20℃;

T_F——燃料平均温度,即每次试验开始和结束时,在容积测量装置上读取的燃料温度的算术平均值,℃。

2. 商用车等速燃料消耗量试验

试验测试路段长度为500m,汽车用常用挡位,等速行驶,通过500m的测试路段,测量通过该路段的时间及燃料消耗量。

试验车速从20km/h(最小稳定车速高于20km/h时,从30km/h)开始,以每隔10km/h均匀选取车速,直至最高车速的90%,至少测定5个试验车速,同一车速往返各进行两次。

以试验车速为横坐标,燃料消耗量为纵坐标,绘制等速燃料消耗量散点图,根据散点图绘制等速燃料消耗量的特性曲线。

燃料消耗量的计算按式(5-13)和式(5-14)进行。

3. 数据处理

1)试验结果的重复性检验

等速燃料消耗量试验与多工况燃料消耗量试验的结果必须进行重复性检验。

试验重复性按第95百分位分布来判别。第95百分位分布的标准差 R 与重复试验次数的关系见表5-5。设极差 ΔC_{max} 为某项试验中几次测量结果中最大燃料消耗量值与最小燃料消耗量值之差,单位为L/100km,则重复性检验判别原则如下。

标准差 R 与重复试验次数 n 的对应关系　　表5-5

n	2	3	4	5	6
R, L/100km	$0.053C_m$	$0.063C_m$	$0.069C_m$	$0.073C_m$	$0.085C_m$

注:C_m 为某项试验中进行 n 次试验测得的燃料消耗量的算术平均值,单位为L/100km。

当 $\Delta C_{max} < R$ 时,说明极差小于标准差,判为试验结果重复性好,可不增加试验次数。

当 $\Delta C_{max} > R$ 时,说明极差大于标准差,判为试验结果重复性差,应增加试验次数。

下面举例说明试验重复性检验判别方法。

某汽车以同一工况进行了四次试验,测得的燃料消耗量依次为14.6L/100km、14.8L/100km、15.5L/100km、15.1L/100km,试对其进行重复性检验判别。

四次试验燃料消耗量的平均值为:

$$C_m = \frac{(14.6 + 14.8 + 15.5 + 15.1)}{4} = 15.0 \quad (\text{L/100km})$$

标准差:

$$R = 0.069 \times 15.0 = 1.03 \quad (\text{L/100km})$$

极差为:

$$\Delta C_{max} = 15.5 - 14.6 = 0.9 \quad (\text{L/100km})$$

由于 $\Delta C_{max} < R$,判为试验重复性好,可以不必增加试验次数。

2)试验数据真实平均值的评定(置信区间)

数据真实平均值的评定按置信度90%进行,计算公式为:

$$C_{mr} = C_m \pm \frac{0.031}{\sqrt{n}} \cdot C_m \tag{5-15}$$

式中：C_{mr}——燃料消耗量真实平均值，L/100km；

C_m——n 次试验的燃料消耗量实测值的算术平均值，L/100km；

n——重复试验的次数。

[例] 某汽车以 90km/h 等速行驶时，燃料消耗量的测量结果依次为 8.98L/100km、8.87L/100km、9.07L/100km、9.12L/100km，试计算燃料消耗量的真实平均值。

[解] 燃料消耗量实测算术平均值为：

$$C_m = (8.98 + 8.87 + 9.07 + 9.12)/4 = 9.01 \quad (L/100km)$$

则置信区间为：

$$C_{mr} = 9.01 \pm (0.031/2) \times 9.01 = 9.01 \pm 0.14 \quad (L/100km)$$

3）试验数据校正

由于燃料消耗量试验条件不同，燃料的黏度、密度及重度等都将存在一定的差别，为了能正确评价燃料经济性，应将燃料消耗量的测定值均校正到标准状态下的数值。

(1) 标准状态。一般每一汽车燃料消耗量试验规范标准中都规定各自的标准状态，下面介绍一些标准中规定的标准状态。

我国汽车燃料消耗量试验规定的标准状态为：环境温度 20℃；大气压强 100.0kPa；汽油密度 0.742g/mL；柴油密度 0.830g/mL。

美国汽车燃料消耗量试验规定的标准状态为：环境温度 15.6℃；燃料温度 15.6℃；大气压强 98.0kPa；汽油密度 0.737g/mL；柴油热值 35.31mJ/L。

欧洲经济委员会汽车燃料消耗量试验规定的标准状态为：环境温度 20℃；大气压强 100.0kPa；汽油密度 0.742g/mL；柴油密度 0.830g/mL。

(2) 校正公式。将实测的燃料消耗量校正到我国规定的标准状态下真实的燃料消耗量，计算公式为：

$$C_0 = \frac{C_m}{K_1 \cdot K_2 \cdot K_3} \tag{5-16}$$

式中：C_0——校正后燃料消耗量，L/100km；

C_m——实测燃料消耗量的算术平均值，L/100km；

K_1——环境温度修正系数，$K_1 = 1 + 0.0025(20 - T)$；

T——试验时的环境温度，℃；

K_2——大气压强的校正系数，$K_2 = 1 + 0.0021(P - 100)$；

P——试验时的大气压强，kPa；

K_3——燃料密度修正系数，汽油：$K_3 = 1 + 0.8(0.742 - \rho_a)$，柴油：$K_3' = 1 + 0.8(0.83 - \rho_d)$；

ρ_a——试验用汽油的平均密度，g/mL；

ρ_d——试验用柴油的平均密度，g/mL。

三、限定条件下的平均使用燃料消耗量试验

限定条件下的平均使用燃料消耗量试验通常也称作百公里油耗测定试验，是最原始的传统试验，汽车设计任务书和技术文件中多采用本项试验结果作为汽车燃料消耗量的评价指标。本项试验由于受使用条件诸如道路、交通流量、环境及气象等随机因素的影响，试验结果重复性较差，置信度低。另外，由于各制造厂选取的试验道路不可能相同，使试验结果的可比性也较差。但是，受传统习惯的影响，目前尚不能抛开该项试验。

本项试验也可以不进行,利用等速燃料消耗量试验数据和多工况燃料消耗量试验数据通过加权计算的方法得到其结果。

本项试验应在平原干线公路上进行,试验路段长度不得小于50km。试验时,在正常交通状况下尽可能保持匀速行驶,各类汽车的试验车速为:轿车的平均车速为(60+2)km/h;铰接式客车的平均车速为(35±2)km/h;其他车辆的平均车速为(50±2)km/h。客车试验时,每隔10km停车一次,怠速运转1min后重新起步(模拟客车实际行驶状态)。试验往、返各进行一次,取两次测量结果的算术平均值作为限定条件下的平均使用燃料消耗量的测定值。试验中要记录制动次数、挡位使用次数、行驶时间及里程,并测定50km单程的燃料消耗量,而后换算成百千米燃料消耗量。

由于限定条件下的使用燃料消耗量在测量过程中受随机因素影响较大,使测试结果离散度大、可比性差,人们便想到能否利用稳定的燃料消耗量试验工况代替这一非稳定试验工况,如可行,这将利于限定条件下的平均使用燃料消耗量的测试,又能大大提高试验结果的可信度。基于这一想法,提出了加权计算法。

目前,我国载货汽车燃料消耗量限值标准中已给出了载货汽车的加权计算公式。该公式是基于对国产和进口载货汽车的燃料消耗量试验数据的统计分析,进而探讨出各种燃料消耗量试验方法测定的燃料消耗量之间的关系,再赋予合理的加权系数得到的。对于其他类型的汽车,还有待于进行大量的燃料经济性试验,以及对数据的统计分析。

对于最大总质量为2 500~6 000kg的汽油载货汽车,其加权计算公式为:

$$C_S = C_V \tag{5-17}$$

式中:C_S——限定条件下的使用燃料消耗量,L/100km;

C_V——六工况循环试验燃料消耗量,L/100km。

最大总质量为6 000~15 000kg的汽油载货汽车,其加权计算公式为:

$$C_S = 0.05 C_V + 0.5 C_C \tag{5-18}$$

式中:C_C——等速(45km/h)燃料消耗量,L/100km。

柴油载货汽车的加权计算公式为:

$$C_S = 0.5 C_C \tag{5-19}$$

利用上述公式计算的限定条件下的使用燃料消耗量并不是绝对的真实值,而是具有一定偏差的近似值。今后随着汽车试验技术的发展,利用这种方法得到的试验结果将趋于准确化。

四、多工况燃料消耗试验

车辆实际行驶时的油耗量是评价汽车燃料经济性的综合指标,最能反映实际使用情况,但汽车实际行驶时,受到道路条件、环境条件、驾驶员操作技术等方面的影响,使测出的油耗量重复性、可比性均较差。

多工况燃料消耗试验能较好地解决上述矛盾。尽管汽车行驶工况千变万化,但在一定的使用区域内,其工况变化具有一定的统计特征。例如,城市市区具有交通流量大、车速低、经常使用低速挡、变换挡位频繁且停车次数多等特点;干线公路则有车速高、经常使用高速挡、换挡次数和停车次数都较少等特点。对于种类相同、使用环境相似的车辆,其行驶工况基本相同,因此,可以根据各类车的使用环境,经过大量试验,找出其行驶工况的特征,并形成标准工况。若考查车辆实际行驶的油耗量,则可按标准工况进行试验(即多工况油耗量试验),这样测出的油耗量既能综合体现汽车燃料经济性,又能保证试验结果具有较好的重复性和可比性。

我国现在施行的多工况燃料消耗量试验有:适用于轿车、最大总质量小于 3 500kg 的轻型载货汽车的二十五工况燃料消耗量试验;微型汽车十工况燃料消耗量试验;最大总质量 3 500kg 以上载货车的六工况燃料消耗量试验;城市客车和双层客车四工况燃料消耗量试验和其他客车的六工况燃料消耗量试验等。

1. 工况循环试验规范

1) 城市客车、铰接客车及双层客车的四工况

城市客车、铰接客车及双层客车的四工况循环见图 5-4,具体说明见表 5-6。

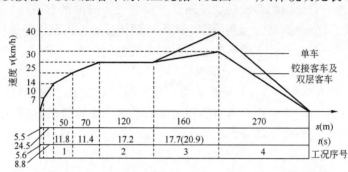

图 5-4　城市客车、铰接客车及双层客车的四工况循环试验规范曲线

城市客车、铰接客车及双层客车的四工况循环试验规范　　　表 5-6

工况序号	运转状态 (km/h)	行程 (m)	累计行程 (m)	时间 (s)	变速器挡位及换挡车速	
					挡位	换挡车速(km/h)
1	0~25 换挡加速	5.5	5.5	5.6	Ⅱ~Ⅲ	6~8
		24.5	30	8.8	Ⅲ~Ⅳ	13~15
		50	80	11.8	Ⅳ~Ⅴ	19~21
		70	150	11.4	Ⅴ	
2	25	120	270	17.2	Ⅴ	
3	25~40(30)	160	430	17.7(20.9)	Ⅴ	
4	减速行驶	270	700	—	空挡	

注:1. 对于 Ⅴ 挡以上的变速器,采用 Ⅱ 挡起步,按表中规定循环试验;对于 Ⅳ 挡变速器用 Ⅰ 挡起步,将 Ⅳ 挡代替 Ⅴ 挡,其他依次代替,则按表中规定试验循环进行。

2. 括号内的数字适用于铰接客车及双层客车。

2) 其他客车的六工况

其他客车的六工况循环见图 5-5,具体说明见表 5-7。

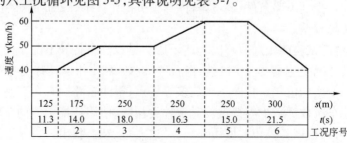

图 5-5　客车的六工况循环试验规范曲线

客车的六工况循环试验规范　　　　　表 5-7

工况序号	运转状态(km/h)	行程(m)	累计行程(m)	时间(s)	加速度(m/s²)
1	40	125	125	11.3	—
2	40~50	175	300	14.0	0.20
3	50	250	550	18.0	—
4	50~60	250	800	16.3	0.17
5	60	250	1 050	15.0	—
6	60~40	300	1 350	21.5	-0.26

3）载货汽车的六工况

载货汽车的六工况循环见图 5-6，具体说明见表 5-8。

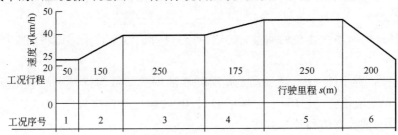

图 5-6　载货车的六工况循环试验规范曲线

载货车的六工况循环试验规范　　　　　表 5-8

工况序号	运转状态(km/h)	行程(m)	累计行程(m)	时间(s)	加速度(m/s²)	变速器挡位
1	25	50	50	7.2	—	最高挡
2	25~40	150	200	16.7	0.25	最高挡
3	40	250	450	22.5	—	最高挡
4	40~50	175	625	14.0	0.20	最高挡
5	50	250	875	18.0	—	最高挡
6	50~25	200	1 075	19.3	-0.36	最高挡

注：1. 对于最高挡的最低温度车速大于 25km/h 的车辆，可以使用次高挡进入试验，当试验速度高于最高挡的最低温度车速时，再换入最高挡进行试验。

2. 减速时，允许使用制动器调整速度。

2. 多工况试验的要求

在多工况试验中，换挡应迅速、平稳。减速行驶时，应完全放松加速踏板，离合器仍接合，必要时允许使用车辆的制动器。

试验车辆多工况的终了速度偏差为 ±3km/h，其他各工况速度偏差为 ±1.5km/h。在各种行驶工况改变过程中，允许车速的偏差大于规定值，但在任何条件下超过车速偏差的时间不大于 1s，即时间偏差为 ±1s。

每次循环试验后，应记录通过循环试验的燃料消耗量和通过的时间。当按各试验循环完成后，车辆应迅速掉头，重复试验，试验往返各进行两次，取四次试验结果的算术平均值为工况燃料消耗量试验的测定值。

3. 试验数据处理

试验数据处理与等速行驶燃料消耗量试验的处理方法相同。

五、转鼓试验台上的循环试验

在汽车燃料消耗量试验时,特别是多工况循环试验,因工况多,道路试验又受到许多因素的制约,因而常在室内转鼓试验台(底盘测功机)上进行,如乘用车的模拟城市工况循环燃料消耗量试验。

1. 台架试验的测定方法

采用底盘测功机的燃料消耗试验在室内进行,仪器布置及电源问题比较容易解决,测定方法可采用容积法、质量法、排气法等。

1)容积法

测量循环过程所消耗燃料的体积,按式(5-14)计算出汽车百千米燃料消耗量。

2)质量法

测量循环过程所消耗燃料的质量,按式(5-13)计算出汽车百千米燃料消耗量。

3)排气法

排气法也称"碳平衡"法。碳平衡是指所耗燃油中的碳量与排气中二氧化碳(CO_2)、一氧化碳(CO)和碳氢化合物(HC)所含碳的总量相等;通过测定排放的 CO_2、CO 和 HC,来计算燃料消耗量的试验方法和计算方法。

试验时,将汽车排出测试仪器的气体采集装置装在试验汽车排气管的开口处,连接部位应安装固定好,用非分散型红外线分析仪和氢火焰离子化型分析仪分别分析排气中 CO_2、CO 和 HC 成分,以及测量排气总量,并按照下式计算出燃料消耗量。

(1)对于装汽油机的车辆:

$$C = \frac{0.1154}{\rho} \times [(0.866 \times HC) + (0.429 \times CO) + (0.273 \times CO_2)] \tag{5-20}$$

(2)对于装柴油机的车辆:

$$C = \frac{0.1155}{\rho} \times [(0.866 \times HC) + (0.429 \times CO) + (0.273 \times CO_2)] \tag{5-21}$$

式中:C——燃料消耗量,L/100km;

　　　HC——测得的碳氢排放量,g/km;

　　　CO——测得的一氧化碳排放量,g/km;

　　　CO_2——测得的二氧化碳排放量,g/km;

　　　ρ——288K(15℃)下试验燃料的密度,kg/L。

2. 乘用车模拟城市工况循环燃料消耗量台架试验方法

试验按国家标准 GB/T 12545.1—2008《汽车燃料消耗量试验方法 第1部分:乘用车燃料消耗量试验方法》的要求在底盘测功机上进行。

1)试验车辆的试验质量

M_1 类车辆的试验质量为整车整备质量加上 100kg;N_1 类车辆试验质量为整车整备质量加上 180kg;当车辆的 50% 装载质量大于 180kg 时,则试验质量为整车整备质量加上 50% 的装载质量(包括测量仪器和人员的质量)。

对于 N_1 类车辆,附加载荷(指试验总载荷减去测量仪器和人员的质量)的质心应位于车辆货厢的中心。

2)乘用车模拟城市工况试验运转循环

乘用车模拟城市工况试验运转循环见表5-9和图5-7。

乘用车模拟城市工况试验运转循环　　　　表5-9

工况序号	运转次序	加速度 (m/s²)	速度 (km/h)	每次运转时间(s) 运转	每次运转时间(s) 工况	累计时间(s)	手动变速器使用挡位
1	1 急速	—	—	11	11	11	6s(PM[①]) + 5s($K_1^{②}$)
2	2 加速	1.04	0→15	4	4	15	I
3	3 等速	—	15	8	8	23	I
4	4 减速	-0.69	15→10	2	5	25	I
	5 减速、离合器脱开	-0.92	10→0	3		28	K_1
5	6 急速	—	—	21	21	49	16s(PM) + 5s(K_1)
6	7 加速	0.83	0→15	5	12	54	I
	8 换挡	—	—	2		56	—
	9 加速	0.94	15→32	5		61	II
7	10 等速	—	32	24	24	85	II
8	11 减速	-0.76	32→10	8	11	93	II
	12 减速、离合器脱开	-0.92	10→0	3		96	$K_2^{②}$
9	13 急速	—	—	21	21	117	16s(PM) + 5s(K_1)
10	14 加速	0.83	0→15	5	26	122	I
	15 换挡	—	—	2		124	—
	16 加速	0.62	15→35	9		133	II
	17 换挡	—	—	2		135	—
	18 加速	0.52	35→50	8		143	III
11	19 等速	—	50	12	12	155	III
12	20 减速	-0.52	50→35	8	8	163	III
13	21 等速	—	35	13	13	176	III
14	22 换挡	—	—	2	12	178	—
	23 减速	-0.87	32→10	7		185	II
	24 减速、离合器脱开	-0.92	10→0	3		188	$K_2^{②}$
15	25 急速	—	—	7	7	195	7s(PM)

注：如试验车辆装备自动变速器,驾驶员可根据工况情况选择合适的挡位。

①PM指变速器置空挡,离合器结合。

②K_1(或K_2)指变速器挂I挡(或II挡),离合器脱开。

乘用车模拟城市工况燃料消耗量的测量值由两个连续的模拟城市工况循环所消耗的燃料量来决定。进行循环前,应使发动机在规定条件下进行足够次数(至少进行5次循环)的模拟城市工况循环试验,直到温度稳定,特别应使机油温度稳定。发动机温度应保持在制造厂规定的正常工作范围内。如有必要,可采用附加冷却装置。

为了便于测量燃料消耗量,两个连续的模拟城市工况循环之间的间隔时间(急速状态)不应超过60s。

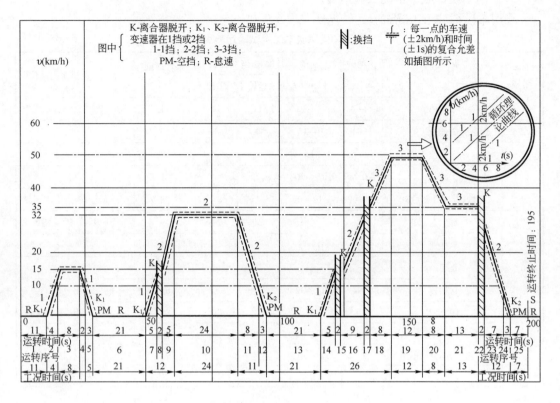

图 5-7 乘用车模拟城市工况试验运转循环

3）试验结果

按模拟城市工况循环测量的燃料消耗量应等于按上述规定进行的三次连续测量的算术平均值。如果进行三次试验后的燃料消耗量极限值与平均值之差超过 5%，则按上述规定继续试验。直至获得至少 5% 的测量精度为止。

如果进行 10 次试验后测量精度仍未达到 5%，那么应更换一辆同类型的试验车辆进行试验。

测量精度由下式计算：

$$精度 = K \frac{S}{\sqrt{n}} \frac{100}{\bar{C}} \tag{5-22}$$

$$S = \sqrt{\frac{\sum(\bar{C} - C_i)^2}{n-1}}$$

式中：n——测量次数；

C_i——采用质量法或容积法确定的燃料消耗量，L/100km；

$\bar{C}$——n 次 C_i 值的算术平均值，L/100km；

K——与 n 相关的系数，由表 5-10 给出。

K 值 表 表 5-10

测量次数 n	4	5	6	7	8	9	10
K	3.2	2.8	2.6	2.5	2.4	2.3	2.3

第三节　制动性能试验

汽车的制动性能是汽车的主要性能,通常从制动效能、制动效能恒定性和制动时的方向稳定性三方面评价。

制动效能用汽车在坚实、平坦的路面上,以一定初速度制动到停车的制动距离或制动减速度来评价,是汽车制动性能的最基本的评价指标。

制动距离是指驾驶员踩制动踏板开始到车完全停止所驶过的距离,它包括制动起作用和持续制动两个阶段汽车驶过的距离。制动距离与制动踏板力(制动系中的压力),路面种类、状况,制动器热状态及轮胎气压、胎面质量有关。若无特殊说明,制动距离一般指在制动器冷态条件下(制动开始时制动器温度在100℃以下)测定的值。

制动减速度反映地面制动力的强弱,它与制动器制动力(车轮滚动时)以及附着力有关。

制动效能恒定性即汽车在高速高强度制动或下坡连续制动等工况下,保持冷态时制动效能的特性。这一性能用抗热衰退性表示。这是因为汽车制动过程中,制动器将汽车行驶的动能变为热能被制动器吸收,使制动器摩擦材料受热后,摩擦系数下降,导致制动效能降低。

制动时的方向稳定性指汽车制动时不发生跑偏、侧滑及失去转向能力的特性。通常用制动时汽车按规定轨迹行驶的能力来评价。经常以制动过程中机动车的任何部位(不计入车宽的部位除外)是否超出规定宽度的试验通道的边缘线来评价。

一、冷态制动效能试验

冷态制动效能试验是检测汽车制动效能的主要方法,也是确认汽车制动安全的一项主要试验。汽车的安全检验中制动性能也是以此项试验为主。其方法和要求可参照按国家标准 GB 7258—2012《机动车运行安全技术条件》。

冷态制动效能试验主要检测试验车辆的制动距离和跑偏情况,也可以通过检测车轮的制动力来表示。

1. 试验方法

1) 试验条件

试验时的大气条件、道路条件以及试验车辆的要求与车速试验的条件相同。

载荷情况:

满载是指试验车辆处于厂定最大总质量状态,其载荷应均匀分布。车辆满载时,轴载质量的分配须按制造厂的规定。若装载质量在各轴(桥)之间的分配有若干种方案,车辆最大总质量在轴(桥)之间的分配必须保证各轴(桥)轴载质量与其最大允许承载质量比值相同。对于半挂牵引车,其承载质量可以向后大约移至由上述条件所确定的牵引销座与后桥中心线之间的中间位置。

空载是指汽车油箱加至汽车生产厂定容积的90%,加满冷却液和润滑剂,携带随车工具和备胎,另包括200kg质量(驾驶员、一名试验员和仪器的质量)。半挂牵引车的空载试验,只对牵引车本身进行试验。若备胎是车辆规定的必备件,则牵引车的质量也应包括备胎的质量。

轮胎充气至汽车生产厂定压力值,误差不超过10kPa;胎面花纹高度不低于新花纹的50%。

2）试验方法

试验时,试验车辆以规定的速度直线行驶,到达试验路段后,按规定的制动踏板力(制动管路压力),踏下制动踏板,直至汽车停止。记录制动距离和时间,同时记录在制动过程中车速、行驶距离、时间的变化情况,记录间隔根据具体情况来定,一般不大于10km/h。同时检查试验车辆的跑偏情况。

制动过程中,离合器分离,制动踏板力(制动管路压力)恒定不变,转向盘保持直线行驶状态不变。

3）制动踏板力、制动气压的要求

（1）满载试验时。

气压制动系:气压表的指示气压　　　≤额定工作气压;

液压制动系:踏板力,乘用车　　　　≤500N;

　　　　　　其他机动车:　　　　　≤700N。

（2）空载试验时。

气压制动系:气压表的指示气压　　　≤600kPa;

液压制动系:踏板力,乘用车　　　　≤400N;

　　　　　　其他机动车:　　　　　≤450N。

（3）摩托车(正三轮摩托车除外)检验时,踏板力应小于等于350N,手握力应小于等于250N。

（4）正三轮摩托车检验时,踏板力应小于等于500N。

（5）三轮汽车和拖拉机运输机组检验时,踏板力应小于等于600N。

4）制动踏板行程的要求

液压行车制动在达到规定的制动效能时,踏板行程不应大于踏板全行程的3/4;制动器装有自动调整间隙装置的机动车的踏板行程不应大于踏板全行程的4/5,且乘用车不应大于120mm,其他机动车不应大于150mm。

2. 对制动性能的要求

1）制动距离和制动稳定性要求

机动车在规定初速度下的制动距离和制动稳定性要求应符合表5-11的规定。对空载检验的制动距离有质疑时,可用表5-11规定的满载检验制动距离要求进行。

制动距离和制动稳定性要求　　　　　　　　　　　表5-11

机动车类型	制动初速度（km/h）	满载检验制动距离要求(m)	空载检验制动距离要求(m)	试验通道宽度（m）
三轮汽车	20	≤5.0		2.5
乘用车	50	≤20.0	≤19.0	2.5
总质量不大于3 500kg的低速货车	30	≤9.0	≤8.0	2.5
其他总质量不大于3 500kg的汽车	50	≤22.0	≤21.0	3.0
铰接客车、铰接无轨电车、汽车列车	30	≤10.5	≤9.5	3.0
两轮摩托车	30	≤7.0		—
边三轮摩托车	30	≤8.0		2.5
正三轮摩托车	30	≤7.5		2.3
轻便摩托车	20	≤4.0		—
轮式拖拉机运输机组	20	≤6.5	≤6.0	3.0
手扶变型运输机	20	≤6.5		2.3

2）制动减速度和制动稳定性要求

汽车、汽车列车在规定的初速度下急踩制动时充分发出的平均减速度及制动稳定性要求应符合表5-12的规定,且制动协调时间对液压制动的汽车不应大于0.35s,对气压制动的汽车不应大于0.60s,对汽车列车、铰接客车和铰接式无轨电车不应大于0.80s。对空载检验时充分发出的平均减速度有质疑时,可用表5-12规定的满载检验充分发出的平均减速度进行。

制动协调时间:是指在急踩制动时,从脚接触制动踏板(或手触动制动手柄)时起至机动车减速度(或制动力)达到表5-12规定的机动车充分发出的平均减速度的75%时所需的时间。

制动距离和制动稳定性要求　　　　　　　表5-12

机动车类型	制动初速度（km/h）	满载检验充分发出的平均减速度（m/s²）	空载检验充分发出的平均减速度（m/s²）	试验通道宽度（m）
三轮汽车	20	≥3.8		2.5
乘用车	50	≥5.9	≥6.2	2.5
总质量不大于3 500kg的低速货车	30	≥5.2	≥5.6	2.5
其他总质量不大于3 500kg的汽车	50	≥5.4	≥5.8	2.5
铰接客车、铰接无轨电车、汽车列车	30	4.5	5.0	3.0
其他汽车	30	≥5.0	≥5.4	3.0

充分发出的平均减速度 MFDD 的计算式:

$$\text{MFDD} = \frac{v_b^2 - v_e^2}{25.92(s_e - s_b)} \tag{5-23}$$

式中:MFDD——充分发出的平均减速度,m/s²;

v_b——$0.8v_0$,试验车速,km/h;v_0 为试验车辆制动初速度,km/h;

v_e——$0.1v_0$,试验车速,km/h;

s_b——试验车速从 v_0 到 v_b 之间车辆行驶的距离,m;

s_e——试验车速从 v_0 到 v_e 之间车辆行驶的距离,m。

二、制动器热衰退试验

制动器热衰退试验分三步进行:基准试验、热衰退试验及恢复试验。基准试验是冷态制动器效能试验,其试验结果作为评价抗热衰退性能的基准值。热衰退试验主要考查制动性能的衰退率。恢复试验则是考查制动器效能的恢复能力。评价制动器抗热衰退性能用制动效能衰退率表示。

衰退率计算式:

$$\text{衰退率} = \frac{\text{第}i\text{次踏板力(管路压力)} - \text{基准踏板力(管路压力)}}{\text{基准踏板力(管路压力)}} \times 100\% \tag{5-24}$$

1. 基准试验

基准试验的制动初速度为65km/h,制动末速度为零。最大总质量小于等于3 500kg的汽车制动减速度为4.5m/s²;最大总质量大于3 500kg的汽车制动减速度为3.0m/s²。制动器初始温度不大于90℃,共制动3次。试验过程中测量制动减速度、制动踏板力或制动管路压力以及制动器初始温度。

制动过程中,虽然制动踏板力保持恒定,但减速度仍有波动,甚至波动较大,因此试验时,参考依据的制动减速度以制动过程的平均减速度为准。

2. 热衰退性能试验

制动器热衰退性能试验,对于最大总质量小于等于3 500kg的汽车,制动初速度为65km/h,制动末速度为零,制动减速度为4.5m/s^2;对于最大总质量大于3 500kg的汽车,制动初速度为65km/h,制动末速度为30km/h,制动减速度为3.0m/s^2。制动时间间隔皆为60s,冷却车速皆为65km/h,制动次数为20次。试验时,记录制动踏板力、制动管路压力、制动减速度及制动器初始温度。

3. 恢复试验

制动器热衰退性能试验后,立即进行恢复试验。恢复试验的制动初速度、制动末速度、制动减速度同热衰退性能试验相同,制动间隔时间为180s,冷却车速为65km/h,制动次数为15次,要求最后一次制动时制动器初始温度应降到120℃以下。试验时,记录制动踏板力、制动管路压力、制动减速度及制动器初始温度。

三、涉水试验

涉水制动试验与制动器热衰退试验相似,包括基准试验、涉水试验和恢复试验。其性能评价也用衰退率表示。

1. 基准试验

基准试验的制动初速度为30km/h,制动末速度为零。最大总质量小于等于3 500kg的汽车制动减速度为4.5m/s^2;最大总质量大于3 500kg的汽车制动减速度为3.0m/s^2。制动器初始温度不大于90℃,共制动3次。试验过程中测量制动减速度、制动踏板力或制动管路压力以及制动器初始温度。

2. 涉水试验

将试验车辆驶入水槽,车轮浸入水中的深度应大于车轮半径,并使制动器处于放松状态,然后驾驶车辆以10km/h以下的车速在水槽中往返行驶。行驶2min后驶出水槽。

3. 恢复试验

试验车辆涉水后,驶出水槽1min时进行恢复试验。恢复试验的制动初速度为30km/h,制动末速度为零。最大总质量小于等于3 500kg的汽车制动减速度为4.5m/s^2;最大总质量大于3 500kg的汽车制动减速度为3.0m/s^2。冷却车速为30km/h,制动间隔距离为500m。试验时,记录制动踏板力、制动管路压力、制动减速度。

四、防抱死制动系统性能试验

装有防抱死制动系统(ABS)的车辆需要进行防抱死制动系统性能试验。防抱死制动系统性能试验按GB 13594—2003《机动车和挂车防抱制动性能和试验方法》规定进行,主要包括防抱死制动系统指示灯检查试验、剩余制动效能试验、防抱死制动系统特征校核试验、附着系数利用率试验、对开路面上的适应性和制动因素试验、对接路面上的适应性试验、能耗试验和抗电磁干扰试验等。

1. 防抱死制动系统性能试验典型路面

防抱死制动系统性能试验所用的典型路面,见表5-13。

防抱死制动系统性能试验所用的典型路面 表5-13

路面类型	路面类型代号	轮胎与路面附着系数	路面图例、路宽(m)
高附着系数路面	G	$k_G \geqslant 0.5$	3.7
低附着系数路面	D	$k_D < 0.5$	3.7
高低附着系数对开路面	DK	$k_G \geqslant 0.5, k_D < 0.5,$ $k_G/k_D \geqslant 2$	3.7
高低附着系数对接路面	DJ		3.7

2. 防抱死制动系统特征校核试验

试验时发动机应脱开,车辆满载和空载两种情况下进行。下面的各种情况试验时,车辆都不应驶出试验通道。

(1)在高附着系数路面或低附着系数路面上试验时,当以表5-14规定的初速度下,急促以"冷态制动效能试验"要求的踏板力踏下制动踏板制动时,由防抱系统直接控制的车轮不应抱死,同时车辆都不应驶出试验通道。

规定车型的最高试验车速 表5-14

路面类型	车辆类型	最高试验速度
高附着系数路面	除满载的 N_2、N_3 类车辆外的所有车辆	$0.8v_{max} \leqslant 120$km/h
	满载的 N_2、N_3 类车辆	$0.8v_{max} \leqslant 80$km/h
低附着系数路面	M_1、N_1 类车辆	$0.8v_{max} \leqslant 120$km/h
	M_2、M_3 及除半挂牵引车外的 N_2 类车辆	$0.8v_{max} \leqslant 80$km/h
	N_2 类半挂牵引车和 N_3 类车辆	$0.8v_{max} \leqslant 70$km/h

(2)当试验车辆在高低附着系数对接路面上,从高附着系数路面驶向低附着系数路面时,急促以"冷态制动效能试验"要求的踏板力踏下制动踏板制动,由防抱系统直接控制的车轮不应抱死。行驶速度和进行制动的时刻应这样确定:防抱系统能在高附着系数路面上全循环,并保证车辆以表5-14规定的高、低两种速度从高附着系数路面驶入低附着系数路面。

(3)当试验车辆在高低附着系数对接路面上,从低附着系数路面驶向高附着系数路面时,急促以"冷态制动效能试验"要求的踏板力踏下制动踏板制动,车辆的减速度应在合适的时间内有明显的增加,同时车辆不应偏离原来的行驶路线。行驶速度和制动时刻应这样确定:防抱系统能在低附着系数路面上全循环,车辆以约为50km/h的速度从一种路面驶入另一种路面。

(4)当车辆的左右两侧车轮分别位于两种不同附着系数的路面即高低附着系数对开路面上,在50km/h的初速度下,以"冷态制动效能试验"要求的踏板力急促踏下制动踏板制动,由防抱系统直接控制的车轮不应抱死,同时车辆都不应驶出试验通道。

满载车辆的制动强度 Z_{MALS} 应满足:

$$Z_{MALS} \geqslant \frac{0.75(4k_D + k_G)}{5Z_{MALS}} \geqslant k_D \tag{5-25}$$

试验时,可利用转向来修正行驶方向,转向盘的转角在最初2s内不应超过120°,总转角不应超过240°。此外,在这些试验开始时,车辆的纵向中心平面应通过高低附着系数路面的交界线。试验期间,轮胎(外胎)的任何部分均不应越过此交界线。

(5)上述的几种试验,车轮允许短暂抱死。此外,当车速低于15km/h时,车轮也允许抱死。同样,间接控制车轮在任何车速下都允许抱死,但不应影响车辆的行驶稳定性和转向能力。

3. 附着系数利用率试验

对装有一、二类防抱死制动系统的车辆,在高附着系数路面和低附着系数路面上的附着系数利用率应不小于0.75。要确定附着系数利用率需先确定最大制动强度。

最大制动强度(Z_m)和附着系数(k_m)见本章第一节。

附着系数利用率ε的定义为防抱系统工作时的最大制动强度(Z_m)和附着系数(k_m)的商。

$$\varepsilon = \frac{Z_m}{k_m} \tag{5-26}$$

第四节 操纵稳定性试验

汽车操纵稳定性是指驾驶员在不感到过分紧张、疲劳的条件下,汽车遵循驾驶员通过转向系及转向车轮给定的方向行驶,在遇到外界干扰时,能够抵抗干扰而保持稳定行驶的能力。

汽车是在一个复杂的环境中行驶的。由于受道路、交通状况的影响,汽车有时直线行驶,有时沿曲线行驶。出现意外情况时驾驶员还要作出紧急转向、制动等操作,以求避免事故。此外,汽车行驶中还不断受到地面不平和风力等外界因素的干扰。因此汽车应具备良好的操纵稳定性能。

汽车操纵稳定性试验是考核和评价汽车操纵稳定性的主要手段。它不仅受到世界各国汽车行业的重视,而且也是我国汽车行业的一个重要研究课题。

一、稳态稳定性试验

本项试验的目的是测定汽车的转向特性及车身侧倾特性。众所周知,具有不足转向特性的汽车,运动是稳定的。具有过多转向特性的汽车,是难以驾驶的。而且达到临界车速之后,汽车就会失去控制。因此,在设计时都把汽车设计成具有不足转向特性。

1. 试验仪器及试验条件

汽车操纵稳定性试验所采用的仪器主要有陀螺仪(可测量汽车的横摆角速度、车身侧倾角、车身纵倾角、纵向加速度、横向加速度)、转向盘测力仪、车速仪等,测量系统框图如图5-8所示,其量程和精度应满足表5-15的要求。

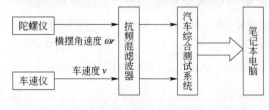

图5-8 测量系统框图

测量仪器的量程及精度 　　　　　　　　表5-15

测量变量	量程	测量及记录系统的最大误差	测量变量	量程	测量及记录系统的最大误差
汽车前进速度	0～50m/s	±0.5m/s	转向盘直径	1m	±1mm
横摆角速度	±50°/s	±0.5°/s	侧向加速度	9.8m/s²	±0.15m/s²
车身侧倾角	±15°	±0.15°	转向盘力矩	±150N·m	±2%
质心侧偏角	±15°	±0.5°	转向盘转角	±1080°	±1%

为保证试验结果的准确及试验中人员、车辆的安全,进行操纵稳定性试验时对试验车辆、试验场地、载荷及气象等条件作出以下规定：

(1)试验汽车应是按厂方规定装备齐全的汽车,试验前,应测定车轮定位参数,对转向系、悬架系进行检查,并按规定进行调整、紧固和润滑。只有认定汽车已符合厂方规定的技术条件时,方可进行试验。对测定及检查的有关参数的数值进行记录。

(2)试验所用轮胎及轮辋形式及尺寸必须符合规定。试验时若用新轮胎,轮胎至少应经过200km正常行驶的磨合;若用旧轮胎,试验结束,残留花纹的高度应不小于1.6mm。

(3)试验汽车为厂定最大总质量状态(驾驶员、试验员及测试仪器的质量,计入总质量)和轻载状态;乘员和装载物(推荐用沙袋)的分布应符合GB/T 12543—2009《汽车加速性能试验方法》中3.1.2、3.1.3条的规定。轴载质量必须符合厂方规定(注:轻载状态是指除驾驶员、试验员及仪器外,没有其他加载物的状态。对于承载能力小的汽车,如果轻载质量已超过最大总质量的70%,则不必进行轻载状态的试验)。

(4)试验场地应为干燥、平坦且清洁的水泥或沥青路面,任意方向的坡度不大于2%。

(5)试验时风速应不大于5m/s;大气温度在0~40℃之间。

由于操纵稳定性试验具有一定的危险性,因此驾驶员和试验员需佩戴必需的防护用品。试验时应由低速或低侧向加速度逐步过渡到高速或高侧向加速度状态,且不可因追求高的车速或侧向加速度而忽略试验安全。稳态回转试验应在其他操纵稳定性试验以前进行,在判定车辆具有不足转向特性后,方可进行其他项目的试验。

2. 试验方法

稳态回转试验有定转向盘转角连续加速法和定转向半径法两种试验方法。这两种方法具有同等效力,试验结果都予以承认。

1)定转向盘转角连续加速法

这种试验方法的优点是试验为一个连续过程,容易记录到汽车转向特性的转折点,如汽车在多大侧向加速度时由不足转向变为中性转向或过多转向,以致发生侧滑等。由于试验是连续进行的,汽车转2~3周即可完成整个试验。该试验省时、省力、经济,并便于使用计算机处理试验的结果及画出试验曲线,节省机时,提高效率和精度,容易得到转弯半径等随侧向加速度变化的斜率。试验过程中对驾驶员的操作技术要求不高,试验成功率高,试验安全,特别是大侧向加速度,轮胎侧偏角很大时,减少了轮胎的磨损、发热,甚至爆胎的可能性。

本项试验必须测量的变量有汽车横摆角速度、车身侧倾角和汽车前进速度。希望测量变量有转向盘转角、汽车重心侧偏角、转向盘力矩和汽车纵向加速度。

试验开始前首先在试验场地上用明显的颜色画出半径为15m或20m的圆周。如果试验场地允许,则可以选取30m、45m为圆周半径,因为大的初始半径,不但能提高试验结果的精度,而且可以试验到更高的车速。陀螺仪应根据使用说明书进行安装,尽可能安装在车辆质心位置,并固定牢固,使其与车厢间不产生相对移动。车速计的传感器部分应安装在车辆纵向对称平面内,安装高度应正确。测力角方间盘传感器应按要求与被试汽车转向盘连接牢固。按照仪器的使用说明书接通仪器电源,使仪器预热。当仪器工作正常时,便可对试验测量的参数进行标尺信号标定,标定结束后即可进行试验。

驾驶员操纵汽车以最低稳定速度沿所画圆周行驶，待安装于汽车纵向对称面上的车速传感器在半圈内都能对准地面所画圆周时，固定转向盘不动，停车并开始记录，记下各变量的零线，然后，汽车起步，缓缓连续而均匀地加速（纵向加速度不超过 0.25m/s^2），直至汽车的侧向加速度达到 6.5m/s^2（或受发动机功率限制而所能达到的最大侧向加速度，或汽车出现不稳定状态）为止，记录整个过程。试验按向左转和向右转两个方向进行，每个方向试验三次，每次试验开始时车身应处于正中位置。

2）定转弯半径法

它的优点是：汽车在试验中不需要走整个圆周，只需要一个扇形面积，占地面积小，测试仪器简单，最低限度时只需要测量转向盘转角及车速，而车速又可用通过某一段圆弧的时间求得。参数比较容易测量。但是，定转弯半径法主要的缺点是对试验驾驶员的驾驶技术要求较高，试验成功率较低。

实验时，首先按图 5-9 的要求用明显的颜色在地面上画出试验路径，再对试验仪器进行安装、调试和标定。使汽车沿试验路径行驶，即对驾驶员起到练习作用，同时也使轮胎预热升温。然后汽车以最低稳定车速行驶，调整转向盘转角，使汽车能沿圆弧行驶。在进入圆弧路径并达到稳定状态后，开始记录并保持加速踏板和转向盘位置在 3s 内不动（允许转向盘转角在 ±10°范围内调整），之后，停止记录。汽车通过试验路径时，如撞倒标桩，则试验无效。增加车速，但侧向加速度增量每次不大于 0.5m/s^2（在所测数据急剧变化区，增量可更小一些）。重复上述试验，直至做到侧向加速度达到 6.5m/s^2，或受发动机功率限制，或汽车出现不稳定状态时的最大侧向加速度为止。试验按左转和右转两个方向进行。

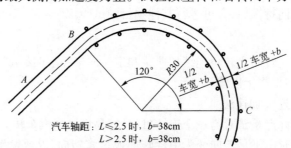

汽车轴距：$L \le 2.5$ 时，$b=38\text{cm}$
$L > 2.5$ 时，$b=38\text{cm}$

图 5-9　定转弯半径试验路径

3. 试验数据处理及评价指标

1）定转向盘转角试验数据的处理

（1）转弯半径比 R_i/R_0 与侧向加速度 a_y 的关系曲线。

根据记录的横摆角速度及汽车前进车速，用下述公式计算各点的转弯半径及侧向加速度。

$$R_i = \frac{57.3 v_i}{g_i}$$

$$a_i = \frac{v_i g_i}{57.3} \tag{5-27}$$

$$i = 1, 2, 3, \cdots, n$$

式中：v_i ——第 i 点的前进速度，m/s；

R_i ——第 i 点的转弯半径，m；

g_i ——第 i 点的横摆角速度，rad/s；

a_i——第 i 点的侧向加速度，m/s^2；

n——采样点数。

进而算出各点的转弯半径比（R_i/R_0，R_0 为初始半径，m），换算出左右两个方向的 $R_i/R_0 - a_y$ 曲线。

(2) 汽车前后侧偏角差值（$\delta_1 - \delta_2$）与侧向加速度 a_y 的关系曲线。

对于两轴汽车，可以根据 $R_i/R_0 - a_y$ 曲线上各点的转弯半径 R_i 求出（$\delta_1 - \delta_2$）- a_y 曲线。计算公式为：

$$\delta_1 - \delta_2 = 57.3L \times \left(\frac{1}{R_0} - \frac{1}{R_i}\right) \tag{5-28}$$

式中：δ_1、δ_2——前后轴侧偏角，(°)；

L——汽车轴距，m。

按计算结果绘出左右两个方向的（$\delta_1 - \delta_2$）- a_y 曲线。

(3) 车身侧倾角 φ 与侧向加速度 a_y 关系曲线。

根据记录的车身侧倾角整理出 $\varphi - a_y$ 关系曲线。

2) 定转弯半径试验数据处理

首先确定侧向加速度 a_y。侧向加速度可以按三种方法求得：一是用横摆角速度 γ 乘以汽车前进车速 v；另一种方法是用加速度计测量记录数值求出。加速度计的输出轴应与汽车纵轴垂直。如果加速度计的输出包括有车箱侧倾角 φ 的作用，则应按所记录的加速度值减去 $g \times \sin\varphi$ 加以修正（g 为重力加速度）；第三种方法是用前进车速的平方除以圆弧路径中心线的半径。

根据记录的转向盘转角、车身侧倾角、转向盘力矩、汽车重心侧偏角及侧向加速度，便可绘出各曲线。

在数据处理时，为了计算及阅读方便，各变量不严格按坐标系规定，左转右转均取为正，并可绘于同一图上。

稳态回转试验通常用以下三个指标进行评价。

(1) 中性转向点的侧向加速度 a_n：定义为前、后桥侧偏角差与侧向加速度关系曲线上斜率为零处的侧向加速度值。在所测的侧向加速度值范围内未出现中性转向点时，a_n 值用最小二乘法按无常数项的三次多项式拟合曲线进行推算。

(2) 不足转向度 U：按前、后桥侧偏角差与侧向加速度关系曲线上侧向加速度值为 $2m/s^2$ 处的平均斜率计算。

(3) 车身侧倾度 K_φ：按车身侧倾角与侧向加速度关系曲线上侧向加速度值为 $2m/s^2$ 处的平均斜率计算。

二、瞬态稳定性试验

转向瞬态响应试验的目的是测定车辆的瞬态响应特性。用时域和频域的特征值和特征函数表示车辆瞬态响应的特性，评价汽车的动态特性。

1. 试验方法

常用的转向瞬态响应试验方法有两种：转向盘转角阶跃输入试验方法和转向盘转角脉冲输入试验方法。

1) 转向盘转角阶跃输入试验方法

试验前,以试验车速行驶10km,使轮胎升温。试验车速按被试汽车最高车速的70%并四舍五入为10的整数倍确定。接通仪器电源,使之达到正常工作温度。在停车状态下记录车速零线。试验中转向盘转角的预选位置(输入角),按稳态侧向加速度值 $1\sim3\text{m/s}^2$ 确定,从侧向加速度为 1m/s^2 做起,每间隔 0.5m/s^2 进行一次试验。

汽车以试验车速直线行驶,先按输入方向轻轻靠紧转向盘,消除转向盘自由行程并开始记录各测量变量的零线,经过 $0.2\sim0.5\text{s}$,以尽快的速度(起跃时间不大于 0.2s 或起跃速度不低于 $200°/\text{s}$)转动转向盘,使其达到预先选好的位置并固定数秒钟(待所测变量过渡到新稳态值),停止记录。记录过程中保持车速不变。试验按向左转与向右转两个方向进行。可以两个方向交替进行,也可以连续进行一个方向,然后再进行另一个方向。

2)转向盘转角脉冲输入试验方法

试验前的准备工作与转向盘转角阶跃输入试验方法相同。

汽车以试验车速直线行驶,使其横摆角速度为 $0\pm0.5°/\text{s}$,做一标记,记下转向盘中间位置(直线行驶位置);然后给转向盘一个三角脉冲转角输入。试验时向左(或向右)转动转向盘,并迅速转回原处(允许及时修正)保持不动,记录全部过程,直至汽车回复到直线行驶位置。转向盘转角输入脉宽为 $0.3\sim0.5\text{s}$,其最大转角应使本试验过渡过程中最大侧向加速度为 4m/s^2。转动转向盘时应尽量使其转角的超调量达到最小。记录时间内,保持节气门开度不变。试验至少按左、右方向转动转向盘(转角脉冲输入)各三次。每次输入的时间间隔不得少于 5s。

2. 试验数据的处理及评价指标

1)转向盘转角阶跃输入试验数据处理

各测量变量的稳态值,采用进入稳态后的均值。若汽车前进速度的变化率大于5%,或转向盘转角的变化超出平均值的10%,本次试验无效。

(1)稳态侧向加速度值,按下述两种方法之一确定。

①侧向加速度计测量,其输出轴应与 Y 轴对正或平行。如加速度传感器随车身一起侧倾时,应按下式加以修正:

$$a_y = \frac{\bar{a}_y - g\sin\varphi}{\cos\varphi} \tag{5-29}$$

式中: a_y ——真实的侧向加速度值,m/s^2;

　　$\bar{a}_y$ ——加速度传感器指示的侧向加速度值,m/s^2;

　　　g ——重力加速度,m/s^2;

　　　φ ——车身侧倾角,(°)。

②横摆角速度乘以汽车前进速度。

(2)横摆角速度与侧向加速度的响应时间。

(3)横摆角速度峰值响应时间。

(4)横摆角速度超调量为:

$$\sigma = \frac{\gamma_{\max} - \gamma_0}{\gamma_0} \times 100\% \tag{5-30}$$

式中: σ ——横摆角速度超调量,%;

　　γ_0 ——横摆角速度响应稳态值,°/s;

　　$\gamma_{\max}$ ——横摆角速度响应最大值,°/s。

(5) 横摆角速度与侧向加速度总方差,分别按下式确定:

$$E_\gamma = \sum_{i=0}^{n}\left(\frac{\theta_i}{\theta_0} - \frac{\gamma_i}{\gamma_0}\right)^2 \times \Delta t \qquad E_{a\gamma} = \sum_{i=0}^{n}\left(\frac{\theta_i}{\theta_0} - \frac{a_{yi}}{a_{y0}}\right)^2 \times \Delta t \qquad (5\text{-}31)$$

式中:E_γ——横摆角速度总方差,s;
  n——采样点数,取至稳态值为止;
  θ_i——转向盘转角输入的瞬时值,(°);
  Δt——采样时间间隔,$\Delta t \leq 0.2s$,s;
  θ_0——转向盘转角输入的稳态值,(°);
  $E_{a\gamma}$——侧向加速度总方差,s;
  γ_i——横摆角速度输出的瞬时值,°/s;
  a_{yi}——侧向加速度的瞬时值,m/s²;
  γ_0——横摆角速度输出的稳态值,°/s;
  a_{y0}——侧向加速度的稳态值,m/s²。

(6)"汽车因素"TB,由横摆角速度峰值响应时间乘以汽车质心稳态侧偏角求得。

2) 转向盘转角脉冲输入试验数据处理

在一次试验中,所记录的汽车车速和转向盘转角时间历程($v-t$ 和 $\theta-t$ 曲线)应在计算机上进行显示,车速变化不应超过规定车速的 ±5%。转向盘转角的零线在转动转向盘进行脉冲输入的前后应一致。当其差别不大于转向盘转角最大值的 ±10% 时,应将转向盘脉冲输入的起点和终点的连线作为参考零线;否则,本次试验记录应予以废除。

对转向盘脉冲输入和横摆响应进行幅频特性与相频特性的分析,可在专门的信号处理设备上进行,亦可使用下式在电子计算机上进行计算:

$$G(jk\widetilde{\omega}_0 t) = \frac{\int_0^T \gamma(t)\cos(k\widetilde{\omega}_0 t)\mathrm{d}t + j\int_0^T \gamma(t)\sin(k\widetilde{\omega}_0 t)\mathrm{d}t}{\int_0^T \theta(t)\cos(k\widetilde{\omega}_0 t)\mathrm{d}t + j\int_0^T \theta(t)\sin(k\widetilde{\omega}_0 t)\mathrm{d}t} \qquad (5\text{-}32)$$

式中:$G(jk\widetilde{\omega}_0 t)$——复数形式的传递函数;
  $\widetilde{\omega}_0$——圆频率,rad/s;
  $\theta(t)$——汽车转向盘的时间历程;
  $\gamma(t)$——横摆角速度时间历程;
  T——总采样时间,s;$T = k \times \Delta t$,其中 $k = 1, 2, 3, \cdots, N$;$N \cdot \widetilde{\omega}_0 = 3$ Hz;
  Δt——采样间隔时间,s。

根据试验数据处理结果的平均值,按向左与向右转动转向盘,至少进行三次试验,分别绘制出汽车的幅频和相频特性图。

3. 评价指标

转向盘转角阶跃输入试验以侧向加速度值为 2m/s^2 时的汽车横摆角速度响应时间 T 作为评价指标。转向盘脉冲输入试验以谐振频率 f、谐振峰水平 D 和相位滞后角 α 作为评价指标。

三、转向轻便性试验

由于驾驶员是通过操纵转向盘来控制汽车行驶方向,操纵转向盘过重,驾驶员不能敏捷地转动转向盘,增加驾驶员的劳动强度,驾驶员容易疲劳;操纵转向盘过轻,驾驶员会感觉失去"路感",觉得"发飘"而难于控制汽车行驶方向。因此,操纵转向盘应当有个适度的轻重,这也是一辆操纵稳定性良好的汽车所必备的基本条件之一。转向轻便性试验的目的就是通过测量驾驶员操纵转向盘力的大小,来与其他试验一起评价汽车操纵稳定性的好坏。

1. 试验方法

试验前,在试验场地上画出颜色鲜明的双扭线路径(图 5-10),双扭线轨迹的极坐标方程为: $l = d\sqrt{\cos 2\psi}$,轨迹上任意点的曲率半径为 $R = d/(3\sqrt{\cos 2\psi})$。当 $\psi = 0°$ 时,双扭线顶点曲率半径为最小值: $R = d/3$。双扭线的最小曲率半径应按试验汽车前外轮的最小转弯半径乘以 1.1 倍,并据此画出双扭线,在双扭线最宽处,顶点和中点(即节点)的路径两侧各放置两个标桩,共计放置 16 个标桩。标桩与试验路径中心线的距离,为 1/2 车宽加 50cm,或按转弯通道圆宽 1/2 加 50cm。然后对仪器进行校准,并对测量参数的标尺信号进行标定。

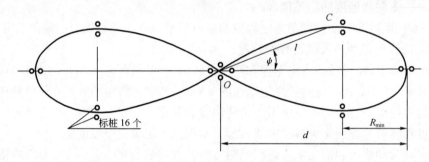

图 5-10 双扭线路图

试验前驾驶员可操纵汽车沿双扭线路径行驶若干周,熟悉路径和相应操作。随后,使汽车沿双扭线中点"O"处的切线方向作直线滑行,并停车于"O"点处,停车后注意观察车轮是否处于直行位置;否则,应转动转向盘进行调整。然后双手松开转向盘,记录转向盘中间位置和作用力矩的零线。试验时,驾驶员操纵转向盘,使汽车以(10±2)km/h 的车速沿双扭线路径行驶,待车速稳定后,开始记录转向盘转角和作用力矩,并记录行驶车速作为监督参数。汽车沿双扭线绕行一周至记录起始位置,即完成一次试验,全部试验应进行三次。在测量记录过程中,驾驶员应保持车速稳定和平稳地转动转向盘,不应同时松开双手,并且在行驶中不准撞倒标桩。

2. 试验数据处理及指标限值

1) 转向盘最大作用力矩均值

$$\overline{M}_{\max} = \frac{\sum_{i=1}^{3} |M_{\max i}|}{3} \tag{5-33}$$

式中: $\overline{M}_{\max}$ ——转向盘最大作用力矩均值,N·m;

$M_{\max i}$ ——绕双扭线路径第 i 周($i = 1 \sim 3$)的转向盘最大作用力矩,N·m。

2) 转向盘最大作用力均值

$$\overline{F}_{\max} = \frac{2M_{\max}}{D} \tag{5-34}$$

式中: $\overline{F}_{\max}$ ——转向盘最大作用力均值,N;

D——试验汽车原有转向盘半径,m。

3)转向盘的作用功

(1)绕双扭线路径每一周的作用功:

$$W_i = \frac{1}{57.3} \sum_{j}^{n_i-1} M_{ij} [\theta_{i(j+1)} - \theta_{ij}] \tag{5-35}$$

式中:W_i——绕双级线路径第 i 周($i=1\sim3$)的转向盘作用功,J;

M_{ij}——绕双纽线路径第 i 周($i=1\sim3$)的第 j($j=1\sim n_i-1$)个采样点处转向盘作用力矩,(N·m);

n_i——绕双纽线路径第 i 周采样点数;

$\theta_{i(j+1)}$——绕双级线路径第 i 周($i=1\sim3$)的第 $j+1$($j=1\sim n_i-1$)个采样点处转向盘转角,(°);

θ_{ij}——绕双纽线路径第 i 周($i=1\sim3$)的第 j($j=1\sim n_i-1$)个采样点处转向盘转角,(°)。

(2)转向盘的作用功均值:

$$\overline{W} = \frac{\sum_{i=1}^{3} W_i}{3} \tag{5-36}$$

式中:$\overline{W}$——转向盘的作用功平均值,J。

4)转向盘平均摩擦力矩和平均摩擦力

(1)绕双扭线路径每一周转向盘平均摩擦力矩 $\overline{M}_{swi}$:

$$\overline{M}_{swi} = \frac{57.3 W_i}{2(|+\theta_{\max}| + |-\theta_{\max}|)} \tag{5-37}$$

式中:$\overline{M}_{swi}$——绕双扭线路径第 i 周($i=1\sim3$)转向盘平均摩擦力矩,N·m。

$\pm\theta_{\max}$——绕双纽线路径第 i 周($i=1\sim3$)的转向盘左、右最大转角,(°)。

(2)转向盘平均摩擦力 $\overline{F}_{swi}$:

$$\overline{F}_{swi} = \frac{2\overline{M}_{swi}}{D} \tag{5-38}$$

式中:$\overline{F}_{swi}$——绕双扭线路径第 i 周($i=1\sim3$)转向盘平均摩擦作用力,N。

5)转向盘平均摩擦力矩均值和平均摩擦力均值

(1)转向盘平均摩擦力矩均值 $\overline{M}_{sw}$:

$$\overline{M}_{sw} = \frac{\sum_{i=1}^{3} \overline{M}_{swi}}{3} \tag{5-39}$$

(2)转向盘平均摩擦力均值 $\overline{F}_{sw}$:

$$\overline{F}_{sw} = \frac{2\overline{M}_{sw}}{D} \tag{5-40}$$

四、转向回正性试验

转向回正性试验的目的在于鉴别汽车转向的回正能力。在驾驶员松开转向盘之前,驾驶员作用于转向盘上的力为定值,当驾驶员松开转向盘的瞬间,保舵力由某一定值突然变为零。这实质上是转向盘力阶跃输入的瞬态响应试验,它包含着保舵力与汽车运动之间的关系,在一定程度上反映出汽车"路感"的好坏。因此,转向回正性能试验是汽车转向盘力输入的一个基本试验,用以表征和评价汽车由曲线行驶自行恢复到直线行驶的过渡过程和能力。

1. 试验方法

1）低速回正性试验

试验前试验汽车沿半径为 15m 的圆周,以侧向加速度达 $3m/s^2$ 的相应车速行驶 500m,使轮胎升温。

试验汽车直线行驶,记录各测量变量零线,然后调整转向盘转角,使汽车沿半径为（15±1）m 的圆周行驶,调整车速,使侧向加速度达到 $(4±0.2)m/s^2$,固定转向盘转角,稳定车速并开始记录,待 3s 后,驾驶员突然松开转向盘并做一标记（建议用一微动开关和一个信号通道同时记录）,至少记录松手后 4s 的汽车运动过程。记录时间内节气门开度保持不变。对于侧向加速度达不到 $(4±0.2)m/s^2$ 的汽车,按试验汽车所能达到的最高侧向加速度进行试验。试验按向左转与向右转两个方向进行,每个方向三次。

2）高速回正性试验

对于最高车速超过 100km/h 的汽车,要进行本项试验。

试验车速按被试汽车最高车速的 70% 并四舍五入为 10 的整数倍。接通仪器电源,使其达到正常的工作温度。试验汽车沿试验路段以试验车速直线行驶,记录各测量变量的零线。随后驾驶员转动转向盘使侧向加速度达到 $(2±0.2)m/s^2$,待稳定并开始记录后,驾驶员突然松开转向盘并做一标记（建议用一微动开关和一个信号通道同时记录）,至少记录松手后 4s 内的汽车运动过程。记录时间内节气门开度保持不变。试验按向左转与向右转两个方向进行,每个方向三次。

2. 试验数据处理及评价指标

根据试验得到的转向盘转角时间历程曲线进行数据处理,以松开转向盘的时刻作为时间坐标（横坐标）原点。横摆角速度时间历程曲线分为收敛型与发散型两大类。对于发散型,不进行数据处理；对于收敛型,按向左转与向右转分别确定下述指标。

1）时间坐标原点

在微动开关时间历程曲线上,松开转向盘时微动开关所做的标记。

2）稳定时间

从时间坐标原点开始,至横摆角速度达到新稳态值（包括零值）为止的一段时间间隔。其均值计算式为：

$$t = \frac{1}{3}\sum_{i=1}^{3} t_i \tag{5-41}$$

式中：t——稳定时间均值,s；

t_i——第 i 次试验的稳定时间,s。

3）残留横摆角速度

在横摆角速度时间历程曲线上,松开转向盘 3s 时刻的横摆角速度值（包括零值）。残留横摆角速度均值计算式为：

$$\Delta \gamma = \frac{1}{3}\sum_{i=1}^{3} \Delta \gamma_i \tag{5-42}$$

式中：$\Delta \gamma$——残留横摆角速度均值,°/s；

$\Delta \gamma_i$——第 i 次试验的残留横摆角速度值,°/s。

4) 横摆角速度超调量

在横摆角速度时间历程曲线上,横摆角速度响应第一个峰值超过新稳态值的部分与初始值之比。横摆角速度超调量均值为:

$$\sigma = \frac{1}{3}\sum_{i=1}^{3}\sigma_i \qquad (5\text{-}43)$$

式中:σ——横摆角速度超调量值,%;
σ_i——第 i 次试验摆角速度超调量,%。

5) 横摆角速度自然频率

第 i 次试验横摆角速度自然频率计算式为:

$$f_{0i} = \frac{\sum_{j=1}^{n} A_{ij}}{2\sum_{j}^{n} A_{ij} \cdot \Delta t_{ij}} \qquad (5\text{-}44)$$

式中:f_{0i}——第 i 次试验横摆角速度自然频率,Hz;
A_{ij}——横摆角速度响应时间历程曲线的峰值,°/s;
Δt_{ij}——横摆角速度响应时间历程曲线上,两相邻波峰的时间间隔,s;
n——横摆角速度响应时间历程曲线的波峰数。

横摆角速度自然频率均值为:

$$f_0 = \frac{1}{3}\sum_{i=1}^{3} f_{0i} \qquad (5\text{-}45)$$

式中:f_0——横摆角速度自然频率均值,Hz。

6) 横摆角速度总方差

第 i 次试验横摆角速度总方差为:

$$E_{\gamma i} = \left[\sum_{j=1}^{n}\left(\frac{\gamma_{ji}}{\gamma_{0i}}\right)^2 + 0.5\right] \cdot \Delta t \qquad (5\text{-}46)$$

式中:$E_{\gamma i}$——第 i 次试验横摆角速度总方差,s;
γ_{ji}——横摆角速度响应时间历程曲线瞬时值,°/s;
γ_{0i}——横摆角速度响应初值,°/s;
n——采样点数,按 $n \cdot \Delta t = 3s$ 选取;
Δt——采样时间间隔,一般大于 0.2s。

横摆角速度总方差均值为:

$$E_\gamma = \frac{1}{3}\sum_{i=0}^{n} E_{\gamma i} \qquad (5\text{-}47)$$

式中:E_γ——横摆角速度总方差均值,s。

第五节 汽车行驶平顺性

一、悬架固有频率及阻尼系数的测量

通过测定轮胎、悬架、座椅的弹性特性(载荷与变形关系曲线),可以求出在规定的载荷下,轮胎、悬架、坐垫的刚度。由加载、卸载曲线包围的面积,可以确定这些元件的阻尼。以上参数的测定可以用来分析新设计或改进汽车的平顺性。探索产生问题的原因,并找出结

构参数对平顺性的影响。

测试时首先使汽车的悬架系统产生自由振动,然后由测试系统记录车身和车轮两部分的振动曲线,最后根据振动曲线计算出固有频率和相对阻尼系数。

1. 试验仪器及试验条件

本项试验采用的传感器多数为加速度传感器,其主要原因是为了使用方便,用位移传感器、速度传感器也可以。用加速度传感器时一定要注意与放大器的配合,应变式传感器配应变式放大器,压电式传感器配电荷放大器。传感器的量程应为 $0 \sim 5g$,整个测试系统的响应频率为 $0.3 \sim 100Hz$。

任何一项试验都是在一定条件下进行的,试验条件的制定主要是使试验结果有一定的对比性,使试验尽可能接近于实际工况。本项试验是在几乎"静止"的状态下进行的,场地不大,因此对环境条件的要求不很严格,只规定了以下3个条件。

(1)试验在汽车满载时进行,根据需要可补充空载试验。试验前称量汽车的总质量及前、后轴轴载质量。

(2)悬架弹簧元件、减振器和缓冲块应符合技术条件规定。根据需要可补充拆下缓冲块的试验。

(3)轮胎花纹完好,轮胎气压符合技术条件所规定的数值。

2. 试验方法

本项试验可以采用以下3种方法,使得汽车悬架系统产生自由衰减振动。

(1)滚下法:将被测端的车轮(前轮或后轮),驶上预先制作成一定规格的凸块上(凸块的长、宽尺寸应满足能使车轮平稳地停在上面,高度尺寸应根据汽车类型与悬架结构选取60mm、90mm、120mm,对于特殊的汽车类型及悬架结构,可以选取以上3个尺寸以外的高度),停车熄火,变速杆在空挡位置。当一切准备工作就绪,启动记录仪器并将汽车从凸块上推下(推下时两轮尽量保持同时落地)使其产生自由振动。记录安装在车轴上和车轴上方车身或车架相应位置上传感器输出的自由衰减振动的时间历程。待振动全部停止后关闭记录仪器。

做前悬架试验时向后推,做后悬架试验时向前推,这样可以避免在来不及撤走凸块时,另一轮又驶上,从而使其又受一次外击。试验时非测试端一般不必卡死,但在前、后端振动相互联系较强时,非测试端应卡死,并要进行说明。对于带有减振器的悬架,应在带和不带两种情况下测量。不带减振器测得的固有频率更接近于实际情况。

滚下法试验和后面介绍的抛下法试验,在振动开始时,都是车轮首先受到冲击,这个冲击势必对车身振动有所影响。为了将车轮振动去掉或尽量使之减小,通常将测得的车身振动信号加以滤波。因为悬架支承质量振动频率一般为 $1.0 \sim 1.5Hz$,故可用截断频率为5Hz的低通滤波器进行滤波。

滚下法的优点是简单易行,但因其左、右两个车轮难以保证同时落地,而且每次由凸块上推下的速度也不一样,衰减振动曲线的重复性较差。因此对同一端要进行 $3 \sim 5$ 次测试。

(2)抛下法:用跌落机构将汽车被测端车轴中部的平衡位置支起60mm或90mm高,然后跌落机构释放,汽车测试端被突然抛下而产生自由衰减振动。其测试过程的记录与滚下法相同。这种试验方法适用于具有整体车轴的非独立悬架。

(3)拉下法:用绳索和滑轮装置将汽车被测端车轴附近的车身或车架中部由平衡位置

拉下60mm或90mm,然后用松脱器突然松开,使悬架—车身产生自由衰减振动。其测试记录与滚下法相同。该方法之优点是车身产生自由振动,而车轮部分振动较小,所以车身上测得的响应主要是车身振动的振型。它的缺点是需要有一套复杂的测试机构。

采用上述3种方法试验时,拉下位移量、支起高度和凸块高度的选择原则是既要保证悬架在压缩行程时不碰撞限位块,又要保证振动幅值足够大。

3. 试验数据的处理

试验数据的处理是将记录仪器记录的振动信号回放到信号处理仪器进行处理。汽车悬架系统的固有频率和阻尼比的测定试验数据处理有以下两种方法。

(1)时间历程法:时间历程法又称时域处理。它是将记录仪器记录的车身及车轴上自由衰减振动曲线,与时标比较或在信号处理仪器上读出时间间隔值,就可以得到车身部分振动周期 T 和车轮部分振动周期 T'。然后按下式算出各部分的固有频率。

$$f_0 = \frac{1}{T} \qquad f_t = \frac{1}{T'} \tag{5-48}$$

式中:f_0——车身部分的固有频率,Hz;
T——车身部分的振动周期,s;
f_t——车轮部分的固有频率,Hz;
T'——车轮部分的振动周期,s。

由车身部分振动的半周期衰减率 $\tau = \frac{A_1}{A_2}$ (A_1 为第二个峰至第三个峰的峰—峰值,A_2 为第三个峰至第四个峰的峰—峰值)。阻尼比计算式为:

$$\psi = \frac{1}{\sqrt{1 + \left(\frac{\pi^2}{\ln^2 \tau}\right)}} \tag{5-49}$$

当阻尼比较小时,可用整周期衰减率 $\tau' = \frac{A_1}{A_3}$ (A_3 为第四个峰至第五个峰的峰—峰值,没有突然减小)求出阻尼比,即:

$$\psi = \frac{1}{\sqrt{1 + \left(\frac{4\pi^2}{\ln^2 \tau'}\right)}} \tag{5-50}$$

(2)频率分析法:频率分析法即是频域处理。它是把记录下来的车身与车轴上自由衰减振动的加速度信号 $Z(t)$ 和 $\xi(t)$,回放到信号处理仪器上,进行频率分析。

对车身与车轴上加速度信号 $Z(t)$ 和 $\xi(t)$ 进行自谱处理时,可选用截止频率20Hz进行低通滤波,采样时间间隔 Δt 可取为20ms,频率分辨率 $\Delta f = 0.5$Hz。车身部分加速度均方根自谱 $G_z(f)$ 和车轮加速度均方根自谱 $G_\xi(f)$ 曲线的峰值频率即为车身部分的固有频率 f_0 和车轮部分的固有频率 f_{t0}。

用车轴上的加速度信号 $\xi(t)$ 作为输入,车身上的加速度信号 $Z(t)$ 作为输出进行频率响应函数处理得到幅频特性 $|Z/\xi|$ 时,采样时间间隔 Δt 取 5ms,幅频特性的峰值频率为车轮部分运动时的车身部分的固有频率 f_0',它比车身部分的固有频率 f_0 略高一些。由幅频特性的峰值 A_p 可以近似地求出阻尼比,其计算式为:

$$\psi = \frac{1}{2\sqrt{A_p^2 - 1}} \tag{5-51}$$

二、确定输入条件的汽车振动试验

平顺性脉冲输入试验是利用放置于地面的凸块,给行驶中的汽车一个振动输入,然后采用测试系统对汽车振动的输出信号进行测量、记录和数据处理。平顺性脉冲输入试验的目的是从汽车驶过单凸块时的冲击对乘员及货物影响的角度,评价汽车的平顺性。

1. 试验仪器及试验条件

测试系统是由加速度传感器、放大器、记录仪器构成的。它应适宜于冲击测量,其性能应稳定、可靠,频响范围为 0.3～1 000Hz,也可选用随机输入试验中使用的仪器。加速度传感器的量程不得小于 $10g$。

试验时的道路应为平直的水泥路面或沥青路面,纵坡不大于 1%,路面平整干燥。试验车速为:10km/h、20km/h、30km/h、40km/h、50km/h、60km/h。

2. 试验方法

试验前按以下尺寸准备好两块单凸块,推荐采用木质材料,外包铁皮。

三角形凸块高度尺寸 h 的选择与车型有关。轿车、旅行客车及总质量小于或等于4t的货车,$h=60$mm;客车(除旅行车)、越野车及总质量大于4t但小于或等于20t的货车,$h=80$mm;总质量大于20t的货车,$h=120$mm。宽度按需要而定,但必须大于车轮宽度。长度尺寸为400mm。

长坡形凸块宽度尺寸的选择与三角形凸块相同,其高度尺寸 q 按表5-16选取。

$$q = \frac{100}{2}\left(1 - \cos 2\pi \frac{X}{5\,000}\right) \quad 0 \leq X \leq 5\,000 \tag{5-52}$$

式中:X——长坡形凸块坡底边宽度;

q——长坡形凸块高度。

长坡形凸块高度尺寸 q 值选取表(mm)　　　表5-16

X	500	1 000	1 500	2 000	2 500	3 000	3 500	4 000	4 500
q	9.55	34.55	65.45	90.45	100	90.45	65.45	34.55	9.55

根据不同的车型将加速度传感器安装好,并将信号线固定牢固。轿车一般安装在左侧前、后排座椅上及座椅底部的地板上,客车一般安装在与驾驶员同侧的前、后轴正上方座椅及这些座椅底部的地板上,根据需要也可安装在驾驶员座椅和最后排座椅上及这些座椅底部的地板上;货车、越野车安装在驾驶员座椅上及其底部的地板上,车厢底板中央处及距车厢边板、车厢后板各300mm处的货厢底板上。

将凸块放置于试验道路中间,并按汽车轮距调整好两凸块间距离。为保证汽车左右轮同时驶过凸块,应将两凸块放在与汽车行驶方向垂直的一条线上。

以上准备工作结束后就可进行试验。试验时,汽车以规定的车速匀速驶过凸块。在汽车距离凸块50m时,应稳住车速并开始记录,要用测速装置测量车速。试验时常用三角形凸块作为脉冲输入,根据需要可做长坡形试验,每种车速的试验次数不得少于8次。

3. 试验数据处理及指标限值

汽车驶过单凸块的平顺性,用最大的(绝对值)加速度响应 Z_{max} 与车速 v 的关系曲线,即

车速特性 $Z_{max}-v$ 评价。

乘员用坐垫上传递给乘员的最大(绝对值)加速度响应车速特性 $Z_{max}-v$ 评价。座椅底部地板、车厢分别用该处的 $Z_{max}-v$ 评价。评价指标 Z_{max} 为：

$$Z_{max} = \frac{1}{n}\sum_{j=1}^{n} Z_{maxj} \tag{5-53}$$

式中：Z_{max}——最大的(绝对值)加速度响应，m/s^2；

Z_{maxj}——第 j 次试验结果的最大的(绝对值)加速度响应，m/s^2；

n——试验次数，大于等于 8 次。

在进行数据处理时，推荐采样时间间隔 $\Delta t = 0.005s$，最后作出 $Z_{max}-v$ 曲线图。

三、随机路面上的汽车振动试验

汽车在公路上行驶时，由于道路不平度的随机性，所激起的汽车振动也是随机的。对汽车的这种随机振动进行测量和分析，看其测试结果能否满足设计要求，便是本项试验的目的。

随机输入是指汽车在具有随机不平度道路上行驶时，由路面通过车轮对汽车系统进行激振的情况。显然，这是比较符合汽车实际使用工况的，也是汽车使用时间最多的状况。因此，随机输入试验方法是一种比较合理的汽车平顺性试验方法，也是最重要的平顺性评定项目。

汽车平顺性随机输入试验是通过测试和数据分析处理系统，先对汽车车身和座椅上的振动进行测量和记录，然后再对记录的振动信号进行分析和数据处理。最后得出疲劳—降低功效界限 T_{FD}、降低舒适界限 T_{CD}、吸收功率 P_{aw}、加速度加权均方根值 σ_w、加速度均方根值 σ 和功率谱密度函数等评价指标。

1. 试验仪器及试验条件

平顺性测试用仪器系统应包括加速度传感器、放大器、磁带记录仪或数据处理器。其中，磁带记录仪的信噪比应优于 40dB。测试系统的性能应稳定可靠，测人—椅系统的频响为 $0.1 \sim 100Hz$，测货厢的频响为 $0.3 \sim 500Hz$。

根据随机过程理论，随机过程的特性应该用随机过程的全部样本函数集合的总体平均来描述。显然这是难以实现的，而平稳的随机过程可用单个样本因数的时间平均描述。这样，所选择的试验条件要保证平稳激励，以便于由一定长度的记录得到稳定的统计特性。因此，对试验的道路、车辆等作如下规定：

试验道路应平直，纵坡不大于 1%，路面干燥，不平度应均匀无突变，长度不小于 3km，两端应有 30~50m 的稳速段。

试验道路包括沥青路和砂石路两种。

(1) 沥青路，其路面等级应符合 GB 7031 规定的 B 级路面。

(2) 砂石路，其路面等级应符合 GB 7031 规定的 C 级路面。

砂石路为越野车、矿用自卸车优选路面，沥青路为其余类型汽车优选路面。

汽车各总成、部件、附件及附属装置(包括随车工具与备胎)必须按规定装备齐全，并装在规定的位置上。调整状况应符合该车技术条件的规定。轮胎气压应符合汽车技术条件的规定，误差不超过 ±10kPa。

汽车的载荷均为额定最大装载质量，根据需要可增作半载或空载。载荷物均匀分布且固定牢靠,试验过程中不得晃动和颠离,亦不应因潮湿、散失等情况而改变其质量。非测试部位的载荷应为身高(1.70±0.05)m、体重为(65±5)kg 的自然人。测试部位的载荷应符合 GB/T 12534 中表 1 的有关规定,乘员应全身放松,两手自然地放在大腿上,其中驾驶员的两手自然地置于转向盘上,在试验过程中应保持乘坐姿势不变。

试验车速至少有包括大于常用车速、小于常用车速以及常用车速在内的三种车速。试验时,应使用常用挡位。在沥青路上,轿车常用车速为 70km/h,其他类型汽车常用车速为 60km/h;在砂石路上,轿车常用车速为 60km/h,其他类型汽车常用车速为 50km/h。试验时车速偏差为试验车速的 ±4%。

2. 试验方法

首先对测试系统进行标定。应变式加速度传感器一般都采用"实物标定",即把传感器立起 90°会输出一个 g 的加速度值,标定时间不少于 20s。

加速度传感器安装在下述测试位置。

(1) 轿车:左侧前排和后排座椅上。

(2) 客车:驾驶员座椅、左侧后轴上方座椅和最后排座椅上。

(3) 其他类型汽车:驾驶员座椅上,车厢底板中心及距车厢边板、车厢后板各 300mm 处。

安装在座椅上的加速度传感器应能测三个方向的振动,以测量垂直振动(即 Z 轴向的直线振动)、横向振动(即左右方向 Y 轴向和前后方向 X 轴向的直线振动)的加速度时间历程。传感器应与人体紧密接触,并且在人体与座椅间放入一安装传感器的垫盘。

以上工作完成后即可进行试验。试验时,汽车在稳速段内要稳住车速,然后以规定的车速匀速驶过试验路段。在进入试验路段时启动测试仪器以测量各测试部位的加速度时间历程,同时测量通过试验路段的时间以计算平均车速。样本记录长度不短于 3min。

3. 试验数据处理及评价指标

一般的数据处理设备都有海宁窗(Hanning),建议在作数据处理时采用它。谱处理的参数选择与计算机功率谱的方法有关,推荐参数:对人—椅系统采截断频率 $f_c=100$Hz,采样时间间隔 $\Delta t=0.005$s,分辨带宽 Δf 和独立样本个数 $q:\Delta f=0.1953$Hz,$q \geq 25$;使用窗函数。对货车车厢,建议截断频率 $f_c=500$Hz,其他参数亦作相应改变。

评价指标:对于人体振动的评价用加权加速度均方根值 σ_w,并分别用 σ_{zw}、σ_{yw}、σ_{xw} 表示垂直方向、左右方向和前后方向振动的加权加速度均方根值,或用三轴向加权加速度均方根的矢量和即总加权加速度均方根值,用 α_{w0} 表示。对货车车厢振动的评价用加速度均方根值 $\beta_{r\cdot m\cdot s}$ 和加速度功率谱密度函数。

汽车平顺性以评价指标与车速的关系曲线——车速特性评价,根据需要亦可只用常用车速的评价指标来评价平顺性。

第六节 通过性试验

汽车通过性是指汽车通过各种道路,特别是坏路、无路地区及某些地形(如垂直障碍物、凸岭、水平壕沟、弹坑、涉水池等)的能力。通过性是汽车主要使用性能之一。它不仅影响运输任务的完成,也影响其他性能的发挥。所以研究和提高汽车的通过性,对国防及国民经济均有重要意义。

汽车通过性试验包括汽车通过性几何参数测量、汽车最大拖钩牵引力和行驶阻力的测量、沙地通过性试验、泥泞地通过性试验、冰雪路通过性试验、凸凹不平路通过性试验、连续高速行驶试验、涉水性能试验和地形通过性试验等。

由于我国对汽车通过性，特别是对汽车与相接触的道路、土壤等介质之间的关系的研究，目前尚处于理论分析研究阶段，所以对地面通过性尚没有规范化的评价指标，主要是采用比较试验方法。

比较试验，就是根据试验车的特点，选用一辆车作比较车，试验车与其进行比较。在一般情况下，比较车多选用现生产车或市场上有竞争能力的新车。试验前应对车辆进行检查、维护，使试验车辆处于良好的技术状态下。按规定选用轮胎，最好采用全新轮胎，如果使用旧轮胎，其胎面花纹磨损量不得低于原始花纹深度的20%，试验车辆与比较车装用轮胎的新旧程度应大体相同，花纹一样。轮胎花纹中黏结的泥土应清除干净。试验条件：风速不大于5m/s，晴天或阴天。

一、牵引力与行驶阻力试验

1. 最大拖钩牵引力试验

由于路面对通过性影响非常大，所以选择试验场地要特别注意，场地应平整，土壤干湿度适宜，坚实度、抗剪强度及疏松层应大体均匀。场地大小要保证完成同类路面的试验项目，不允许在两地完成同一个试验项目。

试验方法见本章第一节中的"牵引试验"。

2. 行驶阻力试验

行驶阻力试验与最大拖钩牵引力试验基本相同，不同的是汽车不是自行，而是试验车辆变速器置于空挡，用另外一辆带纹盘的汽车拖拽试验车辆。试验时，用纹盘以稳定速度拖动试验车辆前进，记录仪记录拉力即为行驶阻力。如果记录下的力变化很大，这说明地面质量很不均匀，根据情况考虑是否更换试验路面。

二、特殊路面通过性试验

1. 沙地通过性试验

由于沙地土质松软，汽车在上面行驶的阻力大，附着系数小，车辆易滑转，从而引起车辆上下振动和颠簸。因为沙地土质疏松程度对通过性和试验结果有较大影响，所以选择试验沙地非常重要。如果有专门的沙地试验场最为理想，此时可根据预估的汽车通过能力，将底层压实，上面铺100～300mm的软沙，表面平坦，长度不小于50m，宽度不小于10m。如果没有专门的沙地试验场，可以找一个能满足试验要求的天然沙地作为试验沙地。

试验前在试验车辆驱动上装上轮速传感器，在驾驶室底板及车厢前、中、后的车辆纵向中线处安装加速度传感器。

试验时，试验车辆以直线前进方向停放在试验路段的起点，然后从最低挡位起分别挂能起步行驶的挡位（包括倒挡），并且发动机分别以怠速转速、最大转矩转速和最大功率转速起步行驶，直至发动机熄火或驱动轮严重滑转车轮不能前进为止。同时，测定从汽车起步到停车为止的行驶时间t、行驶距离s、车轮转数N及车辆上下振动加速度随时间变化的曲线。试验时用发动机转速表监视发动机转速。

根据测得的数据,用下列公式计算平均行驶速度:

$$v = \frac{s}{t} \times 3.6 \tag{5-54}$$

式中:v——试验车辆平均行驶车速,km/h;

s——行驶距离,m;

t——行驶时间,s。

试验车辆车轮滑转率计算式为:

$$\eta = \frac{s_0 - s}{s_0} \times 100\% \tag{5-55}$$

$$s_0 = 2 \cdot \pi \cdot r_k \cdot N \tag{5-56}$$

式中:η——试验车辆车轮滑转率,%;

s_0——试验车辆理论行驶距离,m;

r_k——驱动轮滚动半径,m;

N——驱动轮转数,转。

由于选择的天然沙地表面状况不可能完全相同(即使是专用的沙地试验场,也很难保证路面状况的一致性),对试验结果很难作出定量评价,因此通常都是做比较试验。试验时,试验车辆和比较车辆由同一名经验丰富的驾驶员驾驶,在同一试验条件下进行试验。

2. 泥泞地通过性试验

由于泥泞地表面存有大量泥水,其附着系数较小,车轮很容易滑转,因此泥泞地表面状况对汽车通过性试验结果影响非常大。泥泞地通过性试验选择试验场地非常重要,一般要求试验场地表面有100mm厚的泥泞层,长度不小于100m,宽度不小于7m。试验场地选择好后,要抓紧时间连续进行试验,避免场地因长时间受日光暴晒,使水分蒸发,表面状况改变,从而影响试验结果的准确性。

试验时,在试验路段的两端做好标记,试验车辆以规定的发动机转速(一般为怠速)和变速器挡位(一般为Ⅰ挡或Ⅱ挡)驶入试验路段,从进入试验路段起点开始,驾驶员可根据其经验,以最理想的驾驶操作进行驾驶,直至驶出测量路段。

试验时,用秒表记录从测量路段始点至终点(或中间因车辆无法行驶而停车时)的行驶时间 t、行驶距离 s、车轮转数 N,并利用式(5-55)和式(5-56)计算平均车速和车轮滑转率。

进行该项试验时,可同时测定最大拖钩牵引力和行驶阻力。

该项试验因选择的泥泞地面状态的差异很大,所以也和沙地试验一样只能做比较试验。

3. 冰雪路通过性试验

冰雪路通过性试验用以考核汽车在冰雪路面上的行驶能力,为综合性试验,主要考核起步加速稳定性、减速稳定性、转向操纵性、直线行驶稳定性、制动效能及制动方向稳定性等性能。

进行该项试验时,雪地的选择非常重要。雪地应宽阔、平坦,长度不小于200m,宽度不小于20m;其中至少要有长30m,其宽度不少于30m的一段平场地。试验前应根据试验目的和要求,对雪地进行压实、冻结和融化处理。

试验时,试验车辆停放在试验场地一端,起步后,换挡、加速(加速度 $2m/s^2$ 左右)行驶至车速为 30~50km/h(根据场地情况确定其速度),再在路面较宽处转向行驶,最后减速行驶(不踏下制动踏板)至车速为 10km/h 左右时停车。试验反复进行数次,评价起步及加速稳定性、直线行驶稳定性、减速行驶稳定性及转向盘操纵性(是否按转向盘转角转向行驶或甩尾)。

测量试验测量初速度为 20km/h 和此时的制动效能,记录制动距离、制动减速度以及甩尾、跑偏情况。

因为冰雪路面状况差别很大,对试验结果只能做相对比较试验。对装配防滑装置的试验车辆,应在使用防滑装置和不使用防滑装置两种状态下分别进行试验。

4. 涉水性能试验

涉水性能试验主要是为考核汽车的涉水能力。试验最好在专用的涉水槽进行,其水深可以调整。对于大中型载货汽车,水深为 300~400mm,其长度不小于 30m,宽度不小于 4m。如果没有专用的涉水槽路,也可选择一般的自然河道,但应注意,河道必须为硬底,以免车轮陷住。试验前要测量水深并标记好车辆行驶路线。

试验时,变速器用Ⅰ挡或Ⅱ挡,以 5~10km/h 的车速驶入水中,至水中央时停车熄火。5min 后重新起动发动机,考核发动机是否可以起动,起动后是否工作正常。如果工作正常,继续行驶至出水,然后再反方向进行一次。

行驶中应注意观察、判断发动机工作是否正常,有无异响,动力性是否下降,风扇皮带是否打滑及排气系统是否有故障等。停车后检查发动机进气系统是否进水、风扇是否损坏,发动机、变速器、驱动桥及燃油箱内是否有水,离合器、制动系统是否进水,货箱、驾驶室是否进水,电气系统是否被溅水,是否影响发动机正常工作。如果一切都正常,涉水深度加深后继续进行试验,直至出现不正常状况为止,以考核能够涉水的最大深度。

5. 凸凹不平道路通过性试验

凸凹不平道路通过性试验应在汽车试验场可靠性道路上进行,当条件不具备时,也可选择公路或自然道路,但路面必须包括鱼鳞坑路、搓板路及扭曲路等。

凸凹不平道路的通过性不仅和汽车的几何参数、动力性能及转向性能等有关,也与汽车的平顺性有关。因此,试验时以驾驶员能够忍受的程度和保证安全的条件下,尽量以高速行驶,测定一定行驶距离的行驶时间,计算平均车速。该项试验也是做比较试验。

6. 连续高速行驶试验

连续高速行驶试验实际是温度适应性试验,也就是汽车连续高速行驶时,测定轮胎温度、发动机进、出水温度,各大总成润滑油温度及发动机辅助装置温度等,而后根据测得的温度,评价汽车是否适应连续高速行驶。

发动机进、出水温度,各大总成润滑油温度及发动机辅助装置温度等的测量项目和测量方法请参考有关内容,本节主要讨论轮胎温度的测量方法。

此项试验一定要使用全新轮胎,试验测量磨合行驶 300km 后,在轮胎外侧沿圆周方向相距 300mm 左右钻两个直径 1.0~1.5mm 的孔,其深度应接近帘布层,但不能破坏帘布层。

试验应在高速跑道或高速公路上进行。试验时汽车应挂最高挡,大、中型车辆用 100km/h(最高车速达不到 100km/h 的试验车辆,用其最高车速)的车速,小型车用 120km/h 或 140km/h 的车速等速行驶。每行驶 15min 停车一次,将点温计的传感器插入事先钻好的孔中(一定一插到底)测量轮胎的温度,同时测定大气温度,之后尽快再继续行驶,直至轮胎温度平衡或达到轮胎生产企业限定的轮胎使用温度。

根据测得的数据,得出温度校正式为:

$$T = T_1 + (35 - T_2) \tag{5-57}$$

式中:T——校正后的轮胎温度,℃;

T_1——实测的轮胎平衡温度,℃;

T_2——试验时大气温度,℃。

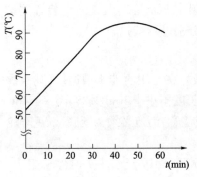

T 的意义是指大气温度在 35℃ 的使用条件下轮胎的温度;如果规定在 40℃ 条件下使用时,则将公式中的数字 35 换成 40 即可,此温度不得超过轮胎生产企业推荐的使用温度。

根据校正后的温度,绘制温度随时间变化的关系曲线。图 5-11 示出了某载货汽车轮胎温度与时间的关系曲线。

试验时,如果轮胎温度已经达到轮胎生产企业推荐的使用温度还不能平衡,则应测定达到轮胎生产企业推荐的使用温度的时间,这个时间就是在规定使用条件下由轮胎限制的最长行驶时间。

图 5-11 轮胎温度与时间的关系曲线图

7. 地形通过性试验

地形通过性是指汽车对某些特殊地形(例如,垂直障碍物、凸岭、水平壕沟、路沟等)的通过性能。一般情况下,只有越野汽车做该项试验。试验时,如果有条件最好用录像机摄下试验全过程,观察并记录在该过程中车辆运动状况,部件和地面有无碰撞、接触等干涉情况,以及通过后地面破坏情况,同时记录通过和不能通过的原因。

1) 通过垂直障碍物试验

如图 5-12 所示,选择三种不同高度的垂直障碍物,高度 $h = (2/3 \sim 4/3) r_k$(r_k 为车轮滚动半径),宽度不小于 4m,长度 L 不小于被试车辆的轴距。试验也可按各试验场的固定设施进行。

试验时,试验车辆全轮驱动,变速器和分动器都置于低挡,汽车驶近垂直障碍物。当前轮靠近障碍物时,将加速踏板踏到底,爬越障碍物时不得猛冲,以免损坏传动系部件。试验时,从最低障碍物开始爬越,然后根据通过情况,改变垂直障碍物的高度,直至试验车辆不能爬越为止,并将车辆不能爬越的前一次所测值定为能爬越的最大高度。

2) 通过凸岭能力试验

如图 5-13 所示,选择凸岭尺寸 L 为 6m,h 分别为 0.6m、1.3m、2.0m。

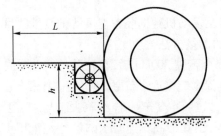

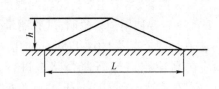

图 5-12 垂直障碍物示意图　　　　　　　　图 5-13 凸岭示意图

试验时,试验车辆全轮驱动,变速器和分动器都置于低挡,从坡度小的凸岭开始,低速驶过凸岭,然后根据通过情况,改变凸岭的坡度,直至试验车辆不能通过为止,并将车辆不能通过的前一次所测值定为能通过的最大坡度。

3) 通过路沟试验

如图 5-14 所示,选择路沟的深度为: $H_1 = 0.30\mathrm{m}$、$0.50\mathrm{m}$、$075\mathrm{m}$; $H_2 = 1.0\mathrm{m}$、$1.5\mathrm{m}$、$20\mathrm{m}$。

试验时,试验车辆全轮驱动,变速器和分动器都置于低挡,低速通过路沟,由浅至深直至不能通过为止,通过时从与路沟成 45°和 90°角的两个方向进行,测定通过路沟的最大深度。

4) 测定通过水平壕沟最大宽度

如图 5-15 所示,选择水平壕沟不同宽度 $B = (1 \sim 4/3) r_k$,一般取三个不同宽度,长度不小于 3m,深度比 r_k 稍大,沟的前、后均为平整地面。该试验也可按各试验场的固定设施进行。

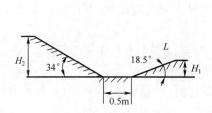

图 5-14 路沟示意图

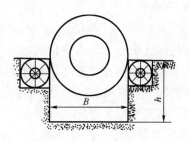

图 5-15 水平壕沟示意图

试验时,试验车辆全轮驱动,变速器和分动器都置于低挡,首先选择最窄的壕沟,低速通过壕沟,然后根据通过情况,逐次加宽壕沟,直至试验车辆不能通过为止,并将车辆不能通过的前一次所测值定为能通过的壕沟宽度。

三、灵活性试验

1. 最小转弯直径测量

汽车最小转弯直径是指汽车转向盘转到极限位置,前转向轮处于最大转角状态下行驶时,汽车前轴上距离转向中心最远的车轮轮胎胎面中心在地面上形成的轨迹圆直径,亦即前外轮最小转弯直径 d_1,如图 5-16 所示。

与汽车最小转弯直径密切相关的还有后内轮最小转弯直径 d_2,最远点最小转弯直径 d_3,最近点最小转弯直径 d_4,以及最大通道宽 B,如图 5-16 所示,它们的具体定义如下:

后内轮最小转弯直径 d_2,即汽车前转向轮处于最大转角状态下行驶时,汽车后轴上距离转向中心最近的车轮轮胎胎面中心在地面上形成的轨迹圆直径。

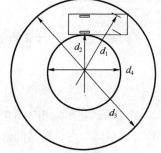

图 5-16 最小转弯直径示意图

最远点最小转弯直径 d_3,即汽车前转向轮处于最大转角状态下行驶时,车体距离转向中心最远点形成的轨迹圆直径。

最近点最小转弯直径 d_4,即汽车前转向轮处于最大转角状态下行驶时,车体距离转向中心最近点形成的轨迹圆直径。

最大通道宽度 B,即汽车最远点转弯直径与最近点转直径之差的 1/2,即:

$$B = \frac{d_3 - d_4}{2} \tag{5-58}$$

1) 试验准备

试验车应处于装载均匀的最大总质量状态;轮胎气压符合技术条件规定,并保证全部车轮接地。汽车的转向轮最大转角应符合技术条件规定,在正式试验前应用转角测量仪测量左右前轮向左右转动时的最大转角;若不符合规定,应调整好再试验。

试验场地应是平坦、坚实、干燥、清洁的混凝土或沥青路面,其面积保证试验汽车作全周行驶。

本试验需用如下仪器:长度能足以一次测定出试验汽车最小转弯直径、最小刻度值为1mm的钢卷尺、铅锤、行驶轨迹显示系统,其类型不限,一般多采用喷水式的。

2) 试验步骤和方法

试验步骤和方法如下。

(1) 起动试验车辆,使其低速行驶,将转向盘转到极限位置,并保持此位置不变,使试验车辆沿圆周行驶(车轮运动轨迹封闭)。

(2) 当试验车辆能稳定地在圆周上行驶后,启动安装在前外轮和后内轮处的轨迹显示装置,将该装置引到轮胎上,使其水管随汽车行驶缓缓放水。

(3) 待轨迹显示装置显示的轨迹达一个圆周时,将试验车停下,但不得松开转向盘。找出试验车上距离转向中心的最远点,并用铅锤将其向地面投影,再从此投影点向前外轮轨迹中心线做垂线(圆的法线)。具体做法为:以投影点为原点,将钢卷尺"0"点压在投影点上,而后拉开钢卷尺,并在前外轮轨迹中心线近侧圆弧上摆动,找出投影点到此段圆弧上最近的点,测量原点到该点距离,这一距离记为 a。同样,在汽车上找出距转向中心最近的点,用铅锤向地面投影,以此投影点向后内轮轨迹胎面中心线作垂线,并用钢卷尺测量此垂线长度 b。测取 a、b 参数后,将汽车驶出轨迹圆。

(4) 用钢卷尺分别测量前外轮与后内轮两个轨迹圆的直径。具体测量方法为:一人将钢卷尺的"0"点放在轨迹圆轨迹中心线上,并按压不动。另一人持伸直的钢卷尺的另一端,在轨迹圆的另一侧轨迹圆轨迹中心线上左右试探,找出最大数值点,则此值即为该圆的直径(d_1 或 d_2)。再在此测量方向垂直的方向上测量一次,取两者算术平均值作为试验结果。

(5) 根据 d_1、d_2,计算 d_3、d_4。

$$d_3 = d_1 + 2a \tag{5-59}$$

$$d_4 = d_2 - 2b \tag{5-60}$$

(6) 使试验车向相反方向行驶,即汽车向左转、向右转各试验一次。重复试验步骤(1)~(4)。以左转和右转测量的最大值为测量结果。

以上介绍的测量方法只适用于前轮转向的各类汽车。

2. 外摆值测量

汽车或汽车列车以直线行驶状态停于平整地面上,沿车辆最外侧向地面作一与车辆纵向中心线平行的投影线,汽车或汽车列车起步,由直线行驶过渡到直径 d_1(按照车辆最外侧部位计算,后视镜、下视镜和天线除外,不计具有作业功能的专用装置的突出部分)为25m的圆内行驶,直到车尾完全进入该圆,在此过程中车辆最外侧任何部位在地面上的投影形成外摆轨迹,该轨迹与车辆静止时车辆外侧部位在地面形成的投影线的最大距离即为外摆值T,如图5-17所示。

1)试验准备

试验准备与最小转弯直径测量的条件相同。

2)试验步骤和方法

(1)在平整地面上画一直径为25m的圆周;在车辆尾部最外点和车体离转向中心最远点安装轨迹显示装置。

(2)汽车或汽车列车挂最低前进挡以较低的车速(5~10km/h)匀速进入该圆周内行驶,调整转向盘转角,启动车体离转向中心最远点轨迹显示装置,使轨迹落在该圆周上,记下这时的转向盘转角位置φ。

(3)汽车或汽车列车以直线行驶状态停于平整地面上,沿车辆最外侧向地面作一条与车辆纵向中心线平行

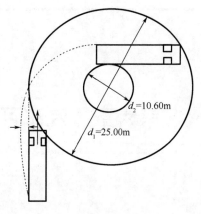

图5-17 外摆值示意图

的投影线,转动转向盘到转角φ并保持,启动车辆尾部最外点轨迹显示装置,汽车或汽车列车起步前行,直到车尾进入转弯通道圆内,至少在圆周内行驶1/2圈(半个圆周)。

(4)测量车辆尾部最外点在地面上形成的轨迹与车辆静止时车辆外侧部位在地面形成的投影线的最大距离。

(5)上述过程左右各进行一次,将试验结果记录入原始记录,其中较大者为该车的外摆值。

3)对外摆值的要求

根据GB 7258—2012《机动车运行安全技术条件》的要求,汽车和汽车列车(不计具有作业功能的专用装置的突出部分)、轮式拖拉机运输机组必须能在同一个车辆通道圆内通过,车辆通道圆的外圆直径d_1为25m,车辆通道圆的内圆直径d_2为10.60m。汽车和汽车列车、轮式拖拉机运输机组由直线行驶过渡到上述圆周运动时,任何部分超出直线行驶时的车辆外侧面垂直面的值(外摆值)不应大于0.80m(对铰接客车和铰接式无轨电车外摆值不允许大于1.20m)。

1. 车速测定试验的试验条件是什么?
2. 汽车燃料消耗量试验项目有哪些?
3. 最高车速试验的注意事项有哪些?
4. 牵引试验的试验条件是什么?
5. 汽车制动性能的评价指标有哪些?
6. 防抱死制动系统性能试验包括哪些?
7. 汽车制动性能道路试验项目和台架试验项目各有哪些?
8. 汽车制动性能常用试验设备有哪些?

第六章 汽车可靠性试验

第一节 概 述

汽车可靠性是汽车最基本、最重要的性能之一，直接影响到汽车整车技术水平；它与设计水平、全面质量管理、原材料和协作件质量的控制等密切相关，汽车可靠性试验是一项必不可少的重要试验。

汽车可靠性(Reliability)与汽车及其零部件的失效、寿命、安全性、维修性等密切相关。以往汽车行业常将汽车及零部件能够行驶一定里程而不发生失效作为其评价指标，但汽车及其零部件的失效寿命是个随机变量。目前，很多汽车零部件的使用寿命为 16 万 km，这个设计寿命是所谓的 B_{10} 寿命，即要求汽车零部件达到这个寿命时发生失效的概率为 10% 或可靠度为 90%，或理解为：在一大批汽车零部件中，达到设计寿命(B_{10} 寿命)时，要求有 90% 的产品还能正常工作。

一、汽车可靠性试验的目的

汽车可靠性是指汽车产品在规定条件下和规定时间内完成规定功能的能力。可靠性包括汽车产品、规定条件、规定时间和规定功能四大要素。

(1) 汽车产品包括整车、部件和零件，都是汽车可靠性试验中的对象。

(2) 规定条件是指试验汽车的使用条件，如道路、载荷、气象、驾驶及维修、存放条件和运输等。

(3) 规定时间是指某一特征的使用时间，如可靠性行驶试验时间、保用期、第一次大修里程及报废期等。另外，汽车产品定型试验进行的可靠性行驶里程(50 000km)也属于规定的时间范畴。

(4) 规定功能是指汽车使用说明书、设计任务书、订货合同以及国家标准规定的各种功能或性能，如动力性、燃料经济性、噪声及排放性能等。对于不能完成功能的称为故障，即不可靠。

汽车可靠性试验的目的主要是对汽车产品进行可靠性预测和可靠性验证，另外也用于发现汽车产品中存在的问题，以便及时采取措施进行改进。在汽车产品设计、制造和使用的各个阶段可能都需要进行可靠性试验。合理确定可靠性试验的方法，收集数据，对数据进行分析，从而对汽车产品的可靠性进行预测、验证和改进。

可靠性数据可能来自于严格的实验室试验，也可能来自于实际使用（产品工作的环境差别比较大）。在实验室试验中，施加在每个试件上的载荷都可以得到严格控制，可以记录严格准确的试件寿命,数据的重复性比较好,试验时间比较短。实验室试验适于在产品设计中及时发现设计缺陷,进行不同设计方案的相互比较等。但是,在实验室中往往不能模拟产品在实际使用中可能经受的所有环境因素,如温度、湿度、灰尘、腐蚀、维护、维修等,样本容量也受到限制,则使得实验室试验不能完全反映实际使用情况。

二、汽车可靠性试验的类型

汽车可靠性试验按试验方法的不同可分为常规可靠性试验、快速可靠性试验、特殊环境可靠性试验和极限条件可靠性试验。

(1)常规可靠性试验:在公路或一般道路上,使汽车以类似或接近汽车实际使用条件进行的试验。该试验是最基本的可靠性试验,试验周期较长,但试验结果最接近实际情况。

(2)快速可靠性试验:又可分为强化试验、载荷谱浓缩试验和强化与载荷谱浓缩相结合的试验。对汽车寿命产生影响的主要条件集中实施(载荷浓缩),使其在尽可能短的时间内获得相当于常规试验得到的试验结果,即在专门的汽车强化试验道路上进行的具有一定快速系数的可靠性试验。

(3)特殊环境可靠性试验:是为评定汽车产品在各种恶劣环境条件下的性能及其稳定性而进行的试验,如高原试验、寒冷冰雪试验、盐雾试验及暴晒试验等。

(4)极限条件可靠性试验:对汽车在实际使用条件下施加可能遇到的少量极限载荷时所进行的试验,如发动机超速运转、冲击沙坑等试验,是为确定产品能承受多大应力(载荷)而进行的试验。主要针对车身及其附件进行的试验。

第二节 汽车可靠性行驶试验

一、试验准备

汽车可靠性行驶试验周期长(通常为10 000~30 000km),试验项目多,试验中突发事件随时可能发生,且有一定危险性。因此,要求试验准备充分,保障及时有力。

1. 试验道路选择

可靠性行驶试验主要是车辆在各种路面上行驶,以全面考查其性能。试验用的各种道路及在每种路面上行驶的里程数,针对车型不同,要求有所不同。常规可靠性试验行驶规范见表6-1。

常规可靠性试验行驶规范(微型货车)　　　　　表6-1

序号	道路类别	行驶里程(km)	占有比例(%)	要　　求
1	高速公路	11 000	50	应高于85%最高车速行驶,转绕时间不小于1h
2	山区道路	6 600	30	配置4挡变速器的汽车,应以2挡行驶660km
3	平原公路	4 400	20	平均速度60km/h以上
总计		22 000	100	

快速可靠性试验道路主要指汽车试验场设有的固定路形,通常有石块路、卵石路、鱼鳞坑路、搓板路、扭曲路、凸块路、沙槽、水池、盐水池以及高速环道、沙土路和坡道。

2. 车辆准备

汽车可靠性试验都在性能试验之后进行,而试验汽车的技术状况及装配、调整检查都在性能试验之前进行,因此,进行完基本性能试验的汽车,无须进行任何检查而直接进行可靠性试验。对于仅进行可靠性行驶试验的汽车,应对其进行如下准备:

(1)接到试验样车后,记录试验样车的制造厂名称、牌号、型号、发动机型号、底盘主要总成型号及出厂日期,并为试验车编排试验序号。

(2)检查试验样车各总成、零部件、附件、附属装置及随车工具的装备完整性,紧固件的紧固程度、各总成润滑油(脂)及各润滑部位的润滑状况及密封状况,并使其符合 GB 7258—2004《机动车运行安全技术条件》的有关规定。

(3)检查蓄电池电压、点火提前角、风扇皮带张力、发动机汽缸压力、喷油泵齿条最大行程、发动机怠速转速、制动踏板与离合器踏板的自由行程;转向盘自由行程、轮毂轴承松紧程度、转向轮最大转角、轮胎气压,以及制动鼓(盘)与摩擦衬片(块)的间隙等装配、调整状况,使其符合该车技术条件及 GB 7258—2012《机动车运行安全技术条件》的有关规定。

3. 试验仪器设备

在汽车可靠性行驶试验中,除了进行基本性能试验所需仪器外,还需要行驶工况记录仪、排挡分析仪、燃油流量计、半导体温度计、发动机转速表、坡度计、路面计、气象仪、秒表、精密测量量具、照相机等,以及特殊试验要求所选定的专用仪器及设备。

除进行以上准备外,还应准备好各种汽车备件、维修用的工具及人员的救护工作等。

二、试验方法

可靠性行驶试验根据车型及用途不同,试验方法和要求也不相同,常规可靠性行驶试验按国家标准《汽车可靠性行驶试验方法》执行,试车场内快速可靠性试验按各试验场标准执行。

1. 可靠性行驶试验中的驾驶操作

(1)在确保安全的前提下,尽可能高速行驶,同时避开不符合要求的异常路况,以免使试验车受非正常冲击挤压,造成零部件非正常损坏。

(2)试验中要正确选择挡位,不能空挡滑行。

(3)每 100km 里程内至少应有 2 次原地起步连续换挡加速,1 次倒挡行车 200m,至少制动 2 次。

(4)下坡行驶采用行车制动和发动机排气制动,不许发动机熄火。

(5)在城市道路行驶时,每 1km 要制动 1 次。

(6)在山区道路行驶时,每 100km 至少进行 1 次起步、停车。夜间行驶里程不少于试验里程的 10%。

2. 试验中的故障判断与处理

汽车出现故障时一般凭感官判断,对于不能凭感官判断的故障需借助仪器测试判断。故障判断通常通过接车检查、停车检查(每行驶 100km 停车检查 1 次)、行驶中检查、每天收车后检查、定期维护检查、性能测试、汽车拆检等方法发现车辆故障。当发现故障时,应立即查明原因并维修;如果发生的故障不影响正常行驶及车辆基本性能,并且不会诱发其他故障,可以继续行驶,到认为需要维修时再停车维修,故障的级别以最严重时为准。试验中,对故障发生次数、种类、时间、维修情况等进行如实记录。

3. 试验中的汽车维修

1）预防维修

指为预防发生故障而安排的强制性维护和修理，包括对各总成、零部件进行紧固、调整、润滑、清洗及更换易损件等。

2）故障后维修

指故障发生后进行的维修，维修范围仅限于与故障有直接关系的部位。维修方式应根据具体情况，采取最快、最经济的维修方式，其中包括更换零部件。

试验中要进行故障维修记录，包括总成名称、故障里程、故障现象描述、故障原因分析、故障后果、处理措施、故障停车时间、维修用时、费用等。

3）试验中汽车性能测试

除特殊要求外，在可靠性行驶试验初期和结束后各进行一次发动机外特性测试及汽车性能测试，以确定试验汽车经过规定里程的可靠性行驶试验后性能指标是否达到设计的要求或国家规定的限值，以及其性能的稳定程度。

检测内容通常包括（检测项目根据试验类别与试验规程确定）：动力性（最高车速、最小稳定车速及加速性能）、燃料经济性（等速行驶燃料消耗量、多工况燃料消耗量及限定条件下的行驶燃料消耗量）、制动性（制动距离、制动减速度、制动稳定性及驻车制动）、排放、噪声、操纵稳定性、平顺性及车身密封性等。

4）检验结束后汽车的拆检

（1）拆检。试验汽车可靠性行驶试验项目全部结束后，需要解体汽车进行检查，按预定的内容边拆检、边记录（或摄影），同时应按相应试验规程的规定对主要总成（包括发动机、离合器、变速器、转向器、驱动桥等）进行部分或全部拆检。对拆检发现的问题，应及时分析、判明原因，并记录拆检的详细情况。检测时可通过感官评价，也可根据实际需要进行测量。

（2）确定主要零件磨损程度。可靠性行驶试验前后，要对试验汽车的主要零部件进行精密测量。测量精度由零件的制造精度确定，对于用磨、拉、铰加工的零件，测量精度为 $0.002 \sim 0.005\text{mm}$；对于高精度零件及为了保证较高配合精度而分组选配的零件（如发动机部分运动件），其测量精度，外径为 0.002mm，内径为 0.001mm。

精密测量中，对同一零件几次测量的量具精度、测量条件、方法及部位等应完全一致。对于高精度零件，两次测量时的室温应接近，并尽可能接近20℃。

另外，拆检中发现的潜在故障，不计入故障指标统计；检验时间不计入维修时间。

三、试验数据处理

1. 行驶工况统计

可靠性行驶试验中，每日每班填写行车记录卡，试验员依据试验驾驶员填写的行车记录卡定期统计有关试验参数，包括实际行驶里程、平均技术车速、变速器各排挡使用次数及里程，或时间的占有比例、制动次数和时间等。上述项目可依据试验要求进行相应增减。

2. 故障统计

可靠性行驶试验中，当日发生的故障应详细地填写在行车记录卡上，故障描述要真实详尽，并记录发生故障时间、里程、故障现象、故障判别及故障排除措施等，以备试验员能够将故障真实地反映在试验报告上。

试验中定期将行车记录卡上填写的故障按单车发现故障的里程顺序统计于故障统计表中,故障种类栏目中应填写"本质故障"或"误用故障"。"本质故障"为试验汽车正常试验状态下产生的,是试验车辆本身潜在的、非人为的故障。"误用故障"为试验汽车在可靠性试验中,使用、维护、维修等未按规定执行而出现的故障,属于人为故障。

故障统计中,只考虑"本质故障","误用故障"不计入故障数。同一里程中不同零件发生故障时应分别进行统计,分别计入故障频次;同一零件同一里程出现不同模式故障时也分别统计,分别计入故障频次,如果同一零件发生几处模式相同的故障,则只统计一次,故障类别按最严重的统计。

3. 汽车可靠性评价指标及其计算方法

(1)平均首次故障里程($MTTFF$)。指汽车出厂后无须维修而能够持续工作的平均里程,即:

$$MTTFF = \frac{s'}{n'} \tag{6-1}$$

式中:s'——无故障行驶的总里程,km;
n'——发生首次故障的车辆数,辆。

$$s' = \sum_{j=1}^{n'} s'_j + (n - n')s_e \tag{6-2}$$

式中:s'_j——第j辆汽车首次故障(只计1、2、3类故障)里程,km;
n——试验车辆数,辆;
s_e——定时截尾里程数,km。

(2)平均故障间隔里程($MTBF$)。按指数分布计算:

$$MTBF = \frac{s}{\gamma} \tag{6-3}$$

式中:s——总试验里程,km;
γ——总试验里程s中发生的1、2、3类故障总数。

$$s = \sum_{i=1}^{k} s_i + (n - K)s_e \tag{6-4}$$

式中:K——终止试验车辆数,辆;
s_i——第i辆汽车终止试验里程,km。

平均故障间隔里程置信下限值$(MTBF)_L$为:

$$(MTBF)_L = \frac{2s}{\chi^2[2(\gamma+1),\alpha]} \tag{6-5}$$

式中:$\chi^2[2(\gamma+1),\alpha]$——自由度为$2(\gamma+1)$、置信水平为$\alpha$的$\chi^2$的分布值,推荐取值为0.1或0.3。

平均故障间隔里程置信下限值也可查表6-2检出系数δ,而后按下式计算:

$$(MTBF)_L = \delta \cdot MTBF \tag{6-6}$$

(3)当量故障数γ_D为:

$$\gamma_D = \sum_{i=1}^{3} \varepsilon_i \gamma_i \tag{6-7}$$

式中:γ_D——当量故障数;

ε_i ——第 i 类故障系数,其值依次为 $\varepsilon_1 = 100$,$\varepsilon_2 = 10$,$\varepsilon_3 = 0.2$;

γ_i ——第 i 类故障数。

定时截尾求置信下限值 $MTBF$ 应乘的系数 δ   表 6-2

故障数 γ	置信度(单侧)				故障数 γ	置信度(单侧)			
	70	80	90	95		70	80	90	95
1	0.410	0.333	0.258	0.211	19	0.860	0.805	0.731	0.683
2	0.542	0.466	0.377	0.317	20	0.864	0.810	0.737	0.689
3	0.630	0.543	0.449	0.387	21	0.868	0.814	0.743	0.693
4	0.679	0.597	0.500	0.437	22	0.871	0.819	0.750	0.700
5	0.714	0.622	0.521	0.455	23	0.874	0.823	0.756	0.706
6	0.740	0.659	0.571	0.507	24	0.877	0.828	0.760	0.711
7	0.760	0.684	0.595	0.534	25	0.880	0.839	0.766	0.717
8	0.777	0.705	0.617	0.556	30	0.891	0.843	0.783	0.737
9	0.790	0.720	0.634	0.573	40	0.907	0.870	0.808	0.769
10	0.802	0.733	0.649	0.590	50	0.917	0.876	0.832	0.792
11	0.812	0.745	0.664	0.602	60	0.925	0.887	0.841	0.803
12	0.820	0.757	0.674	0.615	70	0.931	0.897	0.851	0.822
13	0.823	0.761	0.688	0.627	80	0.936	0.906	0.860	0.831
14	0.835	0.771	0.697	0.639	90	0.940	0.908	0.868	0.839
15	0.841	0.780	0.704	0.649	100	0.943	0.917	0.877	0.847
16	0.846	0.788	0.711	0.659	200	0.960	0.939	0.913	0.889
17	0.852	0.795	0.718	0.668	300	0.976	0.960	0.924	0.933
18	0.856	0.800	0.724	0.676					

(4)当量故障率 λ_D 为:

$$\lambda_D = 1\,000 \frac{1}{s} \sum_{j=1}^{n} \gamma_{Dj} \tag{6-8}$$

式中:λ_D ——当量故障率,次/1 000km;

γ_{Dj} ——第 j 辆汽车当量故障数。

(5)千公里维修时间 TM_m 为:

$$TM_m = 1000 \frac{TR_m + TP_m}{s} \tag{6-9}$$

式中:TM_m ——千公里维修时间,h;

TR_m ——总试验里程 s 内发生故障后维修时间总和,h;

TP_m ——总试验里程 s 内预防维修时间总和,h。

(6)千公里维修费用 MC 为:

$$MC = 1000 \frac{C}{s} \tag{6-10}$$

式中:MC ——千公里维修费用,元;

C ——总试验里程 s 内维修费用,元。

(7)有效度 A_0 是指产品在规定的使用与维修条件下,任意时刻维持其规定功能的概

率。作为可维修系统的试验汽车,通常用有效度对其进行最终的综合评价,其计算公式为:

$$A = \frac{s}{s + s_D} \tag{6-11}$$

式中:A——有效度,%;
s_D——维修停驶里程,km。

$$s_D = \frac{1}{1000} v_a \cdot TM_m \cdot s \tag{6-12}$$

式中:v_a——试验汽车平均技术速度,km/h。

对于快速可靠性试验,必要时可以对上述评价指标的计算方法进行修正。

4. 威布尔分布的应用

对于受高变载荷的汽车零件,因载荷不断变化,其疲劳寿命可相差几倍甚至十几倍,因此汽车零件的疲劳寿命是一个随机变量,一般服从于对数正态分布和威布尔分布,特别是疲劳寿命的估计,以威布尔分布最为适用,因此威布尔分布在研究汽车零件疲劳方面获得了广泛应用。

1) 威布尔分布的兼容性

对于不可维修产品,威布尔分布函数是应用最为广泛的可靠度函数,因为它具有很好的兼容性。在实际工程问题中累及故障概率 $F(t)$、可靠度函数 $R(t)$ 和概率密度函数 $f(t)$ 可以简化为:

$$R(t) = \exp\left(-\frac{t^m}{t_0}\right) \tag{6-13}$$

$$F(t) = 1 - \exp\left(-\frac{t^m}{t_0}\right) \tag{6-14}$$

$$f(t) = \frac{mt^{m-1}}{t_0} \exp\left(-\frac{t^m}{t_0}\right) \tag{6-15}$$

式中:t_0——定时结尾时间;
m——形状参数。

在汽车零部件可靠性的试验处理中,除非确知属于某种分布,一般都采用威布尔分布,并常用以下几个寿命值来评价产品的可靠性。

(1) B_{10} 寿命:累积故障概率 $F(t) = 10\%$ 时的寿命。

(2) 特征寿命:可靠度为 36.8% 时的寿命。

(3) 中位寿命:可靠度为 50% 时的寿命,也称 B_{50} 寿命。

2) 威布尔分布的应用

(1) 零部件可靠性评价。用威布尔分布来评价汽车零部件的可靠性,目前已得到广泛应用。如可靠度为 90% 的寿命值,即 B_{10} 寿命,是最通用的评价指标,有时还采用 B_{50} 寿命。此外,额定寿命水平的可靠度也十分有用。形状参数表征寿命分布的性质。

(2) 整车首次故障里程统计。汽车、发动机等复杂系统的首次故障里程或时间也可以用威布尔分布来进行统计分析。

(3) 可靠性改进效果的评价。将改进前后的两组试验数据画在同一张威布尔概率纸上,能够很明显地看出改进的效果,见图 6-1,改进后的数据都在原设计数据拟合线的右侧。

其中,B_{10} 寿命改变系数为:

$$\frac{\text{新设计的 } B_{10} \text{ 寿命}}{\text{老设计的 } B_{10} \text{ 寿命}} = \frac{210\text{h}}{100\text{h}} = 2.1$$

210h 可靠度为：

$$\text{新设计}/\text{老设计} = 0.9/0.44 = 2.05$$

由此可见，新设计比老设计有明显的改进。改良系数，以 B_{10} 寿命记为 2.1，以 210h 可靠度记为 2.05。

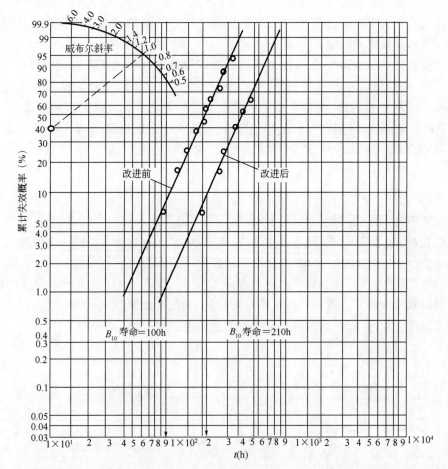

图 6-1　设计改进前后比较

（4）确定快速试验的快速系数。对于某车型，同批后钢板弹簧在海南试验场进行快速可靠性试验与在其他地区某用户实际使用的失效数据进行分析，若用两组数据的 B_{10} 寿命比较，可计算出实验场和用户之间的快速系数 K。

$$\frac{\text{使用条件下的 } B_{10} \text{ 寿命}}{\text{快速实验条的 } B_{10} \text{ 寿命}} = \frac{28 \times 10^3 \text{km}}{6.5 \times 10^3 \text{km}} = 4.3$$

第三节　汽车可靠性室内试验

汽车道路试验不仅要花费大量的人力、物力和大量的时间，而且结果十分分散，同时还受到大气的限制，这种方法对构件的疲劳寿命作出正确的评价是困难的。室内程序疲劳试验可避免上述一些不足，是研究构件疲劳寿命的一种行之有效的方法。

一、程序疲劳试验方法

程序疲劳试验能够较快、较准确地评价构件的疲劳寿命,它是模拟室外工况进行室内模拟试验,以累积频次图法为加载依据。

1. 载荷级数的确定

累积频次图的室内模拟加载目前还无法实现用累积频次图上的曲线连续加载,因此把连续的曲线改造成阶梯形,便于程序控制的实现。对于扩展的载荷幅值累积频次曲线要进行分级以得出实验用的程序载荷谱。

对于概括同一累积频次曲线分成不同的加载级数进行程序疲劳实验所得到的疲劳寿命并不完全一致,这说明载荷级数对疲劳寿命有影响。对于同一载荷累积频次曲线一般可以编成4~16级载荷谱,通常4级的载荷谱的实验寿命要比8级的实验寿命大,而超过8级的载荷谱则和8级的极为接近。因此,通常以8个阶梯的载荷级来表示代表连续的载荷幅值累积频率曲线;如果载荷的波动不大,载荷幅值较小,也可采用低于8级的程序载荷频谱。

2. 实验周期的确定

实验周期是零部件在使用寿命期间内载荷程序的重复次数。若取 $N = 9 \times 10^7$ 为一个实验周期的循环数,设实际1h 的累积循环为 3.28×10^4,这相当于车辆一个周期工作约为 $9 \times 10^7 / 3.28 \times 10^4 \approx 3\,000h$。车辆一个周期约为15万 km。

针对程序疲劳实验,其加载次序对于寿命实验结果是有影响的,为了减少这种影响,需要对编制的载荷程序多次重复。有关重复次数的选择,一般采用 $\mu = 10 \sim 20$ 个。若设每个程序块的循环计数 $n_0 = 5 \times 10^6$,则一个实验周期的重复次数为:

$$\mu = \frac{N}{n_0} = \frac{9 \times 10^7}{5 \times 10^6} = 18$$

将表6-3中各级的循环次数乘以5便得每循环某循环次数。

不同载荷级下的循环次数 表6-3

载荷级	幅值比 $M_{Ai}/M_{A\max}$	载荷幅值 M_{Ai}	每级循环次数	累积循环次数	每循环块每级循环次数	每循环块累积循环次数
1	1	360	1	1	5	5
2	0.95	342	14	15	70	75
3	0.85	306	1.2×10^3	1.35×10^2	600	675
4	0.725	261	1.68×10^3	1.82×10^3	8.425×10^3	9.1×10^3
5	0.575	207	1.398×10^4	1.58×10^4	6.99×10^4	7.9×10^4
6	0.425	153	7.02×10^4	8.6×10^4	3.51×10^5	4.3×10^5
7	0.275	99	2.541×10^5	3.4×10^5	1.27×10^6	1.7×10^6
8	0.125	45	6.6×10^5	1×10^6	3.3×10^6	5.0×10^6

在累积频次图中,最大幅值在 10^6 个极大值中出现一次。设某车辆载荷最大幅值为 $360 kg \cdot m$。按8级分,各级幅值 M_{Ai} 与最大幅值 $M_{A\max}$ 的比值取,即 $M_{Ai}/M_{A\max} = 1, 0.95, 0.85, 0.725, 0.575, 0.425, 0.275, 0.125$。8级累积频次图见图6-2。

在幅值为 $360 kg \cdot m$ 上,施加等幅值交变载荷,循环5次后,把幅值变成 $342 kg \cdot m$,循环70次后,继续进行,直到幅值变化最小一级,并循环 3.3×10^6 为止,就完成了一个子样程序试验;重复进行下去,直到试样破坏为止。如果重复18次,仍未破坏,表示使用寿命在3 000h以上。若重复试验到第11次某级时破坏了,则其寿命应该是每个程序块上的循环数($n_0 = 5 \times 10^6$)乘以前10个程序块个数,加上第11次的某级循环数:

$$N = 10 \times 5 \times 10^6 + 第11次某级循环数 \tag{6-16}$$

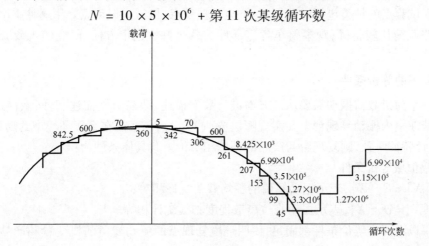

图6-2 8级累积频次图

3. 低载荷级的略去

为节省试验时间,可忽略低幅工况对疲劳的影响。略去 $s/\sigma < 1.75$ 的应力级对试件的疲劳寿命没有影响或影响很小。因此,7、8两个载荷级可以略去,可节省时间90%左右。

4. 加载次序的确定

将合成的累积频次曲线分成8个阶梯形的载荷级,即可充分地重复疲劳效果,绘出适合于实验室试验的程序,该加载次序由高到低,也可排成幅值由低到高。不同的加载次序对试验结果影响很大,高—低次序的试验疲劳寿命最低,低—高次序的寿命最高,而低—高—低和高—低—高次序的寿命介于前面两个寿命之间,且比较接近于随机加载的情况,所以实际常选用低—高—低的加载次序。加载次序阶梯图见图6-3。

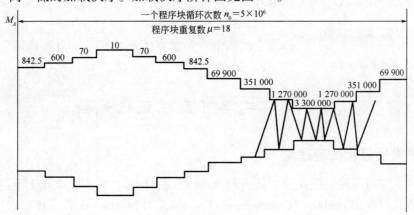

图6-3 加载次序阶梯图

二、随机载荷的复现

1. 复现试验

将随机载荷的试验从室外改到实验室进行复现,称为复现试验。复现试验可与实际情况非常符合,有助于寻找零部件损坏的原因,分析薄弱环节,为产品设计提供依据;便于对试验对象进行系统识别,分析系统的动力特性;可人为地施加各种随机输入,来测定动态特性;可节省人力、物力和大量的时间。

复现试验点的种类包括电源振动点、电动振动点、机械式振动点。用这种整个试验复现全部道路载荷比较精确,观察整车各零部件的载荷特性也很方便,研究随机疲劳问题也明显、真实。

2. 复现的等价条件

对一个随机载荷振动需要从三方面进行数学描述,即幅值域描述、时间域描述、频率域描述。若在室内振动复现台上要实现随机振动 $X_台(t)$,与产品在真实环境中的随机振动 $X_实(t)$ 的统计特征一致,则复现台与产品的环境相等价。其具体条件为:

1)幅值域等价条件

$E_台[X] = E_实[X]$,表示振动幅值的平均载荷统计相等;

$\sigma_台[X] = \sigma_实[X]$,表示振动峰位离散程度必须统计相等。

如果以上两个等价条件都满足,说明环境复现点的振动峰值随机变量和产品振动的随机变量是同一概率分布函数。因为大多数振动的随机变量是正态分布,而正态分布的性质完全决定于平均值 $E[X]$ 和标准差 $\sigma[X]$。

2)时间域等价条件

$\psi^2[X_台(t)] = \psi^2[X_实(t)]$,表示振动的总能量统计相等,振动台的载荷均方值与实际载荷的均方值相等。

当相关函数的时差 τ 为零时,则等于均方值。

$$R(0) = \psi^2[X(t)] \tag{6-17}$$

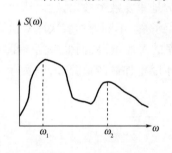

图6-4 功率谱密度函数

3)频率域等价条件

由功率谱密度函数(图6-4)可知:

(1) $\omega_{1台} = \omega_{1实}$,$\omega_{2台} = \omega_{2实}$,表示功率谱上两个主要的谱峰频率值统计相等。

(2) $S_台(\omega_1) = S_实(\omega_1)$,$S_台(\omega_2) = S_实(\omega_2)$,表示功率谱图上的两个主要谱峰值统计相等。对有些问题要求严格时,要求振动台与实际情况的功率谱的面积相等,形状相似。

第四节 汽车可靠性强化试验

一、可靠性强化试验理论

传统的汽车可靠性试验耗费大量的人力、物力、财力和时间,为此汽车工业界研发出汽车可靠性强化试验(Reliability Enhancement Testing,缩写为RET)技术。RET是考核汽车产品可靠性的基本试验方法,是汽车在比正常使用环境苛刻的条件下进行的寿命试验。其中强化是指采用增加工作应力的方法加速汽车零部件的失效,从而缩短试验时间。此后还须根据加速寿命模型和强化试验的结果来推算正常使用条件下汽车的使用寿命,即确立强化系数。RET是故障防治策略中的关键环节,主要针对设计缺陷或设计薄弱环节,通过强化试验手段查找设计薄弱环节,分析原因,采取改进措施,彻底排除,不许重现,以获得预期的设计高可靠性。进行 RET 的理想时间是在设计周期的末期,此时设计、材料、元器件和工艺等都准备就绪,而生产尚未开始。RET 施加预定的环境应力和工作应力(单独加、顺序加或同时加),从小量级开始,然后逐步增加直到达到目标。

RET 技术的理论依据是故障物理学(Physics of Failure),将故障或失效当作研究的主要对象,通过发现、研究和根治故障达到提高可靠性的目的。对当今高度复杂的电子或机电产品,要发现潜在故障并非易事,特别是一些"潜伏"极深的或间歇性故障,必须采用强化应力的方法强迫其暴露。实践证明 RET 法效果显著。

1. RET 的基本原理

(1)应力与寿命的关系。根据强度理论,疲劳曲线在其有限寿命范围内的曲线方程为:

$$S^m N = C \tag{6-18}$$

式中:C、m——材料常数,由疲劳试验确定;

N——应力幅值为 S 时的破坏循环数。

可见,提高应力幅值 S,N 可显著减少(由于 $m > 1$),故可尽快发现产品潜在缺陷,大大节约试验时间。

(2)温度与寿命的关系。温度循环属热疲劳,不同温度变化率与循环次数之间的关系见表 6-4。随着温度变化率的提高,产品的寿命(循环次数)和试验时间将显著减少。

不同温度变化率与循环次数之间的关系 表 6-4

温度变化率(℃/min)	5	10	15	20	30	40
循环次数	400	55	17	7	2.2	1
每次时间(min)	66	33	22	16.5	11	8
试验时间(h)	440	30	6	1.9	0.4	0.1

2. 工作极限和破坏极限

产品的工作极限是指施加时能引起产品故障,去除后能恢复正常工作的环境应力。产品的破坏极限是指产品出现永久性"硬"故障相对应的应力点。寻找破坏极限采用步进应力试验方法。

(1)通常施加处于正常工作范围内的应力,若出现故障,需对产品进行分解并分析、归类故障模式。若未出现故障,进行下一步。

(2)逐步将单一或组合应力增大,直到出现下述三种情况之一时终止试验。

①全部零件失效。

②应力等级已经达到远超过为验证耐用产品设计所要求的水平。

③随着以更高的应力等级引入新的失效机理,不相关的失效开始出现。

一般取破坏极限的 80% 作为工作极限。工作极限与产品正常工作状态的应力之差规定为工作裕度,破坏极限与产品正常工作状态的应力之差规定为破坏裕度。工作裕度和破坏裕度越大,产品的耐环境能力越强,产品的固有可靠性越高。

3. 试验剖面

在进行可靠性强化试验之前,必须合理确定试验剖面。试验剖面包括应力类型的选择、应力量级大小、应力步长、试验时间和应力施加的先后顺序等几方面。

(1)应力类型的选择。不同应力可以诱发不同的失效机理,而同一失效机理也可由不同的应力所诱发。产品的失效与应力类型及其施加方式有密切关系:温度和振动应力对试件缺陷的激发效果明显,各占约40%;通过单一温度、振动应力激发不出的缺陷,可以采用综合应力激发出来。尽量选择综合应力进行试验,如温度—湿度—振动综合应力。若试验设备不允许,可选择引起失效比例较大的环境应力分别进行试验。

(2)应力量级及试验时间。应力量级是从施加破坏性最小的应力(一般略高于正常工作应力)开始。如对试件施加温度应力,一般从室温开始,以5℃间隔逐一施加,在每一台阶上允许稳定10min,若产品功能通过性能测试,则继续升高温度;若出现故障,则停止试验,分解试件,进行故障分析。强化试验中的温度变化率不小于15℃/min,这一速率是指试验箱内温度变化的平均速度,考虑产品本身的热惯性,产品实际的温度变化率远低于15℃/min。

对进行随机振动的步进应力,振动应力以3~5Grms幅度增加,每一应力台阶上停留10min;以2~10Grms幅度增加,每一应力台阶上的试验时间10min;也有提出振动量级增加幅度为2~3Grms,从2Grms起至28Grms止,每一应力台阶上的试验时间10min。应力幅值的取值以及每一级应力下的振动试验时间的确定没有统一的标准。

(3)应力施加的顺序。不同的加载顺序对试件的失效有影响。通常按最容易引起试件失效的加载顺序进行,以尽快暴露故障。

4. 测试设备

测试设备包括快速检测受试产品失效的仪器、测量温度应力和振动应力的传感器等。在进行可靠性强化试验时,必须通过测试设备进行检测,以保证环境应力施加的准确性以及故障信息出现的及时性。

5. 试验设备

MVE/Hanse等公司开发的可靠性强化试验设备采用气锤反复冲击式激振和液氮制冷,可产生宽带全轴(3轴6自由度)随机振动激振,并具有大温变率试验能力。Entela公司推出的加速试验设备FMVT machine仍采用气锤作激振器,但原理不同。FMVT machine设备的6自由度振动是可重复和可控制的,能改变能量等级、低频带能量大小,在某些情况下可控制振动谱形形状。在国内,国防科技大学可靠性实验室和北京航空航天大学引进了相关的可靠性强化试验设备,能够实现3轴6自由度的随机振动和大温变率(60℃/min)循环试验。

二、强化试验程序

下面以室内强化试验为重点介绍。在预测零部件的疲劳寿命时,必须具备载荷谱合适的累积损伤理论、材料的疲劳特性数据这两个条件。由疲劳特性数据获得S—N曲线需要很多试样和很多时间。

把阶梯程序的每个程序都乘以相同的倍数增加载荷幅值,见图6-5。

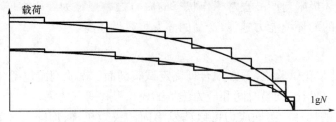

图6-5 强化试验

在常见的等幅疲劳试验中,应力水平越高,疲劳寿命越低,试验时间越短,即试验时间随着应力的强化而减少。因此,可以用施加强化应力的方法来加速。如果将程序疲劳试验加以强化,试样会在较短的时间内发生破坏。

1. "混合循环"$S—N$曲线原理

如果对标准试样进行程序疲劳试验,且用不同的倍数对程序载荷加以强化,则会得到不同的破坏寿命。以此可画出一条类似等幅疲劳试验的$S—N$曲线,该曲线称为"混合循环"的$S—N$曲线,见图6-6。

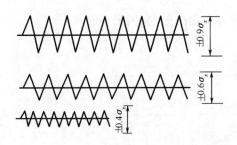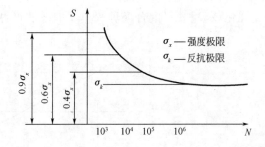

图6-6 混合循环$S—N$曲线

根据程序强化和破坏循环次数之间已知的关系,可以推断出在程序强化下的寿命,这样就能加速实验室试验。反之,根据经过缩短时间的实验室试验,用"混合循环"$S—N$曲线可以确定在它外载荷作用下的(室外)寿命。显然,在开始疲劳试验前,确定每个部件的"混合循环"$S—N$曲线是不可能的,也没有必要。对于带缺口和不带缺口的试样的研究以及实际汽车部件使用中所获得的经验表现:"混合循环"$S—N$曲线的斜率几乎不发生变化,主要取决于试件的材料,对于一般的铜制零件指数k在$6.5 \sim 7$之间,即可推断出零件的程序载荷下的寿命。

2. 寿命推断方法

设强化应力为σ_1时,由试验得出疲劳寿命为N_1,下面计算在应力σ_2时的寿命N_2,由图6-7可计算出直线的斜率S:

$$S = \frac{\lg\sigma_1 - \lg\sigma_2}{\lg N_1 - \lg N_2} = -\frac{\lg\dfrac{\sigma_1}{\sigma_2}}{\lg\dfrac{N_2}{N_1}} \tag{6-19}$$

$$\lg\frac{N_2}{N_1} = -\frac{1}{S}\lg\frac{\sigma_1}{\sigma_2} = \lg\left(\frac{\sigma_1}{\sigma_2}\right)^{-\frac{1}{S}} \tag{6-20}$$

令$k = \dfrac{1}{S}$,则得:$\dfrac{N_2}{N_1} = \left(\dfrac{\sigma_1}{\sigma_2}\right)^k$,故寿命推算公式为:

$$N_2 = N_1\left(\frac{\sigma_1}{\sigma_2}\right)^k \tag{6-21}$$

式(6-21)也称为快速模拟试验推算公式,建立了室内强化试验与室外寿命的换算关系。

若用来以室内快速试验预测构件的室外寿命时,N_1为实验室寿命强化系数,σ_1/σ_2称为载荷的强化系数,取1.4,即把

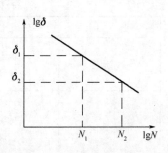

图6-7 强化系数理论推导

试验载荷强化40%,若系数 k 取6.8,其寿命为:

$$N_2 = N_1\left(\frac{\sigma_1}{\sigma_2}\right)^k = N_1(1.4)^{6.8} = 10N_1 \tag{6-22}$$

表明室外寿命为室内寿命的10倍,即室内试验加速了10倍。如果试验载荷以60%强化,则:

$$\left(\frac{\sigma_1}{\sigma_2}\right)^k = (1.6)^{6.8} = 24$$

表明试验加速了24倍。

强化试验利用"混合循环"$S-N$曲线法推算室外寿命的简图,见图6-8。

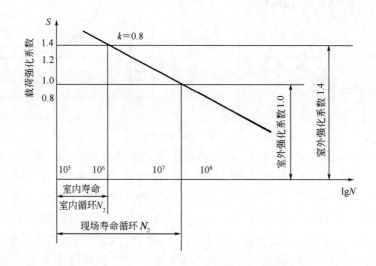

图6-8 强化试验参数换算

第五节 特殊环境和极限条件下的可靠性试验

一、特殊环境下的可靠性试验

特殊环境是指特殊的气候环境。特殊气候对汽车的性能与可靠性都有影响。一般环境下可靠的汽车产品,在特殊气候下不一定可靠,因此要对汽车进行特殊环境下的可靠性试验。在我国,特殊气候条件主要有严寒地区、高原地区和湿热地区。这些地区的主要环境因素及主要可靠性问题见表6-5。

特殊气候地区的主要环境因素及主要可靠性问题　　表6-5

地　区	环境因素	可靠性问题
严寒地区	低温 冰雪	冷起动、制动性 冷却液、润滑液、燃油的冻结,非金属零件的硬化失效,采暖除霜装置的性能、特殊维修性问题
高原地区	低气压 低温 长坡 辐射	冷却液沸腾、供油系气阻 动力性下降 起动性能恶化 人的体力下降、增加维修困难

续上表

地 区	环境因素	可靠性问题
湿热地区	高温 高湿度 高辐射(阳光) 雨水 盐雾 霉菌	冷却液沸腾 金属零件的腐蚀 供油系气阻 金属零件的腐蚀 非金属零件的老化、变质、发霉 电气件的故障

二、极限条件下的可靠性试验

极限条件下的可靠性试验不考核产品与时间因素有关的可靠性指标,而是在较短的时间内观察汽车承受极限应力的能力,见表6-6。

极限条件可靠性试验举例　　　　　　　　　表6-6

试验项目	试验目的	说　明
沙地脱出试验	判断传动系的强度	后轮置于沙槽,前进、后退使汽车冲出
泥泞路试验	判断驾驶室、车架的锈蚀及橡胶件的损坏	在深300mm、长50m的泥水槽中行驶
急起步试验	判断传动系及悬架、车架的强度	在平路及坡路上,拖带挂车,由发动机最大转矩转速急起步,反复操作
急制动试验	判断制动器、前轴转向系的强度	在路面摩擦系数高的混凝土路面上直行及转弯时,以最大强度急制动
垂直冲击试验	判断悬架、车身的强度	汽车以较高速度驶过单个长坡或连续长坡
急转向试验	考核转向机构的强度	以可能的速度、最大的转向角进行前进、倒退,反复行驶操作
空转试验	考验传动系的振动负荷	原地将驱动桥支起,以额定转速的110%~115%连续运转,传动轴有一定的不平衡量

1.简述汽车可靠性的四大要素及内容。
2.汽车可靠性试验的类型有哪些?
3.汽车进行可靠性试验的准备事项有哪些?
4.简述汽车可靠性试验中故障分类及其分类原则。
5.可靠性强化试验的试验剖面有哪几方面?

第七章 汽车碰撞试验

为了研究汽车在发生碰撞事故时的安全特性以及乘员的受伤情况,需要对汽车进行各种碰撞试验。碰撞试验要求能够真实地反映实际的碰撞事故,而且要求可重复性好且成本尽量低。在实际碰撞事故中,由于乘员位置和汽车状况的不同,车辆各部分的损伤和乘员的受伤情况也不一样。因此,为了对各种典型碰撞事故进行研究,需要进行多种类型的碰撞试验。碰撞试验主要分为实车碰撞试验和模拟试验两种。实车碰撞试验与典型代表性事故的情况最接近,是综合评价车辆安全性能的最基本方法。这种验证性试验结果说服力最强,但试验费用非常昂贵。在试验中,为了研究人员的受伤情况,要在车辆上安装人体模型或者新鲜死尸来测量人体各部位的减速度、伸缩和弯曲变形,承受的载荷和外伤等;同时,为了研究与受伤有关的车辆方面的因素,还要在车体上安装各种传感器,以检测车辆各部分的位移、减速度、变形量和承受载荷等参数。这些测量应该在碰撞开始到结束的很短的时间内完成。模拟试验是指模拟实车碰撞的试验,主要是模拟实车碰撞的减速度波形,以进行乘员保护装置的性能评价和零部件的耐惯性力试验。

第一节 碰撞试验假人技术

一、碰撞试验假人的作用及分类

1. 碰撞试验假人的作用

为检验汽车碰撞时汽车结构的吸能性、人生存空间和约束系统对人体的保护能力,在有关的动态试验标准中,都规定了人体的头部、胸部和大腿等关心部位的碰撞响应信号限值。由于碰撞试验是破坏性试验,十分危险,无法用真人进行,所以美国和欧洲先后开发了模拟人的试验装置——假人。随着科学技术的发展,目前制造的假人已具备很好的似人性能,它已成为汽车碰撞试验不可缺少的工具。汽车碰撞试验假人通过模仿人的外形和内部结构为人体损伤研究、车体变形对乘员生存空间的影响以及汽车综合安全性评价提供科学依据。

2. 碰撞试验假人分类

1)假人性能

汽车碰撞试验用模拟假人最初用于弹射座椅、降落伞等与飞机有关的场所。1960 年,美国最早开发了汽车碰撞试验模拟假人 VIP,随之在 SAE 标准中对第 50 百分位模拟假人的尺寸、质量、弹簧常数等作了规定。用于碰撞试验的模拟假人所要求的性能如下:

(1)尺寸、质量分布、关节的活动、胸部等各部分在受载荷时的变形特性应与人体很相似。
(2)应能对人体相对应的各部分的加速度、负荷等参量进行测定。

(3)个体间的差异小,反复再现性好,并且具有优良的耐久性。

2)假人分类

按人体类型分,假人可分为成年人假人和儿童假人。成年人假人按体型大小又分为中等身材男性假人、小身材女性假人和大身材男性假人。在汽车碰撞试验中最常用到的是中等身材假人,其代表欧美男性第50百分位成年人的平均身材。为了在设计中考虑不同人体体型,又按照欧美人体分布的两端极限,分别开发了小身材和大身材假人,小身材女性假人代表欧美第5百分位女性成年人的体型;大身材男性假人代表欧美第95百分位男性成年人的体型。儿童假人的身高、体重是指定年龄组儿童的平均身高和体重,而不考虑性别。

按碰撞试验的类型分,假人又可分为正面碰撞假人和侧面碰撞假人。现在允许作为商品出售的侧面碰撞假人有 SID、EurnSID 和 BIOSID 三个型号,这三个型号假人都是按第50百分位成年男性的身材开发的,SID 是美国侧面碰撞试验法规指定的试验假人,EurnSID 是欧洲、日本等国家的侧面碰撞试验法规指定的试验假人。

(1)第50百分位 HybridⅡ 和 HybridⅢ 男性假人。

随着仿生学和撞车事故中人体伤害机理研究的深入,模拟假人的研究开发也有了新的进展:1971年开发了混合Ⅰ型假人 HybridⅠ,在此基础上通过对 HybridⅠ 的头部、颈部、肩部、脊柱和膝部的改进,同时增强测试仪器的配置,1972年开发了混合Ⅱ型假人 HybridⅡ,并于1973年在 FMVSS 208 标准中将 HybridⅡ50th 假人作为评定汽车碰撞试验中乘员碰撞保护性能的标准设施,并在联邦法规中制定了假人标准。

1976年,通用汽车公司对 HybridⅡ 的颈部、胸部、膝部等进行了大量改进,开发出了更接近人体特性的混合Ⅲ型假人 HybridⅢ(图7-1),其可安装的数据采集通道可根据需要多达100个以上,适应了更进一步的试验研究需要,而且对颈部等处的改进,使得 HybridⅢ 假

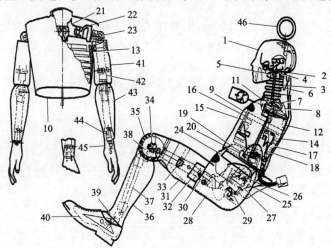

图 7-1 HybridⅢ 假人结构示意图

1-头部件;2-可换构件(颈部3轴向传感器、颈部6轴向传感器);3-颈部;4-节点块;5-节点铰;6-颈钢索;7-颈上托架;8-颈下托架;9-胸部件;10-胸肌肉和皮肤;11-护喉组件;12-胸脊柱;13-整体肋骨;14-肋骨后支承;15-前端加强板;16-前肋骨端穿线带;17-接头组件、测量仪器;18-胸重心配重;19-躯干弯曲止动器;20-胸腔变形传感器组件;21-锁骨链环(左/右);22-锁骨(左/右);23-肩架;24-腹部衬垫;25-腰椎;26-腰部钢索;27-腰椎托架组件;28-骨盆;29-骨盆仪器腔盖;30-股骨和凸缘组件(左/右);31-大腿肌肉和皮肤(左/右);32-大腿骨(左/右);33-载荷传感器模拟装置;34-可滑动的膝盖组件;35-橡胶膝盖衬垫;36-小腿肌肉和皮肤(左/右);37-不装仪器胫骨;38-膝盖U形夹组件;39-踝转动部件;40-脚部件(左/右);41-上臂部件;42-上臂下部零件;43-前臂部件;44-前臂下部零件;45-手部件(左/右);46-提起环

人测得的伤害指标值可能高于 HybridⅡ，从而对车辆的乘员保护性能提出了更高的要求。1986年7月25日，美国修改了 FMVSS 208 标准，规定从 1986年10月23日起至1991年8月31日止，汽车碰撞试验可以选择使用 HybridⅡ 和 HybridⅢ 假人中的任一个。而自 1991年9月1日起，HybridⅢ 将取代 HybridⅡ，作为验证车辆是否符合 FMVSS 208 安全标准的性能要求的唯一的试验假人，后来又决定将取代日期推迟至 1997年9月1日。

(2) 第 95 百分位 HybridⅢ 男性假人。

第 95 百分位的男性假人是按 HybridⅢ 第 50 百分位男性试验假人成比例增大的具有生物仿真性的一种假人形式，其尺寸和质量代表美国成年人口上端情况。这种装置可用于高大成年乘员试验汽车内饰和约束系统性能，也可用于军事工程技术试验以及其他有可能造成人员伤害的环境的试验研究。

其结构特点、所用材料和试验仪器等与第 50 百分位 HybridⅢ 的男性假人基本相同，产品检验标定只增加一项骨盆压缩试验。

(3) 第 5 百分位 HybridⅢ 的女性试验假人。

第 5 百分位的女性试验假人是按第 50 百分位 HybridⅢ 男性试验假人成比例缩小的具有生物仿真性的一种试验假人形式，其尺寸和质量代表美国成年人口下极端情况。最初，这种假人仅用于前后座椅矮小成年乘员试验汽车内饰和约束系统性能，实际上这种新开发的矮小女性假人还可用于评价座椅安全带对女性骨盆下沉的影响以及可能造成人员伤害的环境的试验研究。

为进一步满足汽车碰撞试验研究以及生物力学研究的需要，美国已研究开发出了一个试验假人家族。除法规规定的 HybridⅡ 和 HybridⅢ 之外，还开发了汽车侧面碰撞用假人 SID 假人。

(4) 侧碰撞假人 (SID)。

侧碰撞假人是由第 50 百分位 HybridⅡ 男性试验假人修改而成，目的是在试验汽车侧碰撞的碰撞安全性时，能提供似人的侧向响应。SID 是由美国密执安大学公路研究所根据与 NHTSA 的合同开发的，后来由 NHTSA 车辆研究试验中心进一步改进。该 SID 满足 FMVSS 214（侧碰撞保护）标准要求。此外，欧洲也开发了侧碰撞假人 EUROSID-I。

二、碰撞试验假人的标定

碰撞试验假人在运用于碰撞试验之前，应先对其头部、颈部、胸部和膝部进行标定试验，要求假人各方面均应与所规定的性能指标一致。以下是 HybridⅢ 型假人头部、胸部和膝部的标定试验规范。

1. 头部试验

1) 试验要求

头部从 376mm 高度下落后，按规定在头形内部装好的加速度传感器的最大合成加速度应在 $225 \sim 275g$ 范围内。试验中加速度—时间历程曲线的主脉冲应为单峰值，且在主脉冲后的加速度振荡时间应小于主脉冲时间的 10%，同时应保证横向加速度矢量不超过 $15g$。

2) 试验过程

(1) 将头部总成在温度为 $19 \sim 25$℃，相对湿度为 10% ~ 70% 的环境中至少放置 4h。

(2) 用三氯乙烯或等效物质清洗头皮表面和碰撞板表面。

(3) 悬挂头部，保证前额最低点低于鼻子最低点 12.7mm，同时保证其中心对称面处于垂直状态。

(4) 利用释放装置使头部从规定高度上落下，保证一经释放，头部应立即落向表面平整、刚性支撑的水平表面，其光洁度应在 0.2~2.0μm 范围内。

(5) 同一头部两次连续试验时间间隔不应少于 3h。

2. 胸部试验

1) 试验要求

使用一个试验摆锤，摆锤是一个直径为 153mm 的缸筒，安装仪器后质量为 23.4kg。摆锤碰撞端为一个刚性平直的正交表面，圆角半径为 13mm。在摆锤与碰撞表面相对的一端安装一个加速度传感器，其敏感轴线与缸筒的纵向中心线相结合。摆锤以 (6.7±0.122) m/s 的速度撞击胸部时，双脚均未穿鞋的完整假人总成的胸部由试验摆锤所测到的反作用力应为 (5521±366.7)N，其胸骨相对于脊椎的位移应为 (68.0±4.6)mm。每次碰撞的内部滞后不应少于 69%，且不大于 85%，测量的反作用力等于摆锤质量与其减速度的乘积（图 7-2）。

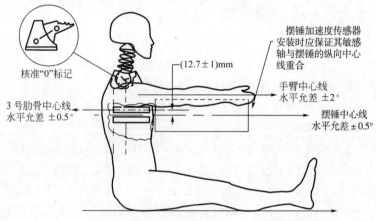

图 7-2 胸部标定试验

2) 试验过程

(1) 将试验假人放置在湿度为 10%~70% 的环境中直至假人肋骨温度稳定在 20.6~22.2℃ 之间为止。

(2) 将假人放置在无背部和手臂支撑的表面上，将假人骨盆调整为 13°±2°。

(3) 调整试验摆锤的纵向中心线，使之低于 3 号肋骨中心线 (12.7±1.0)mm。

(4) 调整试验摆锤的纵向中心线，使得摆锤与胸部接触时，其纵向中心线与假人中心对称平面内的某一水平线相重合，误差为 ±0.5mm。

(5) 用试验摆锤撞击假人胸部，保证在碰撞瞬间，试验摆锤的纵向中心线与假人中心对称平面内的某一水平线重合，误差为 ±2°。

(6) 碰撞时对试验摆锤加以导向，保证它在运动过程中没有明显的横向和垂直方向上的运动或转动。

(7) 用胸骨内的电位计沿碰撞时试验摆锤的纵向中心线，测量胸骨相对胸椎水平方向上的偏移。

(8) 用偏移特性曲线中有负荷和无负荷曲线之间的面积与有负荷曲线下的面积之比确定滞后。

3. 膝部试验

1) 试验要求

当用符合规定要求的摆锤,以 2.07~2.13m/s 的速度冲击每个腿部总成的膝部时,膝部的最大冲击力,即摆锤质量和加速度的乘积,其最小值应为 4.7kN,最大值为 5.8kN (图 7-3)。

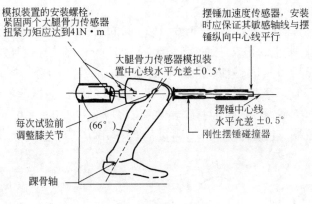

图 7-3 膝部标定试验

2) 试验过程

(1) 用腿部载荷传感器模拟装置来紧固膝盖总成试件。

(2) 将试件置于温度为 18.9~26.5℃之间,相对湿度为 10%~70% 的试验环境中至少 4h,然后再用于试验。

(3) 将试件安装在一个刚性表面上,不允许脚与其他外部表面接触。

(4) 调整试验摆锤的纵向中心线,使得摆锤与膝部接触时,其纵向中心线与大腿力传感器模拟装置的纵向中心线重合,误差不大于 ±2mm。

(5) 对摆锤加以导向,保证在试验摆锤与膝部接触的时刻不发生明显的横向和垂直方向上的运动或转动。

三、碰撞试验假人标准

1. 第 50 百分位 HybridⅡ 男性试验假人

1) 结构特点

(1) 3 块头盖骨焊接件外表面套有乙烯树脂皮肤,并装有 2 块用于安装仪器的平板焊接件。

(2) 圆柱形的橡胶颈部以向前倾 15° 固定角度安装在颈托架上。

(3) 躯干具有钢制胸脊柱、带肩胛骨的铸铝锁骨、安装于胸部的钢肋骨以及后面安装加速度传感器的仪器空腔。后面装有拉链的胸腔肌肉包容整个部件且很容易取下来,此外还有一个薄膜包在腹腔上。

(4) 6 对钢制左右肋骨连接着复合阻尼材料,而阻尼材料用可收缩的管包容。肋骨在背部装于胸脊柱上,在前部用皮革与胸骨连接起来。肋骨笼内可容纳胸部位移传感器。

(5) 具有乙烯树脂皮肤和泡沫肌肉的腹部容易从腰椎柱周围的区域取下。

(6) 骨盆具有球和窝状股骨关节,其中装有摩擦柱塞,以控制臀部球运动。镍铜股骨带有开槽的球,以控制运动范围。

(7)腿是具有乙烯树脂皮肤和泡沫肌肉的骨架,大腿可容纳测股骨力的载荷传感器,膝盖和大腿肌肉是可拆卸的。

(8)为增加强度,直圆柱形的丁基橡胶腰椎脊柱敷设了钢索。

2)材料

钢骨骼部件有铝和铜铰;固态的乙烯树脂头皮和帽子;天然橡胶的颈部;乙烯树脂皮肤胸罩包在乙烯树脂泡沫上,并在肋骨前面装有 Ensolite 衬垫;丁基橡胶的腰椎脊柱;乙烯树脂皮肤包容尿烷泡沫腹部;骨盆为乙烯树脂皮肤和乙烯树脂泡沫肌肉包在铸铝骨架上;胳膊与腿为乙烯树脂皮肤和乙烯树脂泡沫肌肉包在钢骨架上;在钢骨骼上包有固态乙烯树脂手皮肤。

3)主要测量仪器

(1)在头部与胸部装3个单轴向加速度传感器。

(2)大腿装2个单轴向大腿力传感器。

备选传感器有:胸部变形传感器;骨盆加速度传感器,3个单轴向或1个3轴向的;腰椎力和扭矩传感器,3轴向或6轴向。

2. 第50百分位 HybridIII 男性试验假人

1)结构特点

(1)一个似人的铸铝头盖骨和一块乙烯树脂皮肤的头盖骨,头盖骨可取下来,以便安装头部测量器。

(2)在动态弯曲(向前弯)和拉伸(向后弯)时,橡胶和铝间隔制成的颈部相对力矩的响应,具有似人的转角。

(3)用通过颈部轴线的钢索限制其伸长量,控制响应并提高其耐久性。

(4)2块铝制锁骨和锁骨链环组件同铸成整体的肩胛骨相连,以便同肩带相互作用。

(5)带有聚合物基阻尼材料的6根弹簧钢制肋骨有接近人胸的力—变形特性。

(6)膝盖滑动机构为钢制滑块,它装有压铸成型的吸能橡胶件,因此允许胫骨相对大腿骨移动,模拟韧带损伤,其中还有装变形传感器的位置。

(7)向前弯曲的橡胶腰椎柱具有似人的坐姿。

(8)钢制管状小腿部件被乙烯树脂泡沫和乙烯树脂皮肤包容,小腿下部可同装备仪器的变形结构互换。

(9)具有摩擦系数的活动铰无须调节,且装有黏性弯曲和拉伸关节。

2)材料

颈部为异丁橡胶;乙烯树脂皮肤胸罩包着乙烯树脂泡沫,在胸罩内侧还贴有 Ensolite 衬垫;腰椎为聚丙烯酸酯材料;膝盖中嵌有异丁橡胶。其他部位材料与 HybridII 相同。

3)主要测量仪器

(1)头、胸部装3个单轴向或1个3轴向加速度传感器。

(2)胸部位移传感器。

(3)2个单轴向大腿载荷传感器。

备选传感器有:3轴向或6轴向颈传感器、6轴向颈下部传感器、胸腔载荷传感器、5轴向胸脊柱载荷传感器、3轴向腰椎传感器、3个单轴向(或1个3轴向)骨盆加速度传感器、下沉指示器、3轴向大腿上部载荷传感器、6轴向大腿力载荷传感器、胫骨—大腿位移传感器、2轴向膝盖U形载荷传感器、2轴向胫骨上部传感器、3轴向胫骨下部传感器。

第二节 碰撞试验测量系统

一、电测量系统

电测量系统包括传感器、放大器、低频滤波器、数据采集系统和数据处理器等。各种仪器的配置线路图见图7-4。用于碰撞试验的电测量系统由于碰撞试验的特殊性,因此要有特殊的要求。碰撞试验中所测量的信号主要是脉冲信号,对电测量系统的低频性能要求比较高。碰撞试验对测量仪器的耐冲击特性较高。

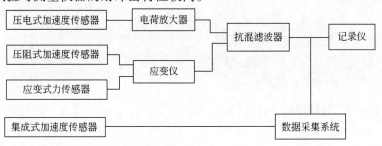

图7-4 电测量系统框图

1. 电测量系统的频率响应要求

相关标准为电测量系统制定了四个级别的专用频响函数,从而使不同的测试系统所取得的试验结果具有可比性。如图7-5所示,要求电测量系统的频响特性在斜线的区域内。每一级的频响函数有 F_L、F_H 和 F_N 三个特征频率,用 F_H 来定义这个频响函数的级别。表7-1列出了四个级别频响函数的特征频率值,表7-2为各测量项目频响函数的选择。

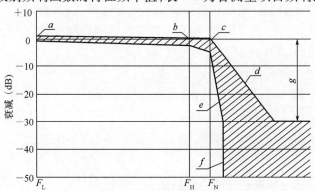

图7-5 电测量系统的频率响应函数的要求

四级频响特性的特征频率 表7-1

CFC(Hz)	F_L(Hz)	F_H(Hz)	F_N(Hz)	对数标尺
1000	≤0.1	1000	1650	a:±0.5dB
600	≤0.1	600	1000	b:+0.5～-1dB
180	≤0.1	180	300	c:+0.5～-4dB
				d:-9dB/octave
				e:-24dB/octave
60	≤0.1	60	100	f:∞
				g:-30dB

各测量项目频响函数的选择　　　　　　　　表 7-2

电测量项目		CFC(Hz)	电测量项目		CFC(Hz)
车身加速度	整车对比	60	乘员	头部加速度	1000
	碰撞模拟输入	60		胸部加速度	180
	部件分析	600		胸部挤压变形	180
	积分计算车速、位移	180		大腿轴向力	600
	固定壁力	60		台车加速度	60
	安全带载荷	60		转向盘受力	600
				头部加速度	1000

2. 数据采集和处理

碰撞试验数据有高于 F_N 的高频信号存在,尤其是在使用阻尼较小的传感器测量时信号中高频成分较多。为了防止产生混叠,数据采集时要在略高于 F_N 处使用模拟滤波器抗混滤波。CFC1000 是碰撞试验中要求最高的频响函数级,所以可以用 CFC1000 设置采样滤波,采样后用数字滤波来实现 CFC600、CFC180、CFC60 的要求。

采样频率不应低于 F_H 值的 8 倍。例如对于 CFC1000 采样频率应该高于 8000Hz。

在把电测量模拟量进行数字化时,A/D 转换器的精度不能少于 8 位。

数据处理包括数字滤波、标定、零漂消除以及加速度的合成、损伤指标的计算等工作。数字滤波、标定、零漂消除必须在非线性处理(如矢量合成,损伤指标计算)前进行。

二、光测量系统

实车碰撞试验是在 100ms 内完成不可重复的试验,在碰撞过程中碰撞车辆车身变形、假人运动形态、气囊的展开形态等具有不可预见性,仅使用电测量方法很难全面了解碰撞过程。从全面掌握转瞬即逝的汽车碰撞过程这一点上看,光学测量系统是实车碰撞试验中十分重要的环节。

1. 光学测量系统组成

实车碰撞试验中的光学测量系统主要由高速摄像机和灯光照明两部分构成。高速摄像机是光学测量系统的核心部分。

1)高速摄影机

在高速摄像机出现以前,在汽车碰撞试验中主要使用的是 16mm 胶片高速摄影机。使用高速摄影机获取碰撞过程序列影像时,在胶片处理中手工操作较多,影像处理周期长。当试验完成时,无法及时了解试验结果。胶片冲洗处理技术要求高,一旦操作失误,将给费用昂贵的汽车碰撞试验造成严重的经济损失。如上所述,高速摄影机在使用中有许多不足。随着电子光学技术的发展,现在汽车碰撞试验中已大量使用全数字的新型高速摄像机,已经很少使用传统的 16mm 胶片高速摄影机。高速摄像机影像获取过程自动化程度高,使用非常方便。高速摄像机拍摄汽车碰撞试验过程能够在试验完成后,可以马上看到慢放的碰撞过程图像,进行定性分析。可以直接以数字图像格式下载到计算机硬盘上保存。作为试验结果载体的数字图像,能够作为资源在所有的计算机多媒体软件上进行后处理。

在选用高速摄像机时,主要是根据试验目的和环境要求,选择适当性能的高速摄像机。现在国外汽车碰撞试验中使用较多的机型是瑞士的 SpeedCam PRO、日本的 Memerecam Ci-4、美国的 1000HRC 等。

在国内汽车碰撞试验中普遍使用的机型是 KODAK 公司的新产品 HG2000 型高速摄像机。HG2000 型高速摄像机为 24 位彩色,分辨率为 512×384Pixels,最高拍摄速度为 2000fps(全分辨率下的最高拍摄速度为 1000fps)。要求日光型灯光照明,感光度很高(相当于 ISO980 的胶片)。HG2000 型高速摄像机在 10ms 内能够耐 100g 的冲击,车载使用时只需更换方型螺栓安装的耐冲击镜头。所以在试验中 HG2000 可以作为车载的耐冲击高速摄像机。碰撞过程完成后,PAL 制的视频图像可以以多种播放速度(1fps、2fps、4fps、7fps、15fps、25fps、30fps)保存,通过 Ethernet 接口,采用 TC/IP 协议,与计算机进行通信。HG2000 型高速摄像机的静态数字图像采用标准的 TIFF 格式,动态数字图像采用标准的 AVI 格式,能够作为资源在计算机多媒体软件上进行后处理。

2)灯光、照明

灯光和照明设备是高速摄像成功的重要环节,很多拍摄失败的事例都是由于光照强度不够、曝光不足、影像反差过小而导致画面模糊。在实车碰撞试验中,要求以很高的照明强度照亮被拍摄的碰撞区域,在固定壁障前方 5m×2m 范围内,应能保证 50 000lx 的照度。用于室内高速摄像照明光源大约有 4 大类:钨丝灯、碘钨灯、氙弧灯和 HMI 灯。

使用交流电源时,启动后,以 2 倍于供电电源频率,瞬时输入到灯的功率在最大值和最小值之间变化。发光亮以 100% 为最大的话,最小为 15%,变化量达 85%。这一现象在高速摄像每帧曝光中导致照明强度的周期性变化,即出现闪烁现象。因此,在高速摄像中,使用 HMI 灯时必须采取适当措施消除闪烁现象。

由于目前高速摄像的敏感器件 CCD 是按照日光型光谱设计的,因此对于照明光源的色温选择应尽量接近日光的光谱。普通照明光源一般是采用交流供电,它对于人眼来说看不出闪烁,但通过高速摄像可以明显地感觉到频闪效应。鉴于上述两点采用无频闪效应的直流镝灯照明,照明区域用 24 个 2kW 直流镝灯可以满足照明的要求,为了不影响拍摄效果,将 24 个灯分成两组,每组由 12 个灯具组成,将它们悬挂在照明拍摄区域上方。

2. 拍摄方法

试验前,在试验车上贴上黄色和黑色相间的醒目标志,以用于图像分析时作为定位的标记和基准尺寸的标记。为了保证进行图像二维坐标分析时,水平坐标轴与车辆运动方向一致,以便于分析,侧面拍摄的摄像机主光轴与试验车的纵向平面应成 90°。根据不同拍摄位置,适当选用摄像机镜头,使之能得到符合要求的视野。调节曝光量和镜头光圈,使图像达到满意的亮度。对于风窗玻璃和关闭的车窗的玻璃面上反射的炫光,应在摄像机镜头上安装偏振镜,以减小炫光强度。调节焦距和景深,使之达到符合要求的视野和清晰的图像。要实现电测量和高速影像的同步,还必须设置碰撞零时刻的触发指示装置,可采用照相闪光灯作为碰撞零时刻的指示器。把闪光灯置于摄像机视野区域内,在固定壁障表面粘贴一个带状压力开关,当试验车保险杠接触固定壁障表面时,带状压力开关接通可触发闪光灯发出光,摄像机记录碰撞零时刻。

第三节 实车碰撞试验

一、正面碰撞试验

1. 试验方法

正面碰撞试验是把车辆加速到指定的碰撞速度,然后与固定壁障进行碰撞。通常情况下,汽车的碰撞方向与固定障碍壁垂直。根据碰撞范围的不同可以分为全宽碰撞和偏置,如图7-6所示。

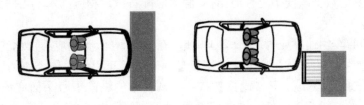

图 7-6 全宽碰撞和偏置碰撞

为了把试验车辆加速到碰撞速度,可以采用各种方法。表7-3列出了国内外进行碰撞试验所普遍采用的几种加速方法及其特点。

试验车的加速方法　　　　　　　　　　表 7-3

形 式	分 类	特 点
牵引车	使用牵引车	需要大型牵引车,动力损失较大。需要较长的路段,碰撞速度需要靠驾驶员调整。需要训练驾驶员。优点是试验容易,成本低
	使用绞盘	需要准备较长的行车距离,容易调节碰撞速度
	使用直线电机	在较短的行驶距离中即可达到较高的速度。因为使用直接牵引试验车,故不会发生由于钢索等原因而产生的故障,适合于室内试验。缺点是成本较高
利用重力式	垂直下落	如果提高可滑滑轮的速比,在短的行程内可以达到较高的速度。缺点是在重锤、钢索、滑轮和试验车的连接中产生的动力损失较大,速度精度不高
	下坡行驶	为达到碰撞速度,行驶距离要长,并且试验车的姿态也不是水平的。速度调节比较困难。优点是不需要特殊的加速装置
发射式	橡皮绳弹射	可以在较短的加速距离内产生较高的碰撞速度。缺点是速度控制较困难
自动行驶式	遥控驾驶	需要在试验车上安装自动驾驶设备,成本较高,但速度控制容易

2. 试验要求

1)试验场所

试验场地应足够大,以容纳跑道、壁障和试验必需的技术设施。在壁障前至少5m的跑道应水平、平坦和光滑。碰撞前区域应有地沟,以便拍摄汽车底部。

2)固定壁障

壁障由钢筋混凝土制成,前部宽度不小于3m,高度不小于1.5m。壁障厚度应保证其质量不低于7×10^4kg。壁障前表面应铅垂,其法线应与车辆直线行驶方向成0°夹角,且壁障表面应覆以2cm厚状态良好的胶合板。如果有必要,应使用辅助定位装置将壁障固定在地面上,以限制其位移。

3)汽车质量

试验车质量为整备质量,燃油箱应注入水,水的质量为制造厂规定的燃油箱满容量时的燃油质量的90%,所有其他系统(制动系、冷却系等)应排空,排出液体的质量应予补偿。

4)前排座椅的调整

对于纵向可调节的座椅,应调整H点使其位于行程的中间位置或者最接近于中间位置的锁止位置,并处于制造厂规定的高度(假如高度可以单独调节)。对于长条座椅,应以驾驶员位置的H点为基准。

5) 假人的安放

在每个前排外侧座椅上,安放一个符合 HybridIII 技术要求且满足相应调整要求的假人。为记录必要的数据以便确定性能指标,假人应配备满足相应技术要求的测量系统。

6) 碰撞

在碰撞瞬间,车辆速度应为(50±2)km/h。在碰撞瞬间,车辆应不再承受任何附加转向或驱动装置的作用。为了防止加速或者减速过程对试验车以及人体姿态的影响,试验车在撞击固定壁障之前应该是处于匀速行驶状态。试验车的纵向中心平面应该垂直于固定壁障,其到达壁障的路线在横向任一方向偏离理论轨迹均不得超过 15cm。

7) 测试设备

车体加速测量:加速度传感器应该安装在车身地板、车架或者车身部件上,但不能安装在有变形或振动的位置。

车速测量:车速测量应该在固定壁障之前进行。

摄影测量:摄影测量应该在车辆侧面、上面、底面进行。另外在车厢内部还应该安装一个耐冲击的摄像机以记录乘员的运动。

3. 试验评价标准

(1) 正面撞击后,转向管柱中心所测得的转向盘位移量垂直向上不大于 80mm,水平向后不大于 100mm。

(2) 撞击后以最快速度检查燃油箱及燃油管有无泄漏,并检查泄漏处状况及泄漏量。在 5min 内平均泄漏率不得大于 30g/min。

(3) 在试验过程中,车门不得开启,前门的锁止系统不得发生锁止。碰撞试验后,不使用工具,应能对应于每排座位,若有门,至少有一个门能打开。必要时,改变座椅靠背位置使得所乘员能够撤离,若将假人从约束系统中解脱时,如果发生了锁止,通过在松脱位置上施加不超过 60N 的压力,该约束系统应能被打开。从车辆中完好地取出假人。

(4) 头部性能指标(HPC)小于或等于 1000,且头部合成加速度大于 80g 的时间,累积不应超过 3ms,但不包括头部反弹。

(5) 颈部对 Y 轴弯矩在伸张方向应不大于 57N·m;

(6) 胸部性能指标(ThPC):胸部变形的绝对值应小于或等于 75mm,胸部黏性指标(V·C)应不大于 1.0m/s。

(7) 大腿性能指标(FPC):轴向传递至假人每条大腿的压力应小于或等于 10kN。

二、侧面碰撞试验

1. 试验方法

在对车辆侧面撞车安全性进行评价时,广泛采用的实车撞车试验是移动变形壁(MDB)撞车试验,如图 7-7 所示。该试验是将被试验车静止在试验台上,通过外力牵拉 MDB,以设定的撞车速度撞击被试验车。试验中应用冲击模拟人来测量撞车过程中乘员身体各部分的加速度负荷及变形等,以评价车辆的安全性能;应用高速摄影记录撞车时试验车车体各部分的动态变形和模拟人的动作形态;采用电测量和光测量相结合的数据采集系统,测量采集撞车速度、车体和

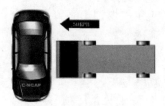

图 7-7 移动变形壁侧面碰撞

人体模型各个部分的加速度、整车变形量、车体各部分的变形量等。MDB 的牵拉一般使用绞盘式(图7-8)或直线电机式驱动用钢索牵引。在安装可动变形壁的滑车上必须有保证直线行驶的导轨,同时,因为可动壁滑车的前后轮质量分配是前轮较大,所以要求助跑路面要平整,并要有可靠的预防措施。为防止二次碰撞应在安装可动壁的滑车上采用制动装置。

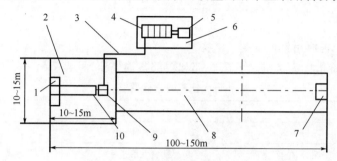

图 7-8 绞盘式撞车试验布置图

1-试验车;2-拍摄区;3-牵引钢索;4-卷筒;5-直流电机;6-绞盘;7-移动变形壁障;8-导轨导杆;9-钢索脱离装置;10-地坑

2. 试验要求

(1)试验场地应足够大,以容纳移动变形壁障驱动系统、被撞车碰撞后的移动和试验设备的安装。车辆发生碰撞和移动的场地地面应水平、平整、干燥和干净。

(2)移动变形壁障的纵向中垂面与试验车辆上通过碰撞侧前排座椅 R 点的横断垂面之间的距离应在 ±25mm 内。在碰撞瞬间,应确保由变形壁障前表面上边缘和下边缘限定的水平中间平面与试验前确定的位置的上下偏差在 ±25mm 内。

(3)车辆试验状态:试验车辆碰撞侧前排座椅上放置一个假人,并使用乘员约束系统,如果车辆配备有驾驶员气囊(乘员辅助约束系统),则在试验时使气囊处于有效状态。

(4)试验车质量:为车辆的整备质量加上 100kg(侧碰撞假人及其测量设备的质量)的质量,其质量偏差应调整到其基准质量 ±1% 的范围内。燃油箱应注入水,装入水的质量为制造商规定的装满油质量的 90%。

(5)座椅及其靠背的调节:把前后方向可调的座椅尽可能地调到中间位置。对于上下方向可独立调节的座椅,应调到最低位置。座椅靠背应调到制造厂规定的正常乘坐位置。头枕应调到最高位置。

(6)试验假人:EuroSID I 假人和 EuroSID II 假人,任选一种。

(7)注意事项:车窗、通风口和车门应完全关闭,但车门不锁,释放驻车制动,变速器处于空挡位置。

(8)移动变形障碍:用于撞击试验车辆的装置,由移动车和碰撞块组成。移动变形障碍的质量为(950±20)kg,吸能部分刚度规定了动态特性及能量吸收性能(图7-9),其尺寸要求见表7-4。

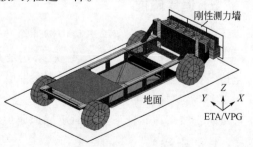

图 7-9 移动变形壁障

移动障碍尺寸要求　　　　　　　　表 7-4

质量(kg)	轴距(mm)	轮距(mm)	Honeycomb	长度(mm)	离地间隙(mm)	宽度(m)
950	3 000	1 500	6 部分	1 500	300	500

(9)侧碰撞形式为0°碰撞(即移动变形障碍纵轴线与被试车辆纵轴线垂直),移动变形障碍正面中垂线对准驾驶员座椅 R 点。

(10)在碰撞瞬间,移动变形壁障的速度应为(50 ± 1)km/h,并且该速度至少在碰撞前0.5m内保持稳定。

3. 评价标准

(1)假人的伤害值指标。

乘员损伤评价指标为头部、胸部、腹部和腰部各损伤值,见表7-5。

假人伤害值指标要求　　　　　　　表7-5

TEST	指标描述		法规要求
HPC		头部性能指标	≤1000
RDC	胸部位移	肋骨变形指标	≤42mm
VC	胸部软组织速度	黏性指数	≤1m/s
PSPF	肋骨冲击力	耻骨合成力峰值	≤6 000N
APF		腹部力峰值	≤2 500N 的内力

注:1. HPC 跟假人头部质心加速度相关,除非碰撞时乘员空间有结构突出和假人头部接触,该指标一般很少超标。

　　2. 胸部肋骨变形指标与黏性指数可以综合考虑,一般是由车门内板和中立柱内饰板变形产生的,表现在车身上即为侧围内板的侵入量与侵入速度。黏性指数 VC 不仅跟肋骨变形量相关,还与变形速率相关,极易超标。

(2)在试验过程中车门不得开启。

(3)碰撞试验后,不使用工具应能:打开足够数量的车门,使乘员能正常进出。必要时可倾斜座椅靠背或座椅,以保证所有乘员能够撤离;能将假人从约束系统中解脱出来;能将假人从车辆中移出。

(4)所有内部构件在脱落时均不得产生锋利的凸出物或锯齿边,以防止增加伤害乘员的可能性。

(5)在不增加乘员受伤危险的情况下,允许出现因永久变形产生的脱落。

(6)在碰撞试验后,如果燃油供给系统出现液体连续泄漏,其泄漏速度不得超过30g/min;如果燃油供给系统泄漏的液体与其他系统泄漏的液体混合,且不同的液体不容易分离和辨认,则在评定连续泄漏的泄漏速度时记入所有收集到的液体。

三、追尾碰撞

汽车由于在追尾碰撞事故中燃油箱及管路渗漏爆炸起火,相对来说并不常见,一般只占事故车辆的1%,但是一旦发生,后果就是非常严重的汽车火灾。2004年,由全国汽车标准化技术委员会汽车碰撞标准工作组参照欧洲 ECE R34 法规,研究和起草了中国强制性标准《乘用车后碰撞燃油系统安全要求》。这个新标准要求汽车厂商采用更高的安全技术,这样可以防止汽车在高速下撞车时更好地避免渗漏,避免起火爆炸。

1. 试验方法

在进行汽车后碰撞安全性评价时,采用碰撞装置与试验车辆后部碰撞的方式,模拟与另一行驶车辆发生的后碰撞状况。碰撞装置可以固定在移动车上移动壁障也可以为摆锤的一部分,碰撞装置以一定的速度与试验车辆后部碰撞(图7-10),根据燃油系统的泄漏情况进行评价汽车后碰撞的安全性。

2. 试验要求

（1）一般性要求：燃油装置各部件应被车身或车架部件适当地保护起来，以防止与地面障碍物发生接触。若这些部件位于车辆下部离地高度比在其前部的车身或车架部件离地高度大，可不要求保护。燃油装置管路及其他部件应装在车辆尽可能安全的位置。扭转和弯曲运动、车辆结构或传动装置的振动，不应引起燃油装置各部件产生摩擦、挤压或其他任何不正常受力。软管与燃油装置刚性部件间连接件的设计和构造，应保证其在车辆各种使用条件下无论是扭转和弯曲运动，还是车辆结构或传动装置的振动，均应密封。如果加油口位于车辆的侧面，则燃油箱盖处于关闭状态时，不应突出邻近的车身外表面。

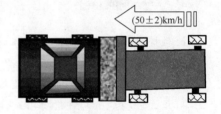

图 7-10　后碰撞试验

（2）试验场地应足够大，以容纳碰撞装置驱动系统被撞车辆碰撞后移动及试验设备的安装。车辆发生碰撞和移动的场地应水平、平整，路面摩擦系数不小于 0.5。

（3）碰撞装置应为一刚性的钢制结构，表面应为平面，宽度 2500mm，高度 800mm，其棱边圆角半径为 40～50mm，表面装有厚为 20mm 的胶合板。碰撞装置移动方向应水平并平行于被撞车辆的纵向中心平面，表面中垂线和被撞车辆的纵向中心平面间横向偏差不大于 300mm，并且碰撞表面宽度应超过被撞车辆的宽度，碰撞表面下边缘离地高度应为（175±25）mm。

（4）碰撞装置的驱动形式：碰撞装置既可以固定在移动车上（移动壁障），也可以为摆锤的一部分。使用移动壁障的要求：移动壁障作为"平均车"撞击被试车辆，它由移动台车、碰撞装置、制动系统三部分组成。移动壁障的设计有严格的质量要求，移动台车和碰撞装置总质量为（1 100±20kg）。使用摆锤的要求：碰撞装置的碰撞表面中心与摆锤旋转轴线间距离不应小于 5m；碰撞装置应固定在刚性壁上并通过刚性壁自由地悬挂，摆锤结构不能因碰撞而变形；摆锤应装有制动器，以防止摆锤二次碰撞实验车。摆锤撞击中心的转换质量 m_r 与总质量 m、撞击中心与旋转轴间距离 a 和系统重心与旋转轴距离 l 之间关系为：

$$m_r = m \times \frac{l}{a}$$

转换质量应为（1 100±20）kg。

（5）试验车辆应装备计入车辆整备质量中的所有正常安装的部件和设备，并且应装备涉及防火性能的部件和设备；应向燃油箱加注至少满容量 90% 的燃料或其密度和黏度与正常使用的燃油相近的非可燃液体，其他系统（如制动液罐、散热器等）可以排空；变速器可以不处于空挡位置，驻车制动器可处于制动状态。

（6）碰撞瞬间速度应为（50±2）km/h。

3. 评价标准

（1）在碰撞过程中燃油装置不应发生液体泄漏。

（2）碰撞试验后，燃油装置若有液体连续泄漏，则在碰撞后前 5min 平均泄漏速率不应大于 30g/min；如果从燃油装置中泄漏的液体与从其他系统泄漏的液体混淆，且这几种液体不容易分开和辨认，则应根据收集到的所有液体评价连续泄漏量。

（3）不应引起燃料的燃烧。

（4）在碰撞过程中和碰撞试验后，蓄电池应由保护装置保持自己的位置。

 **思考题**

1. 碰撞试验假人的作用是什么?
2. 碰撞试验假人的分类有哪些?
3. 简述光学测量系统的组成及拍摄方法。
4. 正面碰撞试验的评价标准是什么?
5. 侧面碰撞试验的试验要求有哪些?
6. 追尾碰撞试验的要求有哪些?

第八章 汽车总成与零部件试验

第一节 发动机试验

一、发动机特性试验

1. 发动机功率试验

发动机功率试验可以测定发动机的主要性能指标,如最大功率及其相应的转速、最大转矩及最低燃油消耗率等,以及这些主要性能指标的变化特性。

发动机功率试验分为总功率试验和净功率试验,其区别在于发动机工作所需的附件不同。进行功率试验时,发动机节气门全开或柴油泵齿条处于最大位置,在发动机转速范围内均匀地选择不少于8个点的稳定工况点,其中必须包括最大转矩点。测量各稳定工况点的转速、转矩、油耗量,并计算功率和燃料消耗率等,绘制发动机性能曲线。

2. 负荷特性、速度特性与万有特性试验

发动机性能试验分三种。

(1)在发动机转速不变的条件下,测量不同功率时的燃油消耗率和燃油消耗量,用于评价发动机的燃油经济性,有时还要测定排放值。这种方法多用于柴油机试验中。

(2)在节气门开度保持不变的条件下进行试验,即部分速度特性试验,多用于汽油机。

(3)根据计算或道路试验获得的使用特性数据进行试验,它代表汽车的使用工况,用于评价汽车使用的燃油经济特性,具有实用意义。还可采用测定排放值的方法来进行试验,以评定排放性能。

万有特性是将发动机四个主要参数,即转速、功率、转矩和燃油消耗率绘制在一个曲线图上,表示发动机在整个工作范围内主要参数的相互关系,用于确定发动机最经济的工作区域,这个曲线图称为万有特性曲线。

万有特性曲线由许多条负荷特性曲线或部分速度特性曲线的数据绘制而成,为了使曲线图准确,一般所用的曲线数应不少于10条,采用的曲线越多,绘制的万有特性越准确。

3. 转矩转速测量试验

发动机的转矩和转速可直接测量得到,功率的计算公式为:

$$P_e = \frac{Mn}{9549} \tag{8-1}$$

式中:P_e——功率,kW;

M——转矩,N·m;

n——转速,r/min。

1) 转矩的测量

发动机转矩采用测功机测量。测功机应能吸收能量或传递动力,并具有测量转矩的装置,要在任何工况下稳定工作,故还要有特性控制装置。

根据测功机的测量原理,常用的有传递式和吸收式。传递式主要应用转矩仪,在动力的传递过程中测出转矩值。现在应用最普遍的是吸收式测功机,也叫摇摆式测功机。即将测功机的外壳通过轴承支承在支架上,工作时当受外力作用时能自由回转,在外壳上装有力臂,连接载荷单元,可测量出作用在外壳上的转矩,见图8-1。其转矩 M 的表达式为:

$$M = WD \tag{8-2}$$

式中:W——作用在载荷单元上的力,N;

D——力臂长度,m。

2) 转速测定

测功机都有转速测量装置,用于测量转速,进行特性控制,还可为计算功率提供转速信号。

测功机大都采用磁电式转速计,见图8-2。在转轴上装有测速齿盘1和装在支架上的磁电传感器。磁电传感器由绕有线圈2的永久磁铁3制成。齿盘一般制有60个齿。当轴旋转时,每转一周,磁电传感器能产生60个脉冲信号。设脉冲信号的频率为 f(Hz),n 为发动机的转速(r/min),z 为齿数,则:

$$f = \frac{n \times z}{60} = \frac{n \times 60}{60} = n \tag{8-3}$$

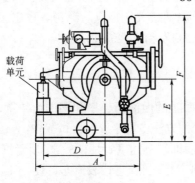

图8-1 转矩测量装置

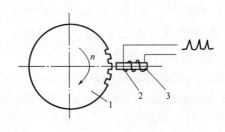

图8-2 磁电式转速计
1-齿盘;2-线圈;3-永久磁铁

当齿数为60时,磁电传感器脉冲信号的频率与转速的数值相同。磁电式转速计结构简单,工作安全可靠,转速精度高,测速范围广,绝大多数测功机都采用此结构。

4. 燃油消耗量测量试验

燃油消耗量是发动机燃料经济性的主要指标。在评价燃油消耗多少时,则用它表示每千瓦小时消耗多少克燃油,其表达式为:

$$g_e = \frac{G_f}{P_e} \times 1\,000 \tag{8-4}$$

式中:g_e——燃油消耗率,g/kW·h;

G_f——燃油消耗量,kg/h;

P_e——发动机功率,kW。

测量燃油消耗量的方法有容积法、质量法和流量法,所用设备见第二章第一节。

二、发动机可靠性试验

1. 试验项目及评价方法

发动机的许多零部件都是在较为苛刻的条件下工作的,因而其工作的可靠性和耐久性将标志着发动机在实际使用过程中的可靠程度及工作寿命。因此,在台架上使发动机受到较大的实际交变机械负荷及热负荷,并提高单位时间内的变交次数,以期在较短的时间内考验发动机的可靠性,已成为产品开发及产品质量检测的关键项目。可靠性试验依据不同的考核要求又可分为零部件可靠性试验及整机可靠性试验。

零部件可靠性试验一般是依据产品设计的要求,对某些关键零部件按照特定的试验规范进行验证性试验。由于这些试验往往采取一些超常规的交变负荷及热负荷工况,故在短时间内就能检验该零部件的材料、制造工艺、配合间隙等的选择是否合理,为整机可靠性试验提供技术依据,而其试验结果最终仍需通过整机可靠性试验来加以验证。零部件可靠性试验的项目较多,试验规范也有较大的差异,典型的试验项目有活塞快速磨合试验、活塞可靠性试验、缸套冷态磨损试验、缸盖热变形试验、配气部件的快速疲劳试验、轴瓦磨损试验、汽缸垫强化试验、汽缸垫渗漏试验等。

整机台架可靠性试验规范依据不同的机型及不同的考核目的一般分为交变负荷试验、混合负荷试验、全速全负荷试验、冷热冲击试验等。

在可靠性试验前,发动机要按产品技术条件的规定进行磨合及必要的维护和调整。在可靠性试验过程中,应根据有关规定对发动机进行日常维护;记录运行时间(小时数)、转速、负荷、燃油消耗量、机油消耗量、活塞漏气量、排放值、机油压力、进气状态等有关参数,并随时记录故障停车内容及排除时间、维护内容及所用时间、更换的零件及损坏情况等;根据有关要求绘制运行持续时间(小时数)与相关测量参数的关系曲线,计算机能率及故障平均间隔时间。

对可靠性试验结果的评价,各国有关标准所掌握的尺度略有差异,但所评价的主要项目大致相同,主要有机件的磨损及损坏情况、动力性下降及燃料经济性恶化的程度、机油消耗量及活塞漏气量的变化情况、排放值的变化情况,以及机能率及故障平均间隔时间。

$$机能率 = \left(\frac{运行时间}{运行时间 + 维护时间 + 故障时间}\right) \times 100\% \tag{8-5}$$

$$故障平均间隔时间 = \frac{运行时间}{故障停车次数(h/次)} \tag{8-6}$$

目前,随着试验工况的复杂变化及试验持续时间的加长,为了保证实验工作的顺利进行,即减轻操作人员的劳动强度,试验设备已广泛采用电控技术,能自动检测和记录各控制参数,并具有自动报警、故障判断和自动停机的功能。

2. 发动机可靠性试验规范

按发动机装车类别进行可靠性试验,试验规范及运行持续时间见表8-1。

不同最大总质量汽车用发动机可靠性试验规范及运行持续时间 (单位:h)　　表8-1

装机汽车类别[①]	负荷试验规范(在A发动机上进行)			冷热冲击试验规范(在B发动机上进行)
	交变负荷	混合负荷	全速全负荷	
汽车最大总质量≤3 500kg	400	—	—	200
3 500kg<汽车最大总质量≤12 000kg	—	1 000	—	300
汽车最大总质量>12 000kg	—	—	1 000	500

注:①装乘用车和商用车的发动机均按本表分类。

1) 发动机交变负荷试验规范

交变负荷试验规范见图8-3。节气门全开,从最大净转矩的转速(n_M)均匀地升至最大净功率的转速(n_P),历时1.5min;在n_P稳定运行3.5min;随后均匀地降至n_M,历时1.5min;在n_M稳定运行3.5min。重复上述交变工况,运行到25min。

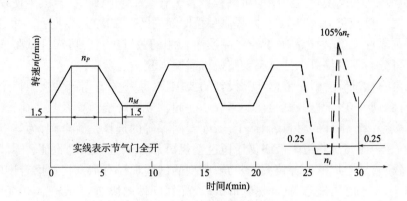

图8-3 发动机交变负荷试验规范

节气门从全开位置减小开度,转速下降至怠速(n_i)运行到29.5min;节气门开度增大,无负荷,使转速均匀上升到105%额定转速(105%n_r)或上升到发动机制造厂规定的最高转速,历时(0.25 ± 0.1)min;随即均匀地关小节气门,使转速降至n_M,历时(0.25 ± 0.1)min。至此完成了一个循环,历时30min。运行800个循环,运行持续时间400h。

2) 发动机混合负荷试验规范

混合负荷试验规范见图8-4,不同工况间转换在1min内完成,均匀地改变转速及负荷。每循环历时60min,共1000个循环,运行持续时间1000h。

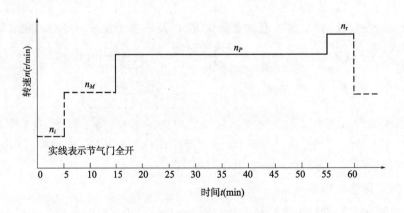

图8-4 发动机混合负荷试验规范

3) 发动机全速全负荷试验规范

在全速全负荷下运行1000h。

4) 发动机冷热冲击试验规范

冷热冲击试验规范见图8-5,表中工况1到2,2到3的转换在5s以内完成;工况3到4,4到1的转换在15s以内完成,均匀地改变转换及负荷。每循环历时6min。不同最大总质量汽车用发动机运行持续时间见表8-2。

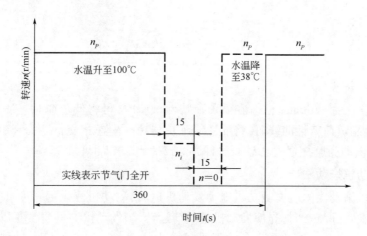

图8-5 发动机冷热冲击试验规范

发动机冷热冲击试验规范 表8-2

工况序号	转 速	负 荷	冷却水出口温度(℃)	工况时间(s)
1(热)	最大净功率的转速	节气门全开	升至105±2[①]或112±2[②]	P_t[③]
2	怠速	0	自然上升	15
3	0	0	自然上升	15
4(冷)	最大净功率的转速或高怠速	0	降至38以下	$360 - P_t - 15 - 15$

注:①散热器盖在150kPa放气时。
　　②散热器盖在190kPa放气时。
　　③P_t为发动机自行加热至规定温度的时间。

三、发动机机械效率试验

发动机的摩擦副在运动中要产生摩擦阻力,形成摩擦损失功率。评价机械摩擦损失大小的指标有摩擦损失功率及机械效率,计算公式为:

$$\eta_m = \left(\frac{P_e}{P_e + P_m}\right) \times 100\% \tag{8-7}$$

式中:η_m——机械效率;
　　　P_e——有效功率,kW;
　　　P_m——摩擦损失功率,kW。

测量机械损失功率的常用方法如下。

1. 单缸熄火法

发动机运转,并达到正常工作状态时,在所测转速下测量的功率为P_e,然后将第一缸熄火,此时发动机转速降低,应随即降低负荷,使转速迅速恢复到原来的转速,并测量功率P_{e1},则有$P_e - P_{e1} = P_{i1}$。依次停止其余各缸,可获得P_{i1}、P_{i2}、…、P_{in},P_{in}代表将第n个缸熄火后发动机的功率。

则发动机机械损失功率为:

$$P_m = \sum_{n=1}^{n} P_{in} - P_e \tag{8-8}$$

式中：n——缸数。

机械效率为：

$$\eta_m = \frac{P_e}{\sum_{n=1}^{n} P_{in}} \times 100\% \qquad (8-9)$$

2. 油耗线延长法

油耗线延长法称 Williams 法。在做负荷特性试验时，可将低负荷时燃油消耗量适当地多测几点，在绘制负荷特性曲线时，将油耗线延长与功率坐标相交，见图 8-6，此时交点到坐标 O 点间的负值即为摩擦损失功率。这种方法仅适用于柴油机。

3. 电力测功机拖动法

电力测功机拖动法由电力测功机拖动发动机运转，测功机测出的功率即为发动机的摩擦损失功率。在实际测量时，先使发动机带负荷运转，当发动机的机油温度和水温达到正常状态后，将节气门全开或供油泵齿条位置处于最大位置，切断供油油路，待燃油消耗完（汽油机还需断开点火电源），立即用电力测功机拖动发动机运转，测功机测出的功率即为摩擦损失功率。

该方法测试精度高，方法简便，但需昂贵的电力测功机。试验时一定要保证润滑油的温度和水温，以免造成摩擦损失功率的变化。该方法的另一最大好处是可分解发动机，测量每一对摩擦副的摩擦损失功率，为了解发动机摩擦损失的根源和降低摩擦损失提供依据。这对提高发动机性能是必要的，但这时必须增加一些保持水温和油温的加热辅助设备。

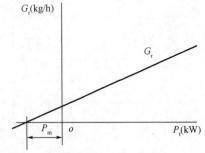

图 8-6 油耗线延长法测量发动机机械效率

4. 示功图法

作发动机示功图时，从定速运转时的示功图曲线上可知平均指标压力 P_i，从测功机转矩曲线上可知相应点的平均有效压力 P_e，则可计算出摩擦损失的平均有效压力 P_m 及机械效率。

5. 角加速度法

角加速度法是目前能求出整个发动机的摩擦损失转矩的唯一方法。通过测量发动机加速瞬间的指示转矩、有效转矩、曲轴角速度，摩擦损失转矩计算公式为：

$$M_m = \frac{(M_i - M_e - I)\mathrm{d}\omega}{\mathrm{d}t} \qquad (8-10)$$

式中：M_m——摩擦损失转矩；

M_i——指示转矩；

M_e——有效转矩；

I——惯性力矩；

ω——角速度；

t——时间。

第二节 传动系试验

汽车传动系试验可用于动力传递性能评价、变速性能评价、操纵性能评价、振动与噪声等安静性能评价以及扭转强度和耐久性评价等。

一、离合器试验

汽车离合器试验项目包括盖总成试验、从动盘总成试验以及离合器总成试验。

1. 盖总成分离特性和负荷测定试验

该项试验主要测定盖总成的分离特性和负荷特性两组特性曲线。前者是离合器处于实际安装状态,测量当分离和接合离合器时,作用于分离杆(指)端的载荷及压盘升程随分离杆(指)端行程变化的关系曲线;后者是在未装从动盘总成的条件下,对压盘加载和随后卸载过程中,测量作用于压盘上的载荷与压盘位移之间的关系曲线。通过曲线,可以确定出离合器最大分离力、对应规定分离行程的压盘最小升程和工作压紧力等参数,可以对离合器动力传递性能、操纵轻便性与分离彻底性进行评价,确定离合器是否满足设计要求。

在分离特性试验时,将盖总成按技术要求固定于代用飞轮上,中间装有相当于从动盘总成夹紧厚度的垫块,该装置放于测量台中心,见图8-7。操纵加载装置使代用分离轴承行程达到规定的最大分离行程,进行10次后,分离杆(指)预加规定载荷,将百分表或位移传感器调零;然后以适当的行程增量使离合器分离,直至达到最大分离行程为止;再以相同的行程增量,使离合器接合,直到恢复零位。记录分离和接合时与分离行程相对应的载荷及压盘位移,绘制出分离特性曲线。在做负荷特性试验时,离合器装置放于如图8-8所示的测量台中心。装百分表或位移传感器,使其与压盘或与压盘摩擦表面接触的专用位移测量架相接触并调零。对压盘施加载荷,使压盘移动1mm左右,取出垫块,然后减载至百分表复零。再继续减载,直至卸掉全部载荷,记录压盘从零位到全部卸掉载荷时的移动量 λ_b。再重新调整仪表,以适当的压盘位移增量对压盘加载,对于螺旋弹簧离合器,加载至超过 λ_b 2.5mm左右,对于膜片弹簧离合器加载超过低谷1mm左右,然后减载,直至卸掉全部载荷。记录压盘上载荷 P 随压盘位移 λ 变化的数值,绘制负荷特性曲线。

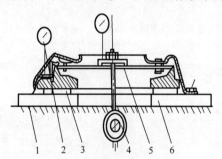

图8-7 分离特性试验装置

1-测量台;2-百分表;3-垫块;4-载荷测量装置;
5-代用分离轴承;6-代用飞轮

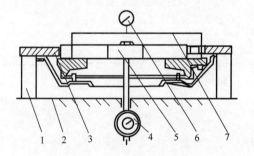

图8-8 负荷特性试验装置

1-支撑柱;2-测量台;3-代用飞轮;4-载荷测量装置;
5-加载器;6-百分表;7-压盘位移测量架

2. 从动盘总成轴向压缩特性(也称面压特性)、**夹紧厚度及平行度测定试验**

该项试验主要测定从动盘总成在规定的压紧力作用下的夹紧厚度、平行度及轴向缓冲变形量与压紧力之间的关系,并将测得的结果与产品图纸或有关规定的技术要求进行比较,确定被试离合器从动盘总成是否符合要求。

试验装置见图8-9。按工作压紧力压缩从动盘总成数次,直至轴向压缩量读数稳定。施加规定的预载荷,然后开始测量。对从动盘总成加载,直至从动盘总成上的载荷达到规定的工作压紧力,记录轴向压缩量δ和对应的垂直压力P。同时测量上下夹板间沿圆周均布三点处的距离,其平均值为从动盘总成的夹紧厚度,最大值与最小值之差即为平行度。以同样方法减载,直至载荷卸到零,记录轴向压缩量δ和对应的垂直压力P,绘制压缩特性曲线。

3. 从动盘总成扭转特性测定试验

从动盘总成的扭转特性对变速器的"咔嗒"声以及"闷鼓"声等振动噪声影响很大。在此试验中重点确定扭转减振器的扭转刚度及阻尼转矩,以判断其减振性能对车辆振动噪声的影响。

扭转特性试验装置见图8-10。将从动盘总成装到试验台与之相适应的花键轴上,并将摩擦衬片部分夹紧。装转角指针或角位移传感器,使之能随盘毂一起转动并处零位。对盘毂施加扭转力矩,转动盘毂,直到与限位销接触为止。卸载至零,反向加载,直到与另一侧限位销接触为止。卸载至零,重复上述步骤两次。在加载与卸载过程中,需记录转角与扭转力矩的对应数值,同时在零位置检查并调整转角及扭转力矩零位。绘制扭转特性曲线,并确定减振器极限扭转角α_{max}、极限力矩M_{max},规定转角处的摩擦阻尼力矩M_h,规定转角范围的扭转刚度C_d,对应发动机最大转矩时的转角α。

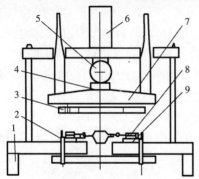

图8-9 轴向压缩特性试验装置
1-主框架;2-位移传感器;3-预载盘;4-负荷传感器;5-球铰链;6-液压缸;7-上压板;8-从动盘总成;9-下垫板

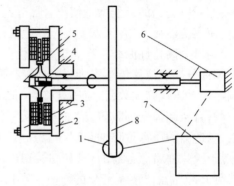

图8-10 扭转特性试验装置
1-拉压力传感器;2-支承板;3-夹紧盘;4-花键轴;5-转角轴;6-角位移传感器;7-X-Y记录仪;8-扭转力臂

扭转刚度计算式为:

$$C_d = \frac{M_e - M_h}{\alpha} \tag{8-11}$$

式中:M_e——发动机最大转矩,N·m;
M_h——规定转角处摩擦阻尼力矩,N·m;
α——规定转角至发动机最大转矩之间的转角,(°)。

4. 离合器耐高速试验

该项试验用于测定在规定的转速下离合器工作的可靠性或测定连续加速时离合器的破坏转速。离合器高速试验台有两种形式,一种为加速度可调整控制装置,另一种为升温控制的离合器从动盘总成高速试验台,试件均封闭置于破坏舱内。

盖总成装于代用飞轮上,使之处于压紧状态并经动平衡放入封闭破坏舱内,启动并加速被试件,达到规定转速或连续加速至破坏转速时进行试验。

从动盘总成装于试验台的心轴上,封闭起来。待破坏舱内温度达到规定温度,保持

5min,启动并加速被试件,达到规定转速或连续加速至破坏转速时进行试验。

试验结果按技术要求或图纸规定的指标进行评价。

5. 离合器热负荷测定试验

离合器热负荷测定试验用于确定模拟汽车起步工况下,离合器平均结合一次的滑磨功及连续起步时的发热情况。滑磨功是指离合器在滑磨过程中有多少机械能变成热能。离合器的滑磨功越大,说明变成热能的量值越多,即离合器摩擦副的发热和磨损越严重。

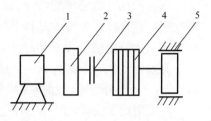

图 8-11 离合器综合性能试验台
1-电动机;2-惯性飞轮;3-被试离合器;4-惯性盘;5-制动器

离合器综合性能试验台见图 8-11,在压盘表面中径处,距工作表面$(0.5±0.1)$mm,埋装热电偶或其他感温元件。

按规定配装当量惯量,施加道路阻力矩。当量惯量计算式为:

$$J_K = \frac{WR_T^2}{i_K^2 i_0^2} \tag{8-12}$$

式中:J_K——变速器 K 挡的当量惯量,kg·m²;

W——汽车总质量,kg;

R_T——车轮滚动半径,m;

i_0——驱动桥减速比;

i_K——变速器 K 挡速比,起步挡位:半挂车或主车带拖挂为 I 挡;单车,四挡或四挡以上变速器用 II 挡;单车,三挡或三挡以下变速器用 I 挡;重型车,根据具体情况由有关方面确定。

道路阻力矩为:

$$M_T = \frac{Wg\varphi R_T}{i_K i_0} \tag{8-13}$$

式中:M_T——作用于离合器输出轴上的道路阻力矩,N·m;

φ——道路阻力系数,$\varphi = f\cos\alpha + \sin\alpha$;

f——滚动阻力系数(微型车、轻型车及轿车:$f=0.015$;中、重型车:$f=0.02$);

α——坡度角度,$\tan\alpha = 8\%$;

g——重力加速度,m/s²。

试验样品需经磨合,接触面积需达 80% 以上,磨合表面温度不超过 100℃。复验磨合后的盖总成和从动盘总成,确定夹紧厚度和对应的工作压紧力。安装连接好温度、转矩、转角或转速的测量记录装置。启动电动机,模拟起步工况,进行 10 次离合器接合试验,记录 3 次接合过程的各参数,如转矩、主从动部分转速、温度和滑磨时间等,以便计算滑磨功。其余各次仅记录温度变化,并观察发热情况。

滑磨功为:

$$A = \int_{t_0}^{t} M_c(\omega_m - \omega_t)dt \tag{8-14}$$

式中:A——滑磨功,J;

M_c——摩擦力矩,N·m;

ω_m、ω_t——主从动部分角速度,rad/s;

t_0、t——接合过程的起、止时间,s。

6. 离合器摩擦力矩测定试验

离合器从动盘的摩擦特性、离合器盖总成的工作压紧力和离合器尺寸影响着离合器抗滑性能。离合器摩擦特性是将上述部件合成为一个离合器总成的转矩传递特性试验,分为静摩擦力矩测定试验和滑动摩擦力矩测定试验。

测量静摩擦转矩时,离合器在试验台上处于完全接合状态,将主(或从)动部分固定,对从(或主)动部分缓慢施加扭转载荷,测量并记录开始打滑时的转矩。

测定滑动摩擦转矩时,从动盘总成固定不动,盖总成旋转,开始强制滑磨循环,直到摩擦表面温度达300℃为止,记录对应于室内温度为50℃、100℃、150℃、200℃及300℃时的滑动摩擦力矩。绘制滑动摩擦力矩随温度变化的关系曲线,计算250℃时单位面积的滑动摩擦力矩。

7. 离合器防黏着性能试验

离合器总成防黏着性能试验用于测定离合器总成在恒温、恒湿环境中放置一定时间后,在压紧元件无作用的状态下,离合器主、从动部分之间的分离力或分离转矩,以评价离合器的耐锈蚀、抗黏着性能。

将离合器盖总成、从动盘总成及飞轮(或相同材料夹具)装成实车状态,垂直放入已调整好的恒温、恒湿箱内锈蚀12h,再置于大气中12h,重复上述过程两次,共72h。再将试件平放,固定飞轮,旋松盖总成与飞轮间连接螺栓,消除压紧力(螺栓仍在飞轮上),对从动盘毂施加扭转力矩,使从动盘相对压盘和飞轮摩擦表面开始转动的力矩,即为分离扭转力矩。

二、变速器试验

1. 机械式变速器

1)变速器效率试验

测定变速器的传动效率时,可应用开式试验台(图8-12)或闭式试验台(图8-13)。

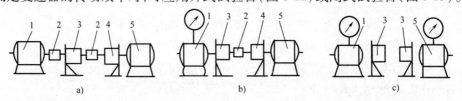

图8-12 变速器开式试验台

1-电动机;2-转矩测量传感器;3-主试件;4-陪试件;5-制动测功机

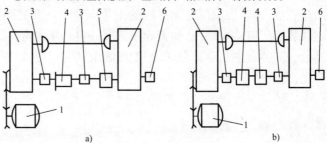

图8-13 变速器闭式试验台

1-电动机;2-辅助齿轮箱;3-转矩传感器;4-被试变速器;5-陪试变速器;6-加载器

(1)采用高精度转矩法测量一个变速器的输入转矩(M_1)和输出转矩(M_2)。试验可在开式试验台上进行,也可在闭式试验台上进行M_1和M_2的测量。可都用高精度转矩仪(图

8-12a),也可以借助测功机和转矩仪(图 8-12b)、图 8-13a)。由测得的 M_1 和 M_2 值,求得变速器的机械效率为:

$$\eta = \frac{M_2}{M_1 i} \tag{8-15}$$

式中:η——变速器传动效率;
　　　M_1——作用在变速器第一轴上的输入转矩,N·m;
　　　M_2——作用在变速器第二轴上的输出转矩,N·m;
　　　i——变速器所测挡位的传动比。

(2)采用对接法测量两个变速器的第一轴转矩(M_1 和 M_2)。采用测量两个输出轴对接的变速器第一轴转矩的方法测定变速器的传动效率(图 8-12 c)、图 8-13 b),实质是同时测定两个变速器的效率,即:

$$\eta^2 = \frac{M'_1}{M_1} \tag{8-16}$$

则一个变速器的传动效率为:

$$\eta = \sqrt{\frac{M'_1}{M_1}} \tag{8-17}$$

式中:M'_1——变速器第一轴的输出转矩,N·m。

(3)采用平衡转矩法测量一个变速器的输入转矩 M_1(或输出转矩 M_2)及壳体上的平衡转矩 M_p。预先将被试变速器利用滚动轴承平衡地支承在地面(或平板)上,见图 8-14。

对于汽车通用的同心轴结构式变速器,测出 M_1 和 M_p 之后,变速器效率计算式为:

$$\eta = \frac{1 + \frac{M_p}{M_1}}{i} \tag{8-18}$$

或测出 M_2、M_p 之后,则变速器效率计算式为:

$$\eta = \frac{M_2}{M_2 - M_p i} \tag{8-19}$$

(4)采用平衡框架法测量一对变速器的第一轴输入转矩 M_1 和作用在框架上的反作用转矩 M_p。将一对变速器安装在平衡框架上,应用开式试验台测定变速器传动效率,见图 8-15。在测得第一轴输入转矩 M_1 和作用在框架上的反作用力矩 M'_p 之后,可计算变速器(一个变速器)的传动效率为:

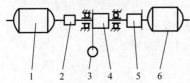

图 8-14　变速器平衡法测转矩
1-电动机;2-转矩传感器;3-拉力传感器;4-试件;
5-陪试件;6-加载器

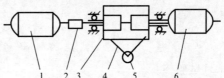

图 8-15　变速器平衡框架法测转矩
1-电动机;2-转矩传感器;3-试件;4-平衡框架;5-拉力传感器;6-加载器

$$\eta = \sqrt{1 - \frac{M'_p}{M_1}} \tag{8-20}$$

此外，由于变速器的传动损失所引起的发热，采用了从其发热量求出传动转矩损失的水浴法和油浴法。在变速器的传递转矩损失中，有传动齿轮啮合损失、润滑油搅拌损失以及轴承、油封等摩擦损失。这些损失变化是由输入转矩、输入转速或润滑油温度等确定的。因此，在试验中要一方面改变输入转矩和转速以及变换挡位，另一方面要求出广泛使用条件下的损失转矩或传动效率。

2）润滑试验

为了防止变速器烧坏、摩擦等，同时抑制油温上升，要向变速器内的各润滑部件供给必要而充分的润滑油，并进行确认试验。

试验的目的是变速器在各种工作条件下，不传递转矩时评价润滑效能。其方法是先磨合变速器，使每一前进挡都进行30min运转，输入转速等于其最大使用转速的3/4，当油温超过140℃时冷却变速器，在变速器壳的各部位设置窗口，以便视察润滑油的飞溅和润滑油的流动情况，安装测量油温传感器。试验中要包括高速、上下坡、转圈行驶在内的经过实车考验的全部回转、倾斜等行驶条件设定的试验循环运转，见表8-3。用目测观察润滑情况，并对润滑效能作出评价。

循环运转要求表　　　　表8-3

变速质量	操纵力要有适当的力度，则可顺利地实现变速
柔软	在操纵过程中要感到确实可靠，无不适感和滑动感，十分柔顺
节度	各变速挡位置的进入或拨出感到十分明确，切入过程也感到适度
操纵时的噪声	无敲击、滑动、齿轮冲击等噪声
球头柄的形状和位置	适当的球头柄形状和位置有利于操纵的轻便性。另外，其长度和转动方向要适当

3）变速器静扭强度试验

（1）试验条件。

试验装置见图8-16。变速器输出轴固定，输入轴扭转转速不超过15 r/min；变速器安装支架，输入轴和输出轴只承受转矩，不允许有附加的弯矩作用；轮齿受载工作面与汽车行驶工况相同。

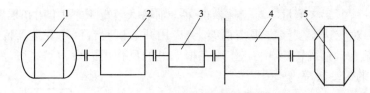

图8-16　变速器静扭强度试验装置图

1-电机；2-减速器；3-转矩传感器；4-变速器试件；5-输出轴固定装置

（2）试验步骤。

将变速器挂入某一挡位，开机加载，直至损坏或达到规定的转矩为止，记录出现损坏时或达到规定的转矩时输入轴的输入转矩及转角。若出现轮齿折断，转过120°后再试验，一个齿轮测3点，取平均值。

（3）试验结果处理。

静扭强度后备系数 $K_1 = M/M_{e\max}$，M 与 $M_{e\max}$ 分别为试验结束时记录的转矩和发动机最大转矩。静扭强度后备系数 K_1 大于或等于规定值，判定试验合格。

4）变速器疲劳寿命试验

（1）试验设备。

变速器疲劳寿命试验应有以下设备：驱动装置，吸功装置，变速器安装支架，转速、转矩、温度测量仪，计时器和安全装置等。

（2）试验步骤。

①磨合：输入轴转速为发动机最大转矩点转速±10r/min；输入轴转矩为发动机最大转矩的50%，偏差为4～5N·m；前进挡磨合时间分别不少于1h，倒挡磨合不少于0.5h；磨合后的变速器应更换润滑油。

②试验流程如下：将变速器安装在试验台上；试验油温为80℃±50C；输入转速为发动机最大转矩点转速±10r/min，输入转矩为发动机最大转矩±5N·m。倒挡转矩为发动机最大转矩的1/2（±5N·m）；各挡试验的时间接表8-4要求确定，或根据整车厂的要求确定。若整车厂没有要求。应根据齿轮和轴承的设计寿命进行试验。试验从低速挡开始向高速挡、倒挡的各挡位顺序进行。整个试验可分为10个循环进行。

疲劳寿命试验指标　　　　　　　　　　　　　　表8-4

变速器类型		寿命指标——输入轴循环次数($\times 10^5$)					
		Ⅰ挡	Ⅱ挡	Ⅲ挡	Ⅳ挡	Ⅴ挡	—
乘用车变速器	四挡变速器	≥10	≥100	≥100	≥100	—	—
	五挡变速器	≥10.8	≥27	≥79	≥162	≥257.4	—
	—	—	—	—	—	—	—
商用车变速器	四挡变速器	≥10	≥100	≥100	≥100	—	—
	五挡变速器	≥5	≥30	≥100	≥100	≥100	—

注：1. 倒挡输入轴循环次数不少于7.2（$\times 10^5$）。

2. 直接挡可以不试验。

3. 需方有要求的按需方要求执行。

③试验结果处理。

在试验期间没有漏铀等故障，且主要零部件无断裂，齿面无严重点蚀（点蚀面积超过4mm^2，或深度超过0.5mm）、无剥落、轴承无卡滞等，判定试验合格。

5）变速器同步器寿命试验

（1）试验设备。

变速器同步器寿命试验应有以下设备及要求：可驱动变速器输出轴的驮动装置，离合器从动盘或模拟离合器从动盘的惯性盘，变速器安装支架，力传感器，记录换挡往复次数的计时器，变速器油温计，转速计，换挡执行机构等。

（2）试验步骤。

将变速器安装在试验台上，按规定加注润滑油。试验中润滑油的温度不予控制，但不得超过90℃。从变速器输出端驱动变速器，在相邻两挡间交替换挡，变速器输出轴转速在换挡过程中的波动不大于设定转速的5%，并保证挂上相邻低挡位时输入轴转速为发动机最大功率点转速的65%～70%。各工况的循环次数按表8-5规定执行，也可根据变速器的设计寿命对循环次数进行相应调整。调整换挡力为设计规定值。按10次/min的频率进行试验。

各工况的循环次数　　　　　　　　　　　　　表 8-5

换挡挡位	循环次数	换挡挡位	循环次数
Ⅰ—Ⅱ—Ⅰ挡间	≥40000	Ⅲ—Ⅳ—Ⅲ挡间	≥100000
Ⅱ—Ⅲ—Ⅱ挡间	≥75000	Ⅳ—Ⅴ—Ⅳ挡间	≥100000

注:1. 需方有要求的按需方要求执行。

2. 倒挡带同步器的Ⅰ—R—Ⅰ挡间循环次数大于或等于15000。其中Ⅰ挡不作考核。试验时设置输出轴转速,使输入轴在倒挡时转速为1000r/min。输出轴旋转方向与车辆前进时的旋转方向相同。

(3)试验结果处理。

试验时应定时检查、监听运转声音。如发生异常(如同步器发生撞击故障,油温过高,换挡时间过长或不能挂挡等),应及时停机。试验过程中,任一挡不得出现换挡失效和连续5次撞击声。

6)变速器换挡性能试验

(1)试验设备。

变速器同步器寿命试验应有以下设备及要求:可驱动变速器输出轴的驱动装置,离合器从动盘或模拟离合器从动盘的惯性盘,变速器安装支架,力传感器,记录换挡往复次数的计时器,变速器油温计,转速计,换挡执行机构等。

(2)试验步骤。

按规定加注润滑油;从变速器输出端驱动变速器。在相邻两挡间交替换挡,并保证挂上相邻低挡位时输入轴转速为发动机最大功率点转速的65%~70%;变速器输出轴转速在换挡过程中的波动不大于设定转速的5%,换挡力设定为设计规定值;油温设定为60℃,控制精度为±5℃,测量精度为±1℃;测量各挡同步力并记录;测量各挡的同步扭矩并记录。

(3)试验结果处理。

评估变速器换挡系统的性能。在满足设计同步时间和同步力情况下,二次冲击力的峰值不高于同步力的70%。

7)变速器温升试验

(1)试验设备。

变速器温升试验应有以下设备:所匹配发动机最高转速下稳定运转的驱动装置;连续记录变速器的油温和室温的记录仪;变速器安装支架等。

(2)试验步骤

从油温与环境温度相差±2℃开始试验。环境温度保持为10~30℃,按规定加注润滑油。测量整个试验期间变速器的油温,变速器在无负载情况下,每挡以发动机最高转速运转,在5h内,油温稳定在变速器设计最高许用油温以下的某个温度0.5h以上,停止试验,变速器温升试验合格;或一直低于变速器设计最高许用油温,则变速器试验合格。在5h内高于变速器设计最高许用油温,停止试验,变速器试验不合格,连续记录变速器油温随时间变化的曲线。

(3)试验结果处理

温度-时间的曲线应平滑无突变,且不超过变速器设计最高许用油温。

8)变速器高速试验

(1)试验设备。

变速器高速试验应有以下设备:驱动装置(输出转速在怠速到发动机的最高转速之间

时,驱动装置输出功率不低于发动机的最大功率),吸功装置(工作转速内,能吸收变速器的输出功率),变速器安装支架,转速、转矩、温度测量仪,计时器和安全装置等。

(2)试验步骤。

①磨合:输入轴转速为发动机最大转矩点转速±10r/min;输入轴转矩为发动机最大转矩的50%,偏差为4~5N·m;前进挡磨合时间分别不少于1h,倒挡磨合不少于0.5h;磨合后的变速器应更换润滑油。

②试验流程:将变速器安装在试验台上,按规定加注润滑油。试验油温90℃~110℃。Ⅰ、Ⅱ、Ⅲ、Ⅳ挡分别以输入转速4000±10r/min,输入转矩为该转速时的发动机最大转矩±5,持续运行0.5h以上,然后发动机在以最高转速,转矩为最高转速时的最大转矩±5,持续运行0.5h以上;Ⅴ挡输入转速4000±10r/min,输入转矩为该转速时的发动机最大转矩的85%±5,持续运行5h以上;倒挡输入转速3000±10r/min,输入转矩为该转速时的发动机最大转矩±5,持续运行0.17h以上,或根据整车的要求确定。

(3)试验结果处理。

试验期间没有漏油等故障,且轴承、齿轮等零件没有发生烧蚀或影响变速器运转的破损,则变速器试验合格。

2. 自动变速器

1)台架性能试验

用于评价各变速挡的动力传递性能,试验项目类似于液力变速器试验:

(1)广泛测定传动状态下各变速挡性能的一般性能试验。

(2)测定在发动机节气门全开状态下的转矩性能试验。

(3)测定定速行驶时道路负载性能试验。

(4)测定逆驱动时的惯性行驶性能试验。

(5)测定输出轴无负载状态时各变速挡损失转矩的无负载损失试验。

另外,在标准中虽无规定,但在装有锁止机构的自动变速器中,在锁止离合器接合状态进行测定。

自动变速器台架试验装置见图8-17。关于润滑油的状态一般除测定变速器的出入口油温外,还要测定油底壳内的油温、管线油压。

除自动变速器总成试验外,还有与此相关的各构成元件的传递性能和损失试验。除变速器的单件性能试验外,还有油泵的驱动转矩、摩擦接合装置的打滑转矩以及润滑油的搅拌阻力的评价试验。

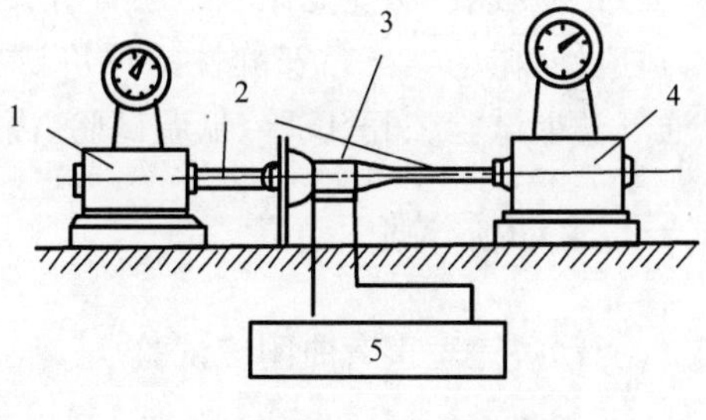

图8-17 自动变速器试验台
1-动力输入测功机;2-传动轴;3-自动变速器;4-动力输出测功机;5-热交换器

2)变速性能试验

用于评价变速时和锁止离合器接合和分离时的过渡特性(冲击和迟滞),包括根据发动机和整车的惯性质量和行驶阻力负载设定的测功机台架试验和整车行驶试验,前者一般最终还要通过整车进行行驶试验确认。过渡特性一般通过车辆加速用输出转矩(传动轴转矩)以及发动机的转速来判断。但是,同时也采用作用于摩擦接合装置的油压及电子控制自动变速器中的各种控制信号,这些参数对改善特性也起作用。另外,在加速和转矩变化过程中难以明确感觉到的变速以及随着变速是否产生异响,则通过感官评价来弥补。

3)摩擦元件试验

一般将摩擦元件在专用试验机上进行试验,试验机和试验方法由厂家自行决定。采用具有代表性的SAE NO.2型摩擦试验机,见图8-18,可进行通过被试摩擦元件来制动回转质量,以便检测被试摩擦元件的动态性能(动态摩擦系数、最终动态摩擦系数等)、时效变化、耐久性的惯性型动态试验和使被试摩擦元件微速滑移,以便检测出摩擦元件的静止摩擦系数的定速型试验。

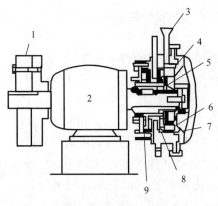

图8-18 摩擦试验机
1-飞轮;2-电机;3-注油口;4-离合器板;5-连接衬套;6-离合器盘;7-支座;8-压板;9-活塞

4)油压制动系统性能试验

取出阀本体总成进行试验,使用可控制压力和流量的油压装置,评价阀的静特性、动特性以及油压控制回路稳定性等。另外,在电子控制自动变速器中,作为调节器使用的各种电磁阀,结合使用此驱动装置进行试验。

5)油泵性能试验

取出油泵单件进行试验,通过可控制转矩和转速的转矩仪在其运转中评价喷油性能、脉动和噪声的大小等。

6)变速杆操纵感觉试验

通过变速杆的操纵力或自动变速器外杆的操纵力来评价变速杆的操纵性等。

7)停车试验

用于评价停车装置输出轴的固定和松开功能,一般采用整车行驶方式。

8)其他性能试验

在自动变速器的性能试验中还有有关冷却系统、油量测定系统、润滑性能以及对使用环境的适应性、振动噪声等安静性的评价试验。主要项目如冷却系统性能试验、存油水平试验、通气功能试验、润滑试验、低温试验、高温试验、混入泥、水试验、齿轮噪声试验等。

三、驱动桥试验

1. 驱动桥壳垂直弯曲刚度试验

驱动桥壳把汽车质量传到车轮,并将作用在车轮上的各种力传到悬架及车架,同时又是主传动器的外壳,因此必须有足够的强度和刚度。

一般采用大吨位压力试验机和相应的支架、夹具、配套测量仪表组成试验装置。

试验方法:将被试验桥壳支承在支架上,压力机通过夹具与桥壳中部接触,把试件预加载荷至满载轴荷2~3次,退回原始状态,调整仪表零点。垂直向下缓慢施加载荷直至满载轴荷为止,记录测量不少于7点处的位移量,然后卸载至载荷为零。画出各测点在满载轴荷时的位移量,然后连成折线,计算满载轴荷时的最大位移与轮距的比值,应不低于标准规定。满载轴荷时,轮距最大变形量应不超过1.5mm/m。

2. 驱动桥总成锥齿轮支承刚性试验

螺旋锥齿轮,尤其是双曲线螺旋锥齿轮的啮合状态对支承刚度异常敏感,支承刚性对齿轮的寿命有极大影响。

试验方法:试验装置多为组合形式。驱动装置连接驱动桥总成的输入端,半轴端连接到制动装置,施加制动载荷。在壳体上钻孔,并使百分表测量杆安装处平整,依次磨平测量点处的表面。装配总成,检查轴承预紧度以及主、被动齿轮的啮合间隙。将总成装在有仪表支承环架、夹具等试验台上。装上百分表,调整百分表盘,施加一个方向载荷(符合车辆前进方向)循环一周,撤销转矩载荷,仪表调零。在输入轴上施加一个从零开始逐步增加到设计值的转矩,连续增量为设计值25%,记录齿轮相对壳体在同一位置、同一时刻的百分表值(在三个坐标上标明)和转矩值,经多次测量,较稳定的数值方可作为测量结果。所测绝对位移量与美国格里森公司规定极限进行比较作出评价,见图8-19。

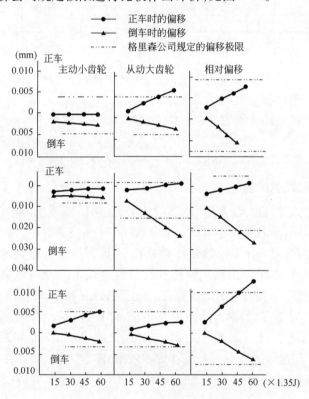

图8-19 齿轮刚性试验的统计结果和控制极限

3. 半轴静扭刚度试验

半轴将转矩从差速器传递到车轮,是驱动桥总成刚度最薄弱的环节,必须对其进行试验。

试验方法:将半轴花键侧插入扭转试验机夹具中,凸缘侧通过支架固定。检验半轴是否处于水平状态,安装仪器仪表。以一定方向对试件预加转矩载荷至额定载荷,然后卸载至原始状态,调整仪器仪表零点,按一定方向缓慢施加载荷至额定载荷为止,记录转矩 M 及转角 α 数值,然后卸载至载荷为零。绘制扭转刚度特性曲线,在额定载荷以下的直线端的任意一点斜率 $C = M/\alpha$,即为角刚度。

4. 润滑试验

润滑试验是在各种工况下,不传递转矩时,检查齿轮、轴承以及其他滑动部位的润滑状况。

试验方法:将被试总成按实车状态安装在试验台上,在桥壳适当处开设透明窗口,以便观察内部润滑情况,安装测量油温的传感器或热电偶,保持总成壳体内润滑油充足,变速器每个挡位进行2h磨合。磨合时主动轴旋转,转速是每个前进挡额定最大转速的3/4,油温不超过140℃。试验时,输入转速以最低转速到该车辆的额定转速,从小齿侧进行回转。

另外,还伴随车辆行驶的直线加速度或相当它的倾斜施加于试件上,进行三个循环试验,试验规范见表8-6。

循环试验时间(单位:min)　　　　　　　　　　表8-6

挡位	第一循环	第二循环	第三循环	挡位	第一循环	第二循环	第三循环
I	5	10	15	IV	240	480	720
II	10	20	30	V	240	480	720
III	30	60	90				

润滑状态的评价方法:

(1)在总成壳体适当部位开设透明窗口,直接观察润滑油的流动状态。

(2)测量各部位的油浴高度的压力计方式。

(3)在需要测定的油路上设置旁通管路,测量旁通管路流量等。

分别使用上述方式,评价整个总成的润滑状态。另外,润滑油的温度对流动影响很大,因此,要使油温保持稳定,即至少在10min内,油温变化不超过3~4℃。

5. 自锁式差速器性能试验

为了提高汽车的通过性,充分利用汽车的牵引力,保证转矩在两车轮间的不等分配,在越野汽车和必须有一部分时间在不良的道路条件下工作的载货汽车和客车上,广泛采用自锁式差速器。评价其性能的主要参数是锁紧系数 K,即差速器传给慢转车轮与快转车轮转矩的最大比值。可进行由驱动桥额定轴荷和旋转角度设定的专用台架试验和整车行驶试验。台架试验一般通过车轮转弯工况进行,以一定的转矩与转速驱动主动小齿轮,驱动装置随桥体同步旋转,测出左、右半轴上的转矩及转速,即快边转矩 M_1 和角速度 ω_1、慢边转矩 M_2 和角速度 ω_2。求出左、右半轴转矩之比、之和及之差,以此评价自锁式差速器锁紧系数 K、转矩分配系数 ξ、差速器效率 $\eta_{差}$、差速器传动效率 $\eta'_{差}$。

6. 驱动桥耐久性试验

1)驱动桥齿轮、轴承耐久性试验

驱动桥总成齿轮可分为主减速器齿轮和差速器齿轮,主减速器齿轮一般为螺旋伞齿轮或准双曲面齿轮,传递功率时,由于锥齿轮设计时有偏距,在运转时会产生很高的热量,所以试验装置应有润滑油冷却装置,同时有主动齿轮驱动功率装置和半轴的制动功率吸收装置。

我国的驱动桥齿轮试验参考《IVECO16—5220 驱动桥主减速器齿轮疲劳试验方法》,规定后桥输入转矩是根据汽车发动机在18°坡道上输出的功率为驱动桥试验的输入条件,而对越野车还要进一步增大坡度,同时按汽车总质量计算。一般车辆,尤其是中、重型车都必须把挂车质量计算在内。

对于齿轮疲劳寿命,是在上述试验条件下,行驶500~1000km,同时还规定了汽车驱动桥反拖(滑行)工况试验。

欧洲一些国家已进行了大量的数据采集。例如,意大利已将全国营运公路路谱进行采集,建立了庞大的数据库。通过数据处理,建立了程序加载规范,例如某种车型的程序加载规范见图8-20。

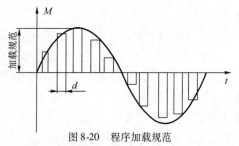

图8-20 程序加载规范

注:加载规范为最大限度选择齿轮弯曲疲劳试验载荷的60%~70%。

d 的大小是根据模拟汽车在最常使用的转矩和功率的工况下,在最有代表性的各种道路上采集到的道路谱的方法予以确定。

2)驱动桥齿轮的磨损试验

分等幅加载和程序加载两种,磨损试验原则上都是对齿轮施加小载荷、高转速。

(1)等幅加载。可与变速器齿轮疲劳试验结合起来,变速器输出轴的输出功率作为驱动桥的输入条件,如果驱动动力源是电动机,以五挡变速器为例,Ⅰ~Ⅳ挡疲劳试验分别加载为40万、700万、1000万、1200万次,Ⅴ挡直接挡不试,试验顺序按排挡循环的方法进行。如果驱动动力源是汽车发动机,其加载方法和疲劳寿命可参考表8-7。

加载方法和疲劳寿命表　　　　表8-7

挡位	循环寿命 ($\times 10^4$)	试验条件		
		发动机最大转矩及最大转矩时的转速	发动机最大功率及其最大功率时的转速	反拖转矩为发动机转矩的50%计最大功率时转速
Ⅰ	30~40	70%	20%	10%
Ⅱ	500~700	70%	20%	10%
Ⅲ	1 000	70%	20%	10%
Ⅳ	1 000~1 200	70%	20%	10%
Ⅴ	直接挡不试	—	—	—

(2)程序加载试验。可按驱动桥主减速器齿轮的程序加载条件进行,一般试验载荷可以进一步减小,其值应根据试验目的和设计人员的设计参数确定。试验循环次数也应由设计人员确定车辆行驶的最大里程或在试验过程中出现不正常的振动和噪声而停止试验,但最终结果允许齿面上开始有点蚀发生,但不能有侵蚀式的痕迹,主、被动齿侧间隙可以增加到开始试验前间隙值的2~4倍。轴承允许在滚道和在轴肩上有中等程度的磨损,并在应力较大区域内开始出现点蚀现象。允许预负荷减小,而轴向间隙不增加。

3)驱动桥壳垂直弯曲疲劳试验

考虑到我国过去道路条件较差、车速低、承载大,而且安全系数设计较大,试验时载荷取满载轴荷的2.5倍,这对现代汽车是比较苛刻的。特别是现在材料质量较好和汽车轻量化设计后,对于轻型汽车是很难通过上述试验条件的。对于有的驱动桥桥壳是铸件,半轴套管是插管式,为了取得轴头和板簧座处的疲劳强度,可将半轴套管单独进行试验。

4)桥壳端部区域弯曲疲劳试验

在商用载货汽车和乘用车,尤其是我国中型客车多借用货车底盘的情况下,悬架外侧区域的疲劳寿命很重要,尤其是汽车在转弯时侧向力增大,轴头区域容易发生变形损坏。一般试验方法是将车桥簧座进行固定,对轴端施加垂直和侧向两个方向载荷。垂直载荷取车桥的满载轴荷(单边)或稍大于此值,而侧向载荷取垂直载荷的±30%~±40%,对于特殊应用场合或特定试验,可以设定其他载荷。其寿命要求最低 B_{10} 寿命达到5万~10万次,最多也不超过10万~20万次。

5) 差速器行星齿轮和轴肩垫圈的磨损试验

差速器行星齿轮在汽车上主要起差速作用,试验时必须模拟汽车的实际工况,一般可将差速器总成整体安装在试验台上,一端半轴齿轮与动力源相连,另一端半轴齿轮与施力机构相连。试验前先进行磨合,一般转速为100~150r/min,载荷根据技术部门或设计人员确定,一般为试验载荷的25%左右,磨合共进行2h。清洗后正式进行试验,正式试验转速是磨合转速的2~3倍,载荷是磨合载荷的4倍,油温控制在110~120℃,共计进行50~60h试验。

轴向施加脉动载荷,施加30s全载荷后,再空载运行60~90s。旋转方向为每5h变换一次,每10h观察一次齿面情况。试验结束后拆开检查,与初始值进行比较,其磨损量不应超过图纸规定值或由设计人员确定的值。

第三节 悬架试验

一、弹簧试验

1. 钢板弹簧试验

钢板弹簧是汽车悬架中采用最广的结构形式,其试验项目有垂直负荷下的永久变形试验、弹簧特性试验和垂直负荷下的疲劳试验。

对于钢板弹簧,不少厂家进行了各种试验,如钢板弹簧的动态刚度试验、程序疲劳试验和道路模拟试验等。与静态刚度不同的动态刚度是某弹簧作等幅正弦运动时,其振幅为 α,频率为 f,一个循环周期内的最大和最小载荷差值为 ΔP,其动态刚度为 $\Delta P/2\alpha$。它标志着弹簧在该工况下工作时的刚度值。钢板弹簧可以进行程序疲劳试验,也可以采用CRPC道路模拟方法,模拟钢板弹簧的真实受力状况,使之在三向受力状况下进行试验,真实地在台架上重现钢板弹簧在汽车上起的弹性元件装置(垂直力)和导向装置(纵向力和横向力)的作用,从而较真实地做出汽车使用工况下的结果,具有更高的参考价值。

钢板弹簧试验时,应注意:
(1) 在试验台上的安装应与车上条件基本一致。
(2) 应采取严密的防护措施,确保人与设备的安全。
(3) 做耐久性试验时试件发热,应有足够的降温措施,如风冷等。
(4) 钢板弹簧总成耐久性试验时,应勤观察、仔细看,因试件中有一片断裂,总成仍能继续运行试验。

2. 螺旋弹簧试验

螺旋弹簧是汽车悬架中弹性元件采用较多的一种结构,单独的螺旋弹簧只承受垂直负荷,没有导向作用,只有和带铰链的导向机构合用时,其导向机构承受一定的纵向力或横向力。试验方法见JB 10416—2004《悬架用螺旋弹簧 技术条件》标准。试验项目有:弹簧垂直方向的永久变形试验、垂直方向的疲劳试验和带铰链导向机构的疲劳试验。

3. 空气弹簧橡胶气囊

为了进一步提高汽车的行驶性能,近年来,特别是在客车和城市无轨电车上,空气弹簧得到了较多的应用,它与钢板弹簧和螺旋弹簧相比不会产生永久变形,可以获得较理想的非线性弹性特性,可以随载荷自动调节空气压力,保持车身在一定高度,且寿命较长。

空气弹簧的试验标准见 GB/T 13061—1991《汽车悬架用空气弹簧 橡胶气囊》标准，其试验项目有胶料物理性能试验、伸缩试验、气密试验、弹簧特性试验、破坏试验、剥离试验和台架寿命试验。随着产品开发的需要和试验工作的不断深入细化，对空气弹簧有些厂家做了更细的工作，如特性试验中不只用标准规定的变形量—负荷、变形量—内压和变形量—有效面积的曲线（或数据组），还作它的动刚度曲线，计算公式为：

$$C = \frac{F_{\max} - F_{\min}}{2\alpha} \tag{8-21}$$

式中：C——空气弹簧以振幅为 α、频率为 f 作等幅正弦运动时，一个循环的动刚度，N/mm；

$F_{\max}$——被测一个循环载荷极大值，N；

$F_{\min}$——被测一个循环载荷极小值，N；

α——振幅，mm。

从试验中还可以得到标准高度时的体积—内压曲线和标准内压时的体积—位移曲线。

空气弹簧除按标准做橡胶气囊本身的气密试验外，还要求与之相配的试验设备的管路及接头均密封良好，且空气弹簧盖板焊点也应焊牢密封。另外，空气弹簧做寿命试验时同样需要散热，应有相应措施。

二、减振器试验

汽车悬架的减振装置绝大多数都采用筒式减振器，钢板弹簧靠弹簧片间的摩擦阻尼只能吸收部分振动能量，起一定减振作用。现在汽车多采用体积小、质量轻、散热快、振动能够迅速衰减的筒式减振器。

目前，国内汽车行业筒式减振器试验标准有：QC/T 545—1999《汽车筒式减振器 台架试验方法》和 QC/T 491—1999《汽车筒式减振器 尺寸系列及技术条件》。

随着计算机功能的不断开发和应用，由计算机和电液伺服机构联合开发的试验装置可以完成减振器的性能和耐久性试验，并且可以把双动试验台的减振器耐久性试验在单动的装置上完成。用这种装置做的 EQ7100 前减振器示功图见图 8-21。它不仅是以往定性观察

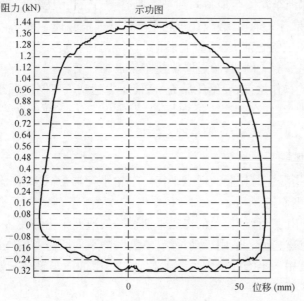

图 8-21 前减振器示功图

的参考,而且是定量的结果。它可以明确指出复原阻力值、复原阻力误差、压缩阻力和压缩阻力误差。

图 8-22 是减振器耐久性试验频率图,由高频和低频曲线叠加而成。

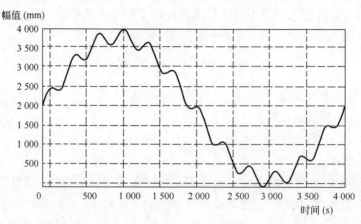

图 8-22　减振器耐久性试验频率图

第四节　车轮试验

一、车轮平衡试验

1. 试验前预检查

(1)大多数车轮平衡器都要求车轮和轮胎从汽车上卸下来,安装到平衡器上。拆下车轮和轮胎后,要把车轮上所有的泥土、灰尘和沙砾都清洗掉。

(2)轮胎内的夹杂物,如橡胶球等会使轮胎不可能平衡。当车轮和轮胎总成安装到平衡器上时,要绝对保证车轮安全地紧固到平衡器上。当轮胎缓慢转动时,仔细听一听轮胎内是否有夹杂物。如果有夹杂物,必须在车轮平衡试验前清除掉。

(3)在车轮平衡试验之前,要检查轮胎的胎冠和胎侧是否有缺陷。这些缺陷会产生危险,而且会影响车轮平衡。例如,胎冠厚块使车轮很难平衡。

(4)在平衡试验操作之前,要给轮胎充气,使压力达到汽车制造厂建议的数值。

(5)松动车轮轴承,使车轮产生横向振动,模仿汽车运行时车轮的不平衡状态。因此,在诊断车轮平衡状况时,要检查好轴承的安装情况。

2. 车轮静平衡试验

车轮静平衡是指静止时轮胎的适当平衡。车轮平衡器形式多样,车轮平衡的确切步骤根据车轮平衡器类型而定。

车轮静平衡使用的一种最简单的车轮平衡器是气泡型车轮平衡器。使用气泡型平衡器只能进行静平衡的操作,而不适用于动平衡。因此,静平衡所需要的质量块在车轮上应该平分成两份,而且使其中一半恰好处于另一半对面。使用这种车轮平衡器来进行静平衡操作时,按照下列步骤进行:

(1)试验前预检查。

(2)调整平衡器腿,使气泡位于中央。
(3)将车轮紧固在平衡器上,使三角形记号对准车轮的气门嘴。
(4)观察平衡器上的气泡水准仪,确定轻、重位置。较轻部分恰好处于较重部分的对面,见图8-23。
(5)在车轮上较轻的部分加足够的质量块,直到水准仪显示车轮平衡为止。
(6)对准加质量块位置,从胎侧上沿径向围绕轮胎用粉笔作标记,直到内侧胎圈。
(7)将车轮从平衡器上卸下来,把质量块质量除2。
(8)将所需要的质量块牢固地固定在轮辋上作标记处,见图8-24。两块质量块合起来的质量应与步骤(5)中质量相等。
(9)将车轮重新安装到平衡器上,检查车轮是否平衡。

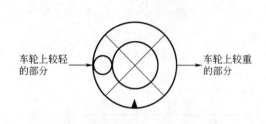

图8-23 气泡型平衡器的气泡和三角形标记

图8-24 质量块固定位置

一些车轮质量块用弹簧夹将质量块固定到轮辋的边缘。使用特制夹持钳可把质量块压到轮辋上,而且可以从轮辋上把质量块卸下来。镁或铝车轮需要使用粘在上面的平衡块。无论哪种类型的平衡质量块,都要牢固地安装在车轮上。

在一些类型的车轮平衡器上,进行车轮静平衡操作时,车轮由于重力可以旋转,较重的部分可以使轮胎旋转直至这一部分位于底部。在与车轮较重部分成180°角的车轮顶部加上所需要的平衡质量块。如果车轮和轮胎总体达到静平衡状态,重力不会使车轮从静止位置旋转起来。用手使轮胎旋转,每隔120°检查是否达到平衡状态。

目前,最常用的平衡器是电子车轮平衡器。使用电子平衡器时,操作者必须输入车轮直径、宽度和偏移量,这些是电子车轮平衡器计算时必需的信息。

3. 车轮动平衡试验

车轮动平衡是指在轮胎和车轮旋转时轮胎的恰当平衡。车轮动态不平衡用铅块来校正。一些电子车轮平衡器用电动机使轮胎高速旋转。还有一些电子车轮平衡器在平衡操作过程中,用手使轮胎旋转。电子车轮平衡器的动平衡计算与静平衡同时进行,并将正确的平衡块的大小和位置显示给操作者。轮胎和车轮总成必须使用大小合适的适配器安全地固定在平衡器上。在车轮与汽车分离的电子高速车轮平衡器上,进行动平衡操作前,必须使平衡器上的安全护罩就位。手动的电子车轮平衡器不需要安全护罩。

若较重的部分位于胎冠的内侧,则在车轮内侧与较重部分成180°角安装大小合适的平衡质量块,可以达到动平衡,见图8-25;若较重部分位于胎冠外侧,则在车轮外侧与较重部分成180°角安装大小合适的平衡块,可以达到动平衡,见图8-26。在一些车轮动平衡操作步骤中,要求与较重部分成180°角安装大小合适的平衡块,然后在对侧与第一块平衡块成180°角安装与此相同的平衡块。安装第二块平衡块是为了保持静平衡,见图8-27。车轮的静态或动态不平衡可能导致轮胎杯形磨损以及外胎上出现一些磨光的斑点,见图8-28。

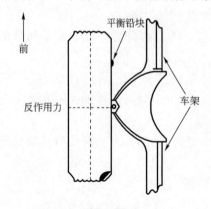

图8-25 较重部分位于外胎内侧的车轮动平衡

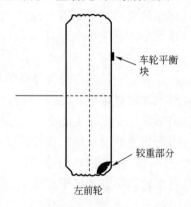

图8-26 较重部分位于外胎外侧的车轮动平衡

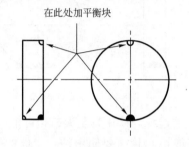

图8-27 质量块固定位置

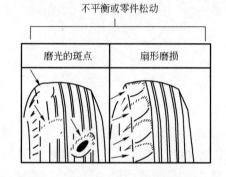

图8-28 由于车轮不平衡引起的轮胎杯形磨损及外胎上磨光的斑点

4. 汽车上车轮的平衡

车轮平衡器采用一个由电动机驱动的鼓,该鼓装在汽车轮胎上,从而由电动机驱动车轮旋转。许多用于装在汽车上的车轮的平衡器有一个带有测量仪的频闪灯和一个电子振动传感器。单独的车轮平衡和汽车上的车轮平衡相互补充,最终使车轮达到良好的平衡状态。例如,在进行单独的车轮平衡操作后,仍然存在车轮振动问题。在这种情况下,就要进行汽车上车轮平衡试验来校正。汽车上车轮平衡的操作步骤对所有旋转的零件,包括制动鼓或制动盘的不平衡进行校正。

1)后轮驱动汽车上的前轮平衡试验步骤

(1)进行车轮平衡试验预检查。

(2)将欲进行平衡试验的车轮抬离地面12cm。

(3)在下摆臂和地面之间安装电子振动传感器。

(4)在轮胎的胎侧上用粉笔作一个参考标记。

(5)快速旋转车轮,使前保险杠恰好产生振动。

(6)当振动使频闪灯闪亮时,把平衡器鼓撤离轮胎,使轮胎自由旋转。

(7)围绕胎侧,使频闪灯闪亮,并注意粉笔标记的位置。

(8)记下测量仪上指针的位置。

(9)用平衡器的制动盘使车轮旋转速度变慢直至停止。

(10)旋转车轮,直至使粉笔标记的位置恰好在频闪灯之下。此时,较重部分位于车轮底部,平衡质量块应与此成180°角安装。平衡块的质量按照测量仪显示的数字确定。

(11)再次旋转车轮。如果车轮达到平衡要求,测量仪的指针将处于平衡位置。如果指针指示的不是平衡位置,就需要在胎侧上重新点亮频闪灯。如果所安装的车轮平衡质量块处于12点钟位置,说明平衡重不够,而若处于6点钟位置,则说明平衡重过多。若处于3点钟或9点钟位置,可以通过把质量块向12点钟位置移动2.5cm来校正。

使用汽车上车轮平衡器应注意:不要使车轮旋转速度过高;当千斤顶位于汽车底盘下面,悬架下落时不要旋转车轮。此时,前半轴的联轴节存在着很大的角度,如果车轮随着平衡器旋转,将会损坏联轴节。把千斤顶放在下摆臂下面使车轮升起。

2)后轮驱动汽车的后轮平衡试验步骤

在后轮驱动汽车的后轮上使用平衡器时,必须确定此汽车差速器是一般类型,还是防滑型。将变速器置于"驻车"位置或手动变速器换入空挡,用手使一个后轮旋转。如果汽车具有防滑差速器,后轮不会旋转,而自由旋转的车轮表明使用的是普通差速器。后轮在平衡器上旋转时,要注意使速度计上显示的速度不要超过56km/h。

若汽车上使用普通差速器,则后轮的车轮平衡步骤与前轮相同。只把预平衡的车轮抬离地面,使速度计上所显示的速度不超过56km/h。当另一只后车轮支撑到地面上时,正在进行平衡试验的车轮速度为112km/h。如果汽车使用防滑差速器,按照下列步骤进行车轮平衡试验:

(1)举升汽车,将安全支架放在车架下面支撑汽车。

(2)用千斤顶把后桥壳支撑起来,以减小万向节的角度,但不要使汽车质量脱离安全支架。

(3)将不进行平衡试验的其他车轮拆卸掉。在制动鼓上安装车轮螺母并拧紧,使制动鼓装好。

(4)采用与前轮相同的步骤,使对侧的车轮平衡。

(5)将已平衡的车轮留在汽车上,安装上另一只车轮,并使其平衡。要注意,拧紧车轮螺母的力矩要恰当。不要使后轮旋转速度超过速度计上显示的90km/h。

二、轮胎噪声测量试验

1. 轮胎噪声分析

轮胎噪声主要包括空气扰动噪声、轮胎结构振动噪声及路面噪声。

轮胎快速滚动时对其周围形成扰动,辐射出噪声。由于轮胎胎面有各种不同的花纹,当轮胎胎面与地面接触时,胎面受压缩、拉伸,形成泵气、吸气效应。这种泵吸效应在轮胎滚动过程中周期性发生,在空气中形成疏密波,即辐射出噪声。由于空气泵吸时的流速很高,这种噪声相当大,一般认为它是形成轮胎噪声重要的因素,其基频与汽车行驶速度、轮胎圆周上的沟槽数成正比,与轮胎的有效半径成反比。另外,轮胎结构的弹性振动也辐射噪声,其中轮胎的径向振动是最重要的因素,周向振动主要影响高频噪声。汽车在平滑路面上起步、紧急制动或急转弯时,轮胎与地面接触摩擦引发局部激振从而辐射噪声。

影响轮胎噪声辐射的因素有轮胎种类、结构和轮胎材料、轮胎滚动速度、载荷、充气阻力、路面状况等,其中最重要的因素是花纹行驶与路面状况。各种花纹形式的轮胎与不同路面相互作用可使轮胎噪声级和噪声频谱有很大的变化。

2. 轮胎噪声测量方法

轮胎噪声测量方法见表 8-8。

轮胎噪声测量　　　　　　　　　　表 8-8

测量项目	测量环境与仪器	试验方法
整车远场	半自由场；声级计、轮速仪、倍频程滤波器	消去法：被试车发动机熄火，变速器置空挡，由牵引车等速拖行，牵引绳足够长。测点布置参考整车噪声测量点（该轮胎噪声中包括部分传动系噪声）。适合轮胎噪声对比试验
整车近场	半自由场；声级计、轮速仪、倍频程滤波器	测量轮胎泵吸及振动所辐射噪声，传声器近场安装，被试车等速行驶，一般用于轮胎噪声形成机理的研究，适合轮胎噪声对比试验
拖车近场	半自由场；声级计、轮速仪、倍频程滤波器	被试轮胎装于专用拖车内，传声器近场安装于半自动声场条件的车厢内侧。装有被试轮胎的拖车由牵引车等速拖行，可精确测量轮胎噪声的大小和频谱，一般适用于轮胎的研究部门
室内试验	半自由场；声级计、轮速仪、倍频程滤波器、加载装置、低噪声转鼓	被试轮胎安装在半消声室内的加载装置上，轮胎以一定压力与转鼓接触，在转鼓驱动下实际模拟汽车轮胎使用状况。测点在轮胎与转鼓接触面的后方或室内适当位置上，进行轮胎噪声形成机理、各种参数影响及某种轮胎辐射噪声能力的评论研究，精度高，测量工况易于控制

目前，我国轮胎噪声还没有统一的测量方法。国际上轮胎噪声测量有整车远场测量法、整车近场测量法、拖车近场测量法和室内试验测量法等。轮胎噪声测量主要是为了声源评价与分析。

3. 轮胎噪声测量中的注意事项

注意传声器的安装和位置，要求传声器振动小，与轮胎和地面的距离选择恰当；为消除车辆行驶时传声器附近空气的影响，试验时传声器一定要带风罩。近场测量的信号，仅为轮胎泵吸及振动所辐射的噪声，不是全部轮胎噪声。用拖车近场测量法测量轮胎噪声时，为减少牵引车辆噪声的影响，牵引车的排气消声器应采用屏蔽措施。做轮胎噪声近场测试时，传声器一般离地面 20cm，离轮胎（径向）15cm，传声器用电缆接到声级计，见图 8-29。

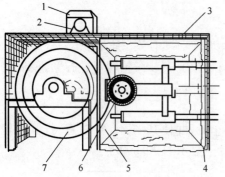

图 8-29　轮胎噪声室内试验
1-驱动电动机；2-传动皮带；3-安全框架；4-吸声层；
5-光滑墙面；6-被试轮胎；7-模拟地面（转鼓）

第五节　车身密封性试验

汽车车身密封性试验包括汽车粉尘密封性、水密封性和气密封性试验，主要测试车辆车身防尘、防水和气体密封性能。

一、粉尘密封性试验

汽车粉尘密封性试验包括粉尘洞试验和道路试验。

1. 粉尘洞试验

1）试验条件

(1)试验车辆应处在良好的技术状态,试验在空载条件下进行。

(2)试验在粉尘洞内进行,粉尘洞应具有满足试验要求的安全空间,洞内应装有成直线排列的导向指示雾灯,左右两边应设有防止汽车撞墙的装置。洞外两头应有试验车掉头的回转圆场,圆场直径要满足试验车转弯加速的要求。

(3)试验所用粉尘应具有一定的抗湿性能,其尘粒规格为 300 目/in^2 以上,试验时洞内粉尘浓度应在 $150\sim300mg/m^3$ 之间。

(4)试验时应是无雨天气,路面干燥无积水,相对湿度小于 80%,气温在 $0\sim40℃$ 之间,沿粉尘洞纵向轴线风速小于 1.5m/s。

2)试验准备

(1)试验用仪器应按国家有关计量仪器的规定进行定期检验;试验前,按要求进行检查。试验仪器主要有粉尘取样仪(2.5%)、风速仪(0.1m/s)、温度计(±1℃)、湿度计(2%~6%RH)、天平(最小分度值 0.1mg)、秒表(±0.5s/d)、干燥缸和滤纸(阻挡效率≥99%)。

(2)试验前将试验车内外用水冲洗干净并晾干,然后开门、窗、孔、口,保持车厢内清洁。

(3)每次试验采用同一型号、规格及同一生产厂家生产的滤纸。待用滤纸必须在干燥缸中干燥 6h 以上,将试验中所需要的足够数量滤纸逐张称重,装入编号的滤纸盒内备用。

3)试验方法

(1)采样头安装。安装工作在粉尘洞口进行,车长 L 小于或等于 10m 的汽车,车内采样头安装在纵向对称面内,且位于将车身长度四等分的前后等分点处,共 2 只。车长 L 大于 10m 的汽车,车内采样头安装在纵向对称面内,且位于将车身长度 6 等分的前、中、后等分点处,共 3 只。车内采样头高度 H 距座椅上表面为 750mm,吸气口朝上。车外采样头装于后视镜上,左右各一只,吸气口朝前。采样头安装位置见图 8-30 和图 8-31。

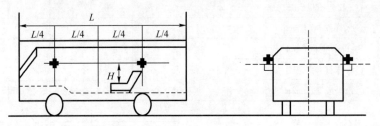

图 8-30 采样头安装位置(车长 L 小于或等于 10m 的汽车)

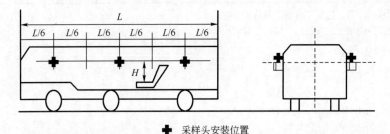

图 8-31 采样头安装位置(车长 L 大于 10m 的汽车)

(2)测量车身内部本底粉尘浓度。测量前应再次清除车厢内粉尘,保持门、窗、孔、口处于关闭状态,在车内前采样头内装入一片滤纸,然后打开车内前采样头的粉尘取样仪采样,采样流量 20L/min,采样时间 15min,经取样后的滤纸小心放回原编号的滤纸盒内。

(3)行驶试验。在所有采样头内装入滤纸,然后打开所有粉尘取样仪,调准采样流量为 20L/min,然后关闭粉尘取样仪。

试验车起步穿过粉尘洞,掉头再进入粉尘洞时打开所有粉尘取样仪采样,试验车以 30km/h 的车速来回穿过粉尘洞进行试验,记下试验车的连续行驶时间和穿过粉尘洞的实际时间。试验应保证穿过粉尘洞的实际时间大于 3.5min,连续行驶试验应在 15min 内结束。

试验结束时应先停车,然后关闭粉尘取样仪,经取样后的滤纸小心放回原编号的滤纸盒内。

(4)滤纸的干燥和称重。取样后的滤纸置于干燥缸中 6h 以上,与试验取样前置于干燥缸中的时间差不大于 10min,然后称重,称重结果填入试验记录表,见表 8-9。

粉尘洞法密封性试验记录表 表 8-9

试验车编号:				实验日期:			
车辆型号:				试验人员:			
天气状况:				校对人员:			
温度:		湿度:		风速:			
试验起止时间:				试验往返次数:			
采样部位			本底	车外		车内	
				左	右	前	中	后
滤纸	编号						
	采样前质量(mg)						
	采样后质量(mg)						
粉尘质量(mg)							
采样流量(L/min)							
采样时间(min)				*		**	
采样体积(L)							
粉尘浓度(mg/m³)							
平均粉尘浓度(mg/m³)			本底				
			车内				
			车外				
密封度 $M(\%)$							

注:* 车外采样时间为试验车穿过粉尘洞的实际时间;
　　** 车内采样时间为试验车的连续行驶时间。

(5)试验结果处理。

①粉尘质量计算式:

$$P = P_2 - P_1 \tag{8-22}$$

式中:P_1——采样前的滤纸质量,mg;

　　　P_2——采样后的滤纸质量,mg;

　　　P——粉尘质量,mg。

②粉尘浓度计算式:

$$W = \left(\frac{P}{V}\right) \times 10^3 \tag{8-23}$$

式中：P——粉尘质量，mg；

V——采样体积，L；

W——粉尘浓度，mg/m³。

③汽车粉尘密封度计算式：

$$M = \left[1 - \frac{(W_n - W_b)}{W_w} \right] \times 100\% \qquad (8-24)$$

式中：W_n——车内平均粉尘浓度，即车内各测点测量结果的平均值，mg/m³；

W_b——车内本底粉尘浓度，mg/m³；

W_w——车外平均粉尘浓度，即车外各测点测量结果的平均值，mg/m³；

M——汽车粉尘密封度，%。

④试验结果的有效性检验。试验所测得的车外左右采样头的粉尘质量与其平均粉尘质量的允许偏差不得超过20%，其平均粉尘浓度必须在150～300mg/m³ 之间，否则该次试验无效。

2. 道路试验

1) 试验条件

(1) 试验车辆应处在良好的技术状态，试验在空载条件下进行。

(2) 试验道路应为干燥的多尘土路或沙石路，长度不小于10km。

(3) 试验时应是无雨天气，路面干燥无积水，风速小于1.5m/s。当风速大于1.5m/s，但小于3m/s时，风向与行驶方向夹角不得大于30°。

2) 试验准备

与粉尘洞试验相同。

3) 试验方法

(1) 采样头安装。安装工作在试验道路起点进行，车长L小于或等于10m的汽车，车内采样头安装在纵向对称面内，且位于将车身长度四等分的前后等分点处，共2只。车长L大于10m的汽车，车内采样头安装在纵向对称面内，且位于将车身长度6等分的前、中、后等分点处，共3只。车内采样头居地板高度H：微型客车为800mm，轻型客车为1000mm，中型、大型与特大型客车为1200mm，吸气口朝上。车外采样头装于车身前部，并与车内采样头同高，距车身外侧200mm处，左右各1只，吸气口朝前。

(2) 测量车身内部本底粉尘浓度。测量前应再次清除车厢内粉尘，保持门、窗、孔、口处于关闭状态，在车内前采样头内装入一片滤纸，然后打开车内前采样头的粉尘取样仪采样，采样流量20L/min，采样时间15min，经取样后的滤纸小心放回原编号的滤纸盒内。

(3) 行驶试验。试验开始时，应先打开粉尘取样仪，调准流量后再起步，试验车速30km/h，被试车辆尾随扬尘连续行驶15min，车距10～15m。试验车驾驶员应有意识地驱车追逐灰尘，使整车行驶于被扬起的尘土中。采样流量为20L/min，车外粉尘浓度应不小于100mg/m³。当车外粉尘浓度大于300mg/m³时，允许降低采样流量至15L/min。试验结束时应先停车，然后关闭粉尘取样仪，经取样后的滤纸小心放回原编号的滤纸盒内。

(4) 返程试验。重复上述(2)、(3)步，进行返程试验。

(5) 滤纸的干燥和称重。取样后的滤纸置于干燥缸中6h以上，与试验取样前置于干燥缸中的时间相差不大于10min，然后称重，称重结果填入试验记录表。

(6)试验结果处理,与粉尘洞试验相同。

二、水密封性试验

车身水密封性能主要考核车辆在雨天、洗车环境中,关闭门、窗及孔盖时防止水进入车厢、行李舱的能力。通常在人工淋雨试验条件下对车辆车身水密封性能进行检验。

1. 试验条件

(1)环境条件。淋雨试验时,气温在 5~35℃ 之间,气压在 99~102kPa 之间。在室外淋雨试验台上进行试验,应选择晴天或阴天,且风速不超过 1.5m/s。

(2)车体受雨部位及其降雨强度。淋雨试验时,客车车体受雨部位及其降雨强度见表 8-10。

客车车体受雨部位及其降雨强度(mm/min)　　　　表 8-10

客　车	前围上部	侧围上部、后围上部、顶部	底　部
有行李舱	8~10	4~6	8~10
无行李舱	8~10	4~6	不要求

注:1. 前围上部是指车体前部,风窗下周边密封胶条下沿至车顶的部分。
　　2. 侧围上部是指车体侧面,侧窗框下沿至车顶的部分。
　　3. 后围上部是指车体后部下周边密封胶条下沿至车顶的部分。

(3)喷嘴布置要求。前、后部喷嘴的轴线与客车 Y 基准平面平行,与铅垂方向的夹角为 30°~45°,喷嘴朝向车体。侧面喷嘴的轴线与客车 X 基准平面平行,与铅垂方向的夹角为 30°~45°,喷嘴朝向车体。

顶部喷嘴的轴线与客车 Z 基准平面垂直,喷嘴朝向车体。底部喷嘴位于客车 Y 基准平面两侧,其轴线与客车 X 基准平面平行,与铅垂方向的夹角为 30°~45°,喷嘴上仰朝向另一侧车体。

底部喷嘴与地板下表面距离为 300~700mm,其余部位喷嘴与车体外表面距离为 500~1 300mm。

喷嘴布置应保证规定的车体外表面都被人工雨均匀覆盖,不存在死区。

(4)淋雨要求。喷嘴的喷射压力为 69~147kPa,淋雨时间为 15min。

2. 淋雨设备

1)淋雨设备的组成和工作原理

淋雨设备主要由水泵及其驱动电动机、底阀、压力调节阀、节流阀、截止阀、水压表、流量计、输水管路附件、喷嘴、蓄水池、支架和喷嘴架驱动调整装置等组成,见图 8-32。

淋雨时,水泵由电动机驱动,水从蓄水池内不断泵入主管路,经过压力调节和流量调节,进入淋雨管路,通过喷嘴射向车体表面。喷射出的水被收集流入蓄水池,经过多级沉淀、过滤后,循环使用。

2)淋雨设备性能和参数

(1)淋雨面积。应保证被试车的外表面让喷嘴喷出的人工雨均匀覆盖,不存在死区,其计算方法如下。

①无行李舱的客车淋雨面积。

a. 顶部淋雨面积应大于车体在基准 Z 平面上的投影面积,其尺寸为:

$$L = A + (0.5 \sim 1.0)$$
$$M = B + (0.4 \sim 0.8)$$

式中：L——顶部淋雨面长度，m；
　　　A——车长，m；
　　　M——顶部淋雨面宽度，m；
　　　B——车宽，m。

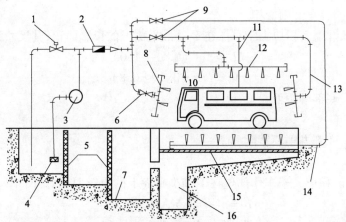

图 8-32　淋雨设备

1-压力调节阀；2-流量计；3-水泵；4-吸水口滤网；5-滤网；6-闸阀；7-多级沉淀池；8-前部淋雨管路；9-闸阀；10-喷嘴；11-侧面淋雨管路；12-顶部淋雨管路；13-后部淋雨管路；14-底部淋雨管路；15-盖板；16-泥沙沉淀池

b. 侧面淋雨面积应大于侧窗窗框下沿以上车体部位在 Y 基准平面上的投影面积，其尺寸为：

$$L = A + (0.5 \sim 1.0)$$
$$N = H - D + (0.4 \sim 0.6)$$

式中：L——顶部淋雨面长度，m；
　　　A——车长，m；
　　　N——侧面淋雨面高度，m；
　　　H——车高，m；
　　　D——地面至侧窗窗框下沿高度，m。

c. 前部淋雨面积应大于风窗下周边密封胶条下沿以上车体部位在 X 基准平面上的投影面积，其尺寸为：

$$M = B + (0.4 \sim 0.8)$$
$$P = H - E + (0.4 \sim 0.6)$$

式中：M——前部淋雨面宽度，m；
　　　B——车宽，m；
　　　P——前部淋雨面高度，m；
　　　H——车高，m；
　　　E——地面至风窗下周边密封条下沿高度，m。

d. 后部淋雨面积应大于后窗下周边密封条下沿以上车体部位在 X 基准平面上的投影面积，其尺寸为：

$$M = B + (0.4 \sim 0.8)$$

$$Q = H - F + (0.4 \sim 0.6)$$

式中：M——后部淋雨面宽度，m；

B——车宽，m；

Q——后部淋雨面高度，m；

H——车高，m；

F——地面至后窗下周边密封条下沿高度，m。

②有行李舱的客车淋雨面积。

a. 顶部、底部淋雨面积应大于车体在 Z 基准平面上的投影面积，其尺寸为：

$$L = A + (0.5 \sim 1.0)$$
$$M = B + (0.4 \sim 0.8)$$

式中：L——顶部、底部淋雨面长度，m；

A——车长，m；

M——顶部、底部淋雨面宽度，m；

B——车宽，m。

b. 侧面淋雨面积应大于车体部位在 Y 基准平面上的投影面积，其尺寸为：

$$L = A + (0.5 \sim 1.0)$$
$$T = H - R + (0.4 \sim 0.6)$$

式中：L——侧面淋雨面长度，m；

A——车长，m；

T——侧面淋雨面高度，m；

H——车高，m；

R——轮胎自由半径，m。

c. 前部、后部淋雨面积应大于车体在 X 基准平面上的投影面积，其尺寸为：

$$M = B + (0.4 \sim 0.8)$$
$$T = H - R + (0.4 \sim 0.6)$$

式中：M——前部、后部淋雨面宽度，m；

B——车宽，m；

T——前部、后部淋雨面高度，m；

H——车高，m；

R——轮胎自由半径，m。

(2)降雨强度。降雨强度应满足表 8-10 的要求。

(3)喷射压力。喷射压力为 $69 \sim 147$ kPa。

(4)水泵流量与扬程。水泵流量应比实际所需最大流量大 5%～10%，扬程不小于 40m。

(5)喷嘴布置。喷嘴布置应保证规定的车体外表面被人工雨均匀覆盖，不存在死区并符合相应的降雨强度，若需经常对外廓尺寸差别较大的多种车型进行防雨密封性试验，则应将淋雨管路的喷嘴架设置成可移动调节的。

(6)喷嘴结构和参数。尼龙喷嘴的喷射孔径为 $\phi 2.5$mm，偏心式，其结构见图 8-33。

专用喷嘴的喷射孔径为 $\phi 2.5 \sim \phi 3$mm，水流通过双头或三头螺纹产生旋转后喷出，其结构见图 8-34。

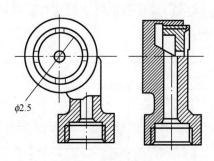

图 8-33 尼龙喷嘴结构

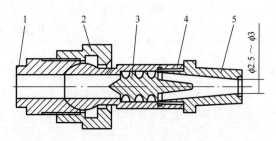

图 8-34 专用喷嘴结构

1-喷水头座；2-锁紧螺母；3-多头梯形螺杆；4-喷水头中部；
5-喷头嘴

3. 试验程序

1）降雨强度测定

淋雨试验前应对淋雨室的降雨强度进行测定，使其符合表 8-10 的要求。强度测量主要有自身测定和外部测定两种方法。

（1）自身测定法。自身测定法适用于淋雨管路上安装有流量阀的系统，对于降雨强度规定值不同的受雨部位的管路应分别安装。通过调节管路的节流阀控制流量，降雨强度计算公式：

$$Q_Y = \frac{3F_0 A_0}{50} \tag{8-25}$$

式中：Q_Y——流量，m^3/h；

F_0——车体待测部位规定降雨强度，mm/min；

A_0——车体待测部位对应标准面积，m^2。

（2）外部测定法。外部测定法测定降雨强度，可用图 8-35 的容器测定。

将容器的软管与待测淋雨喷嘴连接，被连接的喷嘴应间隔选取；进水阀和放水阀都处于开启状态，启动淋雨设备开始喷水，状态稳定后，关闭进水阀，待容器内的水放尽后，关闭放水阀。开启进水阀，同时计时，2min 后立即关闭进水阀，再关闭淋雨设备。用量杯测量容器内积存的水量，降雨强度计算公式：

$$F = \frac{QK}{6A} \times 10^3 \tag{8-26}$$

式中：F——降雨强度，mm/min；

Q——容器内积存水量，mL；

K——被测淋雨管路中全部喷嘴个数；

A——被测淋雨管路对应的淋雨面积，m^2。

2）喷嘴喷射压力测定

淋雨试验前，应对喷嘴喷射压力进行测定，使其压力在 69~147kPa 之间。测试时选择任意喷嘴，用橡胶软管与水压表连接，开启淋雨设备喷水，即可测定喷射压力。

3）试验

测定工作完成后，将试验车辆停放在淋雨场地指定位

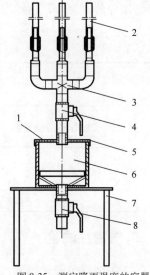

图 8-35 测定降雨强度的容器

1-通气孔；2-软管；3-集流管；4-进水阀；
5-盖；6-容器；7-支架；8-放水阀

置。试验人员进入车内,关闭所有门窗,启动淋雨设备,待淋雨设备喷水进入稳定状态时即为试验开始,5min 后观察车室内渗漏水情况,填入表 8-11。

渗漏情况记录表　　　　　　　　　　　　　　　　　表 8-11

检查部位	渗漏处数计扣分值					小计
	渗（每处扣1分）	慢滴（每处扣2分）	滴（每处扣4分）	快滴（每处扣6分）	流（每处扣10分）	
风窗						
侧窗						
后窗						
驾驶员门						
乘客门						
后门						
顶盖(顶窗)						
前围						
侧围						
后围						
行李舱						
地板						
其他						
合计						

4. 评价标准

试验数据处理采用扣分法,初始分值为 100 分,每出现一处渗扣 1 分,每出现一处慢滴扣 2 分,每出现一处滴扣 4 分,每出现一处快滴扣 6 分,每出现一处流扣 10 分,初始分值减去全部扣分值,如出现负数则按零分计,实得分值即为试验结果。客车防雨密封性限值见表 8-12。

客车防雨密封性限值　　　　　　　　　　　　　　　　表 8-12

客车类型		限值(分)
小型客车		≥94
旅游客车、长途客车	车长≤9m	≥94
	车长>9m	≥92
城市客车	车长≤9m	≥92
	车长>9m	≥90
双层客车,铰接客车,无轨电车		≥88

三、气密性试验

汽车车室气密封试验通过建立车室内与车室外一定的压力差(正压差或负压差),进而测定车室内部的空气泄漏量的大小,来评价汽车车室的密封性能。可采用从车室内吸气的办法使车室内形成一定的真空度(即负压法),来测量车室内部空气泄漏量;也可采用向车室内送气的方法,在车室内与车室外建立一定的压力差(即正压法),来测量车室内的空气泄漏量。下面主要介绍正压法。

1. 试验设备

该试验采用车室气密封试验台进行试验(图8-36)。工作时,送风机由电动机带动送风,在送风筒的中间位置装有孔板,用来测定进风量。整个装置安装在高度可调的升降台上,以适应各种车型的门窗高度。

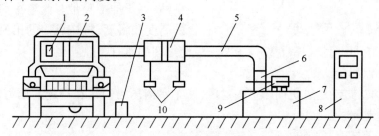

图 8-36　车室气密封试验台

1、3-温度、湿度、压力传感器;2-被试样车;4-孔板;5-管道;6-风机;7-升降台;8-控制柜;9-电动机;10-压力传感器

用车窗模板代替前排左侧车门的门玻璃。车窗模板为5mm厚的塑料板件,外部尺寸应以能够插入左前车窗为准,在模板中间开一圆孔。通风筒通过此孔进入车室,并依此确定进口喷嘴的基准位置。用胶带纸密封好车窗模板与车门门板之间的缝隙。胶带纸应该对表面凹凸不平的区域具有良好的黏合性。

试验时,送风机向车室内送风,采用PID压力闭环系统控制车室内、外压差的恒定。通过测定位于送风筒中的孔板两侧的压力差值,就可以计算出车室的空气泄漏量,计算公式为:

$$Q = 0.01251 \times \alpha \times \varepsilon \times d_t^2 \times \sqrt{\frac{\Delta p_1}{l_1}} \tag{8-27}$$

式中:Q——车室空气泄漏量值;

α——流量系数;

ε——流束膨胀系数;

d_t——孔板在工作温度t时的实际直径,mm;

Δp_1——孔板前后压差,Pa;

l_1——流过孔板的空气密度,kg/cm³。

$$l_1 = l_{20} \times \frac{p_1 \times T_{20}}{T_1 \times p_n \times Z} \tag{8-28}$$

式中:l_{20}——20℃、101.325kPa状态干空气密度(1.2046kg/m³);

p_n——标准大气压(101.325kPa);

Z——空气压缩系数。

2. 试验方法

1)试验准备

(1)对试验样车进行全面检查,标出密封性的薄弱环节。

(2)将空调装置或暖风装置的电动机开关置于"关"的位置。

(3)将位于仪表板外侧、发动机舱内侧的蒸发器进出口密封好。

(4)将压力传感器置于车室的中央,具体安装位置见图8-37。

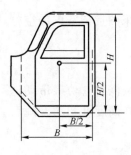
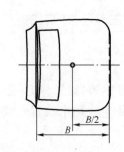

图 8-37 压力传感器在车室中央的安装位置

(5)再次检查所有的车门窗是否已经关闭好。

(6)粘贴。将车门升降器摇到下止点,装上车窗模板,并使车窗模板与车门外门板粘贴在一起;对于起皱的区域,胶带应顺势粘贴;对于不规则表面(如凸凹表面),胶带应沿着轮廓线粘贴,不要抻平胶带。调整车室气密封试验台的高度和斜度,将送风筒的出风口装于车窗模板中央的孔中,并用胶带密封好模板与送风筒之间的所有缝隙。

2)车室总泄漏量测试

开动电动机,带动送风机向车室内送风,使车室内压力恒定在规定的压力值,并按照式(8-27)计算出泄漏量。

3)车室局部泄漏量测试

对于车室某一部位的泄漏量,可以将这一部位用胶带密封好,进行泄漏量测试,然后与车室总泄漏量进行比较,即可计算出该局部的泄漏量。

第六节　汽车电器试验

一、蓄电池试验

1. 测量仪器要求

(1)所用仪表的量程应随被测电流和电压的量值确定,即读数应在量程的后三分之一的范围内。

(2)测量电压用的仪表应是具有不低于 0.5 级精度的电压表,电压表内阻至少应是 $1k\Omega/V$,也可以采用具有同等精度的其他测量仪器。

(3)测量电流用的仪表应是具有不低于 0.5 级精度的电流表。也可以采用具有同等精度的其他测量仪器。

(4)测量电解液密度的密度计应具有适当的量程,分度值至少为 $0.005g/cm^3$,密度计的标定精度至少应为 $0.005g/cm^3$。

(5)测量温度用的温度计应具有适当的量程,其分度值不应大于 $1℃$,温度计的标定精度不应低于 $0.5℃$。

(6)测量时间用的仪表应按时、分、秒分度,至少应具有 ±1% 的准确度。

(7)测量蓄电池外形尺寸的量具应具有 1mm 以上的精度。

(8)测量蓄电池质量的仪器,应具有 ±0.05% 以上的精度。

2. 试验准备

没有特殊说明时,试验应在新的蓄电池进行。"新"样品的蓄电池应符合下列条件:带液蓄电池,出厂时间不得大于 30 天;干式荷电(或湿式荷电)蓄电池,出厂时间不得大于 60 天。

试验前,所有蓄电池必须经完全充电,干式荷电(或湿式荷电)蓄电池要经激活。

完全充电蓄电池,除制造商另行规定外,排气式电池电解液密度在 25℃ 时应为 1.27 ~

1.30g/cm³。静止24h后排气式电池开路电压应为12.70~12.90V;阀控式电池开路电压应不低于12.80V。

3. 蓄电池试验前的预处理

(1)恒流充电。排气式蓄电池在25℃±10℃条件下,以2倍的20小时率放电电流(I_n)进行恒定电流充电至单体蓄电池平均电压达到2.4V后,再继续充电5h(起动试验后的继续充电时间为3h);阀控式蓄电池在25℃±10℃条件下,以$2I_n$(A)恒定电流进行充电,待所有测试蓄电池端电压达到14.80V时,以I_2(A)电流恒流充电4h。

(2)蓄电池在25℃±10℃条件下,以表8-13中的电压U_1(V)和电流I_1(A)进行充电后,然后以I_2(A)电流充电4h。

蓄电池充电参数　　　　　　　表8-13

蓄电池类型	U_1 (V)	I_1 (A)	I_2 (A)	充电时间 (h)	起动后充电时间 (h)
正常水损耗蓄电池	14.80±0.10	$5I_n$	I_n	20	10
低水损耗蓄电池	15.20±0.10	$5I_n$	I_n	20	10
微水损耗蓄电池	16.00±0.10	$5I_n$	I_n	20	10
阀控式蓄电池	14.40±0.10	$5I_n$	$0.5I_n$	20	10

注:对不能确定或制造商没有明确说明结构的蓄电池,充电应以恒压限流方式充电。

4. 容量试验

1) 20小时率容量试验

蓄电池按规定完全充电结束后1~5h内,并以要求保持在25℃±2℃环境温度中,以I_n(A)电流放电,在放电时间内电流值的变化应不大于±2%,放电过程中每隔2h记录一次蓄电池电压;每隔4h记录一次电池温度。当电压达到10.80V时,每隔5min记录一次蓄电池电压,当电压达到10.50V±0.05V时,停止放电并记录放电时间和温度。并按式(8-29)换算到基准温度25℃时的实际容量:

$$C_e = I_n \times t[1 - \lambda(T - 25)] \tag{8-29}$$

式中:C_e——25℃实际容量,A·h;
　　　t——放电时间,h;
　　　T——最终温度,℃;
　　　λ——0.01,℃$^{-1}$。

2) 储备容量试验

蓄电池完全充电结束后1~5h内,并以规定的方法保持在25℃±2℃环境温度中,以25A电流放电,在放电时间内电流值的变化应不大于±1%,放电过程中每隔10min记录一次蓄电池电压,当电压达到11V时每隔1min记录一次蓄电池电压,当电压达到10.50V±0.05V时,停止放电并记录放电时间和温度。并按式(8-30)换算到基准温度25℃时的实际储备容量:

$$C_r = C_T[1 - \lambda_1(T - 25)] \tag{8-30}$$

式中:C_r——25℃实际储备容量,min;
　　　C_T——最终温度实际储备容量,min;
　　　T——最终温度,℃;

λ_1——单位为每摄氏度,℃$^{-1}$。

5. 低温起动能力

1) -18℃低温起动能力试验

蓄电池完全充电结束24h后,必须放置在带有空气循环的低温箱或低温室中,温度保持在-18℃±1℃,时间不低于24h,或蓄电池任一中间格温度达到-18℃±1℃时,蓄电池在低温箱或低温室取出后2min内,以I_n(A)电流放电30s,在放电时间内电流值的变化应不大于±0.5%,分别记录放电10s和30s时的蓄电池端电压;然后停止放电,静止20s;以$0.6I_n$(A)电流放电40s,在放电时间内电流值的变化应不大于±0.5%,记录40s时,蓄电池端电压。全部试验在90s内完成。

2) -29℃低温起动试验

蓄电池完全充电结束24h后,必须放置在带有空气循环的低温箱或低温室中,温度保持在-29℃±1℃,时间不低于24h,或蓄电池任一中间格温度达到-29℃±1℃时,蓄电池在低温箱或低温室取出后2min内进行如下放电:

以-18℃低温起动电流(I_{cc})放电30s,在放电时间内,电流值的变化应不大于±0.5%,分别记录放电10s和30s时,蓄电池端电压;然后停止放电,静止20s;以$0.6I_{cc}$(A)电流放电40s,在放电时间内电流值的变化应不大于±0.05,记录40s时,蓄电池端电压。全部试验在90s内完成。

6. 充电接受能力试验

蓄电池按式(8-31)计算放电电流:

$$I_0 = \frac{Ce}{10} \tag{8-31}$$

式中:Ce——三次容量放电之中最大一次20小时率实际容量,A·h;

10——放电时间,h。

蓄电池完全充电结束后1h~5h内,并以规定的方法保持在25℃±2℃环境温度中,以I_0(A)电流放电5h。放电结束后,立即将蓄电池放入温度为0℃±1℃的低温箱或低温室内至少20h。蓄电池在低温箱或低温室取出后1min内按14.40V±0.10V电压充电,10min后记录充电接受试验充电到10mim时电流I_{ca}(A)。

7. 电解液保持能力试验

将完全充电的蓄电池开路放置在温度25℃±5℃环境中存放4h;必要时应再次调整每个单体蓄电池中电解液面高度至规定位置。对于有液孔塞的蓄电池,必须旋紧,然后擦净蓄电池表面。蓄电池向前、后、左、右四个方向依次倾斜,蓄电池在1s内,由垂直位置倾斜45°,然后蓄电池在这个位置上保持3s,之后蓄电池在1s内,由倾斜位置恢复到垂直位置,用目测法观察,电解液有无溅出,每次倾斜间隔时间不小于30s。

二、起动机试验

1. 试验条件

如无特殊规定,试验时的环境温度一般为23℃±5℃,相对湿度推荐45%~75%,气压推荐86kPa~106kPa。

2. 试验测量精度

试验设备的综合能力应能满足表 8-14 规定的测量精度。

测 量 精 度　　　　　　表 8-14

项目	电压	电流	转速	转矩
精度	±1%	±1%	±2%	±2%

3. 试验样品的准备

为确保一致性,新起动机在试验前应以 25% 制动力矩的负载运转 15s,停止工作 60s,以 25% 制动力矩的负载运转 15s。

4. 试验台

齿轮式和非齿轮式试验台所得功率明显不同,尤其在试验小功率起动机时更应加以考虑。图 8-38 的试验台用于测量小齿轮与齿环啮合时的性能参数,小齿轮与齿环的齿隙按起动机生产厂家的推荐值。图 8-39 的试验台用于在起动机电枢轴上直接进行测量。

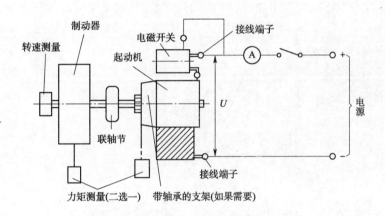

图 8-38　测量小齿轮与齿环啮合时试验台图

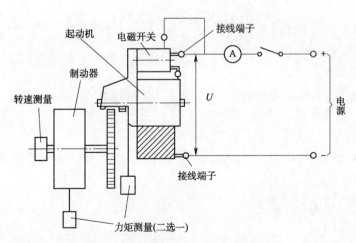

图 8-39　起动机电枢轴上直接进行测量试验台

起动机通过一合适的联轴节与试验装置轴向连接,起动机外伸轴承的驱动端盖可用专用的带轴承的支架代替,应保证联轴器与起动机轴可靠连接。

5. 试验方法

1)试验方法 A

起动机温度为23℃±5℃,为了免作温度修正,也可把起动机置于20℃±2℃温度下。每一点的测试时间不超过3s。

2)试验方法 B

起动机温度为23℃±5℃,为了免作温度修正,也可把起动机置于20℃±2℃温度下。总试验时间不超过10s。

3)试验方法 C

起动机置于20℃±2℃温度下,也可按供需双方商定的其他温度。总试验时间不超过10s。试验可采用方法 A 或方法 B。如用户需要,也可采用试验方法 C。

6. 试验程序

1)逐点法

使起动机在各个不同的转矩负载下运转,并记录各点的转矩、电流、电压和转速。记录点数应保证足以按本标准绘制出曲线(图8-40),试验后,起动机应冷却至试验温度。

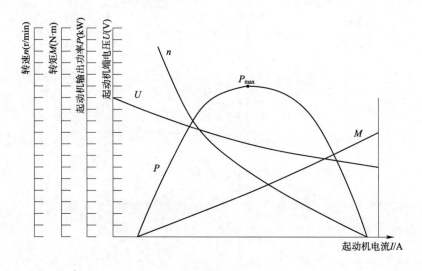

图8-40 特性曲线

2)连续法

使起动机在增加转矩负载的情况下(如需要,直到起动机不转)连续运转,同时自动记录转矩、电流、电压和转速。

3)-20℃时的连续法

将起动机从冷却装置中取出,按连续法进行试验,试验应在起动机取出后3min内完成。

7. 结果表示

起动机输出功率由下式决定:

$$P = \frac{M \cdot n}{9549.3} \tag{8-32}$$

式中:M——转矩,N·m;

n——转速,r/min。

起动机特性曲线按图 8-40 表示,如需要,将测得的参数按照 20℃ 基准温度修正,所用试验台也应规定。如需要,起动机的性能可转化为转速/转矩特性。如果试验在低温下进行,应在试验报告中说明,20℃ 的修正不需进行。

三、带调节器的交流发电机试验方法

1. 试验条件

发电机试验时试验条件如下:

(1)试验应在 23℃ ±5℃ 的条件下进行,温度偏移应有记录。
(2)记录的冷却空气温度,其基准点应在离发电机后端盖进风口 5cm 处。
(3)发电机的旋转方向应符合发电机生产商的规定。
(4)在试验线路中,应使用蓄电池和一个与该蓄电池并联的可变电阻。
(5)试验时,应使用正确标称电压且完全充电的铅酸蓄电池,其容量值(A·h)应不低于发电机额定电流数值的 50%。
(6)试验仪表的精度(表 8-15)。

试验仪表的精度要求　　　　表 8-15

参数	电压	电流	转矩	转速
精度	±0.3	±0.5	±2	±1

(7)整个试验过程中,应通过调节可变电阻 R 以保持试验电压 U_t 不变。
(8)发电机试验时应配有电压调节器。
(9)为阻止调节器发生调节作用,试验应在规定试验电压下进行:12V 系统为 13.5V ± 0.1V;24V 系统为 27V ± 0.2V。

2. 试验设备连接图

发电机试验电路如图 8-41 所示。

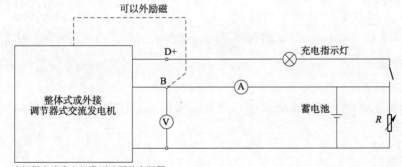

图 8-41　发电机试验电路

电压表应直接连接于发电机的输出端。连接电线应适应发电机试验时的输出要求,采用分离式的调节器试验时,应记录其长度。

3. 试验程序

1)热态电流——转速特性试验

试验时应顺序采用下列转速,在每一转速下定子温度达到稳定时记录输出电流值。一一般建议测试进行30min后记录输出电流值。

2A时的转速,选择1000、1500、2000、2500、3000、3500、4000、5000、6000、9000、12000 r/min、n_{max}进行试验,记录电流—转速特性曲线,应含切入转速、零电流转速、最小工作电流、额定电流、最大电流5个点。

(1)切入转速n_A。发电机转速升高至首次开始输出电流时的转速,该转速取决于励磁功率(输入)、转速变化率、蓄电池电压以及转子中的剩余磁通密度。逐渐增加发电机转速直至充电指示灯系统指示蓄电池开始充电时,记录该转速。

(2)零电流转速n_0。发电机的电压已达到规定的试验电压U,而尚无电流输出时的转速(在电流—转速特性曲线上,该点与横坐标相交)。降低发电机转速直至输出电流介于额定电流的5%和2A之间,记录其转速和电流。

(3)最小工作电流I_L。在发动机怠速(发电机的工作转速1500r/min)时,发电机在试验电压下满励磁的输出电流。调整发电机转速达到1500r/min时,记录其输出电流。

(4)额定电流I_R。发电机在试验电压下、额定转速(n_R=6000r/min)时满励磁的输出电流。调整发电机转速达到6000r/min时,记录其输出电流。

(5)最大电流I_{max}。发电机在试验电压、最高连续工作转速(由发电机生产商规定)下满励磁的输出电流。调整发电机转速达到发电机供应商规定的最大转速n_{max}时,记录其输出电流。发电机的驱动功率是通过转速与测量点中所规定的各测试点测取转矩值进行计算,并求出其效率,可得出两种特性曲线。

2)快速热态电流—转速试验

受试发电机应以3000r/min的转速,并以实际输出的最大电流升温30min,升温和测试过程中,发电机应保持试验电压稳定。发电机升温结束后,将其转速降低直至输出电流介于额定电流I_R的5%和2A之间,开始试验,记录其电流和转速。

试验时,至少应顺序采用下列转速(r/min):1500、2000、3000、4000、6000、9000、12000 r/min、n_{max}。试验时间不应超过30s,并维持稳定的转速变化率。

3)快速冷态电流—转速试验

试验时,至少应顺序采用下列转速:2A时的转速选择:1000、1500、2000、3000、4000、6000、9000、12000、r/min、n_{max}。试验时间不应超过30s,并维持稳定的转速变化率。

4. 试验结果

电流——转速、驱动功率和效率的特性曲线按图8-42所示。

根据热态试验和快速试验的试验结果将会得出不同的特性曲线,具有不同的最大电流值。

四、前照灯

1. 技术要求

(1)前照灯应设计和制造成在正常使用条件下,即使受到振动,仍能保证满足使用要求和符合本标准规定。

(2)前照灯应具有光束调整装置。当近光灯和远光灯形成组合体,并各自装有灯丝灯泡(或灯光组)时,调整装置应能对它们分别进行调整,这些要求不适用于远光灯和近光灯不能单独调节的前照灯组合体,这种形式的组合体适用于以下第(5)条的要求。

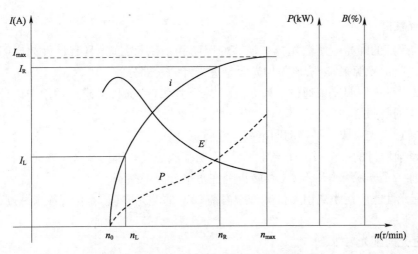

图 8-42 电流—转速、驱动功率和效率的特性曲线

I_{max}-最大电流;I_R-额定电流;I_L-最小工作电流;n_{max}-由发电机制造厂规定的最高连续转速;n_R-额定转速;n_L-最小工作转速 1500r/min;P-发电机不同转速最大输出时的驱动功率;n_0-零电流转速;B-效率

(3) 半封闭式前照灯的灯丝灯泡，即使在黑暗中也应能将其安装在正确位置上。

(4) 封闭式前照灯的插片应坚固，连接牢固。

(5) 当前照灯发生故障的时候，图 8-43 中 h-h 线以上的照度值不大于表 3 中规定的近光限值；并且，近光或远光设计为提供弯道照明的前照灯，必须满足 25V 点(v-v 线上，h-h 线下 75cm 处)照度不小于 5lx。

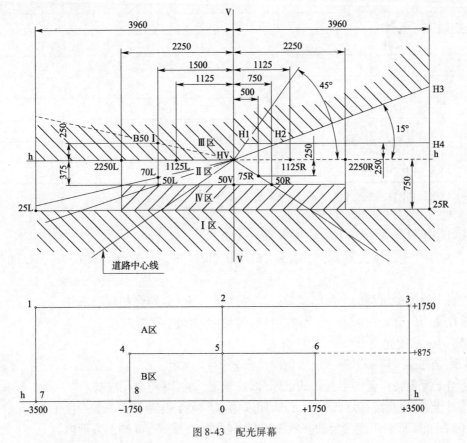

图 8-43 配光屏幕

2. 配光性能

（1）前照灯的配光应使近光具有足够的照明和不炫目,远光具有良好的照明。弯道照明可以通过附加光源来实现,该附加光源是近光灯的一部分。

（2）如果弯道照明光束通过下列方法获得,下述第(4)条的要求也适用于设计成提供弯道照明光束的前照灯。

①旋转近光光束或水平移动明暗截止线转折处。

②移动前照灯的一个或多个光学部件,而明暗截止线转折处在水平方向保持不动。

③增加一个光源,而明暗截止线转折处在水平方向保持不动。

（3）配光性能应在距离前照灯基准中心前 25m 的配光屏幕上测量,各测试点、区的位置如图 8-43 所示。

（4）近光的配光要求。

①在配光屏幕上,近光应产生明显的明暗截止线,其水平部分位于 v–v 线左侧,右侧为 HVH2H3 线。或 HVH1H2H4 线。在配光屏幕上的照度限值,应符合表 8-16 规定。

②在配光屏幕上的照度限值,应符合表 8-16 规定。

照 度 限 值　　　　　　表 8-16

测试点或区域	A 级前照灯和白炽灯光组	B 级前照灯和卤钨灯光组
B50L	≤0.3①；≤0.4	≤0.4
75R	≥6	≥12
75L	≤12①	≤12
50L	≤15①	≤15
50R	≥6	≥12
50V	—	≥6
25L	≥1.5	≥2
25R	≥1.5	≥2
Ⅲ区中任何点	≤0.7	≤0.7
Ⅱ区中任何点	≥2	≥3
Ⅰ区中任何点	≤20	≤2E_{max}②

注：a. 封闭式白炽灯光组为 0.3,且不包括测试点 75L 和 50L。

b. E_{max} 为 50R 的实测照度值。

③对于半封闭式前照灯,在配光屏幕上 A、B 区中,测试点 1~8 的照度限值应符合测试点 1+2+3≥0.3lx;测试点 4+5+6≥0.6lx; 0.7lx≥测试点 7≥0.1lx;0.7lx≥测试点 8≥0.2lx。

④对于反射镜可调的半封闭式前照灯,按规定试验,并符合相应要求。

⑤在Ⅰ、Ⅱ、Ⅲ和Ⅳ区内,应无影响良好可见度的横向照度变化。

（5）远光的配光要求。

①远光在配光屏幕上的照度限值应符合表 8-17 规定。

②对于反射镜可调的半封闭式前照灯,按规定试验,并符合相应要求。

③对于远、近光卤钨灯,其远光最大照度值应不大于近光 75R 测量照度值的 16 倍。

（6）配光屏幕上照度测量的有效面积,应包含在边长 65mm 的正方形内。

远光在配光屏幕上的照度限值 表8-17

测试点或区域	A级前照灯和白炽灯光组	B级前照灯和卤钨灯光组
E_{max}	≥32	≥48 且 ≤240
HV 点	≥0.80E_{max} ≥0.90E_{max}①	≥0.80E_{max}
HV 点至 1125L 和 R	≥16	≥24
HV 点至 2250L 和 R	≥4	≥6

注：①0.90E_{max}适用于白炽灯光组

3. 试验方法

（1）试验暗室、装置及设备。

①试验暗室应无漏光，其环境条件应不影响光束的透射性能和仪器精确度。

②配光屏幕颜色应便于光束照准，配光测试时应消除杂散光影响。

③配光测试应采用直流稳压电源，电气仪表准确度不低于0.2级，照度计应为国家检定规程中规定的一级照度计（其示值误差不超过±4%）。

（2）配光测试时的电压和试验光通量。

①封闭式前照灯的配光测试应在标称电压下进行。

②半封闭式前照灯的配光测试应使用相应类型的标准灯丝灯泡，并在表8-18规定的试验光通量下进行。若至少有一个标准灯丝灯泡使用后满足配光性能，则即为符合要求。

（3）配光测试前，应将标准灯丝灯泡或封闭式灯光组以测试时的电压点亮，使其光性能趋于稳定。

半封闭式前照灯试验光通量 表8-18

灯丝灯泡类型	R2①	H1	H2	H3	H4	H17	H8
试验光通量（12V左右）	700/450	1150	1300	1100	1250/750	1100	600
灯丝灯泡类型	H9②	H11	H51	HB3	HB4	H1R1②	H1R2
试验光通量（12V左右）	1500	1000	700/450	1300	825	1840	1355

注：①新设计的前照灯不推荐使用。

②只适用于装有前照灯清洗器的近光。

4. 配光测试时的照准

（1）近光照准。

①垂直方向明暗截止线的水平部分应位于 h-h 线以下 25cm 处。

②水平方向明暗截止线的转折处应位于 v-v 线上，若转折处不清晰，则以满足 75R 和 50R 的照度值为准。

③照准时为使明暗截止线清晰易见，允许遮蔽部分配光镜。

④照准与否，以目视检验 v-v 线两侧各 50°（219cm）范围内的明暗截止线为准。

⑤按上述照准后，若近光不满足要求，则允许明暗截止线在水平方向左、右各1°（44cm），垂直方向不超过 h-h 线的范围内进行调整。

⑥当弯道照明光束通过旋转近光光束或水平移动明暗截止线转折处的方法获得时，测量应在前照灯总成完成水平重新照准后进行（如采用测角计）。

⑦当弯道照明光束通过移动前照灯的一个或多个光学部件，而明暗截止线转折处在水

平方向保持不动的方法获得时,测量应在这些光学部件位于极端操作位置时进行。

⑧当弯道照明光束通过增加一个光源,而明暗截止线转折处在水平方向保持不动的方法获得时,测量应在该光源点亮时进行。

(2)远光照准。

光束最大照度区域中心位于 HV 点。对可以单独调节的远光,需要进行远光的照准,否则,以近光作为照准基准,即在近光照准后,测量远光时不允许再作调整。

1. 发动机性能试验的种类有哪些?
2. 什么是万有特性曲线?
3. 测量机械损失功率的常用方法有哪些?
4. 机械式变速器试验有哪几类?
5. 粉尘洞试验的试验条件是什么?
6. 水密封性试验的试验条件是什么?
7. 蓄电池试验对测量仪器的要求有哪些?
8. 起动机试验的试验方法有哪些?
9. 交流发电机试验的试验条件是什么?
10. 前照灯的技术要求有哪些?

第九章 汽车虚拟试验技术

第一节 汽车虚拟试验场

在计算机信息技术普及的今天,CAD/CAE/CAM/PDM 的应用极大地促进了汽车研发技术的进步。CAE 技术在中国汽车业的应用,经历了入门、推广、普及等阶段。目前已进入在产品开发中大规模应用并取得实质效益的阶段。采用 CAE 分析可在尚未做出样车之前模拟部件甚至整车的性能,避免了反复进行"设计—试制—测试—改进—再试制"的过程,因此大大缩短了开发周期,提高了设计质量,降低了开发成本,VPG(Virtual Proving Ground,汽车虚拟试验场)就是其中一个广受欢迎的仿真工具。

一、VPG 技术简介

研究汽车整车性能,如舒适性、行驶操纵稳定性分析都不满足于传统的刚性简化假定,要求考虑结构变形刚度影响。在这样的背景下,1995 年 ETA(Engineering Technology Associates,Inc.)公司提出 VPG 技术,构制统一平台,简化建模过程,引入虚拟试验场,从而只需建立一个整车模型(过程简单),能在汽车真实试验条件(真实路面载荷)下,进行整车非线性虚拟样机仿真,达到动态参数设计的目的。同时针对碰撞安全法规的要求,内置欧美碰撞安全法规和各种碰撞模型(假人、壁障、安全带等),轻松进行碰撞安全仿真。

VPG 是 ETA 公司与各大汽车厂商(如 FORD、GM、DAIMLER-CHRYSLER、KIA 等)经过近 20 年的合作,积累了丰富的汽车业 CAE 技术服务经验之后开发出的整车仿真软件(图 9-1),是专门针对整车分析而开发的 CAE 仿真环境,可以进行整车的防撞性、安全性、NVH 和
耐久性等分析。VPG 提供的模型库、工具库及固化专家经验的自动化技术可将整车仿真过程中的人员数量及其工作量降到最低。

二、VPG 组成

VPG 具有强大的建模能力,为用户提供了多个标准模型数据库。用户只需要调用 VPG 中的标准模型,并在必要时修改或者调整所需的参数就可得到所需模型并进行相应的分析。这减轻了工程师的建模负担,节省了分析所需要的时间。

例如在 VPG3.0 中,提供了用于动力学分析的多种汽车试验子系统模型。对于道路模型,VPG 采用美国 MGA 汽车试验场路面数据库:交替摆动路面(Alternate Roll)、槽形路(Pothole Tracks)、鹅卵石路(Cobblestone Tracks)、大扭曲路(Body Twist Lane)、波纹路(Ripple Tracks)、搓板路(Washboards)、比利时石块(Belgian Block)等道路模型,见图9-2。用户也可使用并保存自定义的路面或者利用已有的数据构造特定的路面模型。

图9-1　VPG软件界面

图9-2　路面数字化模型

VPG除了为用户提供大量的标准模型,还模块化了软件集成环境。它将整个软件分成VPG/Pre2Post模块、VPG/Structure模块以及VPG/Safety模块。VPG有强大的建模能力,标准模型数据库化。VPG有全面的标准模型数据库,例如悬架模型(图9-3)、轮胎模型(图9-4)等,一般只要调用就可以方便地形成整车分析模型。常用的悬架模型有:

- McPherson Strut 减振器柱
- Hotchkiss Leaf Spring 渐变截面板簧
- 5-link 五连杆
- Twist Beam 扭杆
- Short-long Arm 长短横摆臂
- Trailing Arm 后纵摆臂
- Quadra Link 四连杆
- Solid axle 实体轴

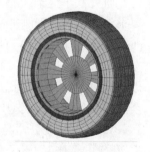

图9-3　VPG悬架模型　　　　　　　　　　　　　图9-4　VPG轮胎模型

此外,对整车非线性分析,VPG轮胎模型是特别关键的。VPG数据库有特别丰富的轮胎模型描述,以适应车身疲劳和寿命分析、振动噪声的NVH研究、动力学分析的需要。用于车身疲劳和寿命分析的轮胎模型可以通过内部函数构造轮胎模型、从轮胎库中直接选取和直接输入试验模型数据。

研究碰撞试验的假人模型:

VPG中内置有FTSS假人、LSTC假人和VPG假人,图9-5为可变形50%前碰撞假人。在VPG中,调整假人的坐姿非常方便,而且考虑到人体实际情况,对各种关节的转动角度进行了内部限制,无须用户干预就可以避免发生不实际的转动角度。另外,利用VPG放置假人的同时,可以给假人加安全带。对于内置的假人,VPG有对应的安全带模型,只需用户指定安全带与车身连接的四个点的坐标就可以创建好安全带,并且与假人没有穿透,安全带与假人之间的接触定义也同时自动完成,见图9-6。

图 9-5 可变形 50% 前碰撞假人

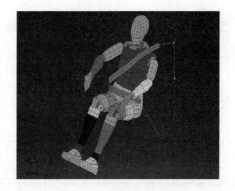
图 9-6 戴安全带的假人模型

第二节 汽车虚拟试验

一、整车系统疲劳寿命分析

汽车结构失效的主要表现是疲劳损伤,所以在汽车有限元分析中,结构的耐久性分析是其重要的一部分。以前处理疲劳寿命问题一般使用线性静力分析方法,现最常用的方法是:首先生成或获得道路载荷数据,然后进行随机分析,最后进行结构的疲劳寿命评估。

VPG 疲劳寿命分析是通过建立整车有限元模型(包括轮胎、底盘和悬架),应用非线性动力显示分析程序,在虚拟的三维道路表面上进行道路试验仿真,从而得到应力应变随时间历程的响应,在此基础上可精确进行结构疲劳寿命评估。疲劳寿命的评估精度,除了依赖于整车模型以外,关键在于应力—应变响应的正确描述,VPG 可充分考虑材料和几何非线性及阻尼的影响,如对计算中出现的车身支撑、发动机支撑,悬架、转向系统连接的非线性因素,车轮轮胎的非线性因素,车轮与地面接触的非线性因素等,给予了充分真实的描述,从而排除了 CAE 分析中常用的假定。

VPG 分析疲劳耐久性的步骤见图 9-7。

实例分析

(1)打开一个新的或空的 VPG 数据库。对于疲劳计算,VPG 要求使用一个空的数据库。

①选择并启动 VPG 图标,或输入执行 VPG(UNIX/LINUX)命令。

②打开一个新数据库。对于算例将创建一名为"test. vpg"的新数据库,见图 9-8。

③界面将弹出"创建新文档"(CREATE NEW FILE),从菜单上选择"是"(YES),见图 9-9。

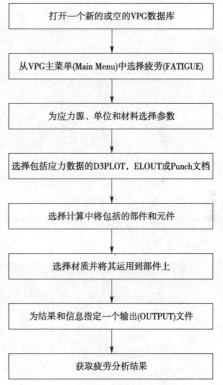
图 9-7 利用 VPG 进行疲劳分析流程图

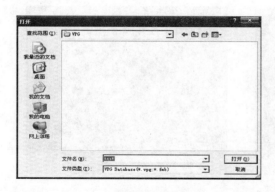

图9-8 创建新的数据库

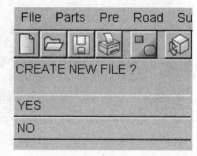

图9-9 创建新文档选项

④对于一个新的 VPG 数据库必须规定数据库格式。仅当模型数据库设定至 LS-DYNA 的 NASTRAN 时,方可使用疲劳(FATIGUE)菜单,因此,对于算例,将从菜单中选择 DYNA,见图9-10。

⑤因为使用任何其他的 LS-DYNA 模型数据库,用户必须选择一个单位制(UNIT SYSTEM)。而这对此算例并不重要,选择菜单项 MM,TON,SEC,N,见图9-11。

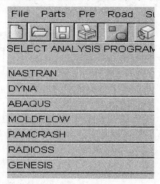

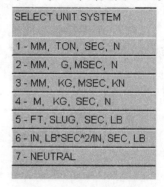

图9-10 疲劳分析数据库设定　　　图9-11 数据库单位选择系统

(2)从主菜单中选择位于窗口顶部的 FATIGUE,见图9-12。如果不可选择,则是因为用户未将数据库类型设定至 NASTRAN 或 LS-DYNA,应使用 UTILITY MENU/SETUP 指令设定数据库类型。

图9-12 进行疲劳分析主菜单

(3)单击菜单后,弹出疲劳控制(FATIGUE CONTROL)窗口。该窗口允许用户规定在计算中选用应力单位,将输入文档的类型、应力的类型(线性或非线性)和疲劳分析中的材料类型,见图9-13。

(4)选择元件是 1010 钢。从默认材料类型(DEFAULT MATERIAL TYPE)菜单中选择 SAT-1010。因为典型的汽车用材料为 1010 钢,对此 VPG 提供必需的疲劳参数,按下列步骤创建补充材料模型。

(5)选择 DYNA 文件,可显示出该文件的轮廓图,见图9-14。

(6)给零件模型赋予(ASSIGN)材料(MATERIAL)。根据疲劳控制(FATIGUE CON-

TROL)菜单,创建一个材料模型。用户现在可以在模型中将元件或零件赋予材料。如果模型包含其他的材料类型,用户可能通过从此菜单中选择"创建"(CREATE)建立一个补充的材料模型,见图9-15。

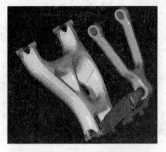

图9-14 DYNA文件的轮廓图

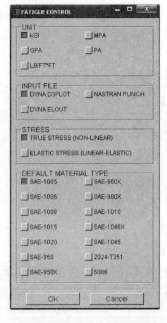

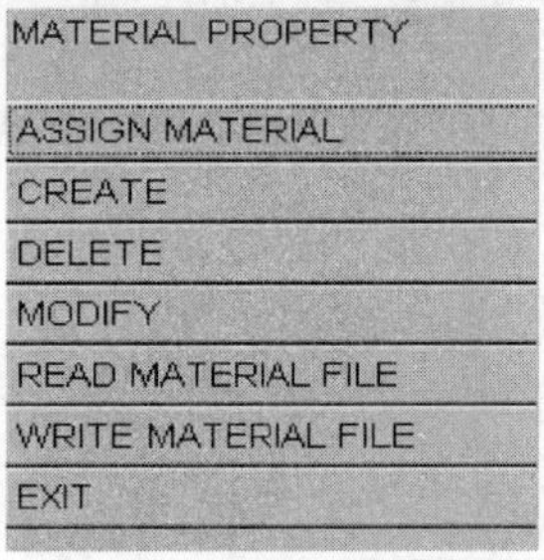

图9-13 FATIGUE CONTROL窗口

图9-15 零件的材料赋值

(7)从"Material Property Menu"(材料性能菜单)中选择"ASSIGN MATERIAL"(赋予材料);赋值材料时显示一个材料模型清单,选择清单中显示的SAE-1010材料,见图9-16。

(8)当完成材料赋值,用户选择退回(EXIT),然后返回材料性能菜单(Material Property Menu)。

(9)分析结果存储在一个外部文档中,以便随后在"多事件疲劳"(MULTIPLE EVENT FATIGUE)计算选项中使用,见图9-17。

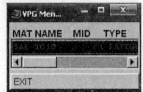

图9-16 材料清单

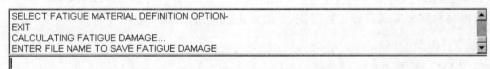

图9-17 保存分析结果

(10)此时,窗口显示的结果最初为节点损坏(Nodal Damage)。这是一个负荷周期的损坏百分率。用户可能希望显示"失效周期数"的结果,在CONTOUR PLOT菜单中提供该选项,通过选择DAMAGE/LIFECYCLE指令来实现,见图9-18。

二、整车系统NVH分析

NVH是噪声(Noise)、振动(Vibration)和声振粗糙度(Harshness)的英文缩略语。声振粗糙度是指噪声和振动的品质,是描述人体对振动和噪声的主观感觉,不能直接用客观测量方法来度量。由于声振粗糙度描述的是振动和噪声使人不舒适的感觉,因此又称Harshness为不平顺性。由于声振粗糙度经常用来描述冲击激励产生的、使人极不舒适的瞬态响应,故也有

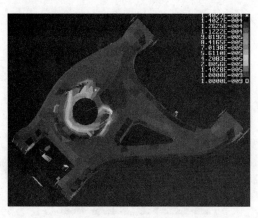

图9-18 分析结果

人称 Harshness 为冲击特性。

车辆乘员在汽车中的一切触觉和听觉感受都属于 NVH 研究的范畴,此外,还包括汽车零部件由于振动引起的强度和寿命等问题。从 NVH 的观点来看,汽车是一个由激励源(发动机、变速器等)、振动传递器(由悬架系统和连接件组成)和噪声发射器(车身)组成的系统。汽车 NVH 特性的研究应该以整车作为研究对象,但由于汽车系统极为复杂,因此经常将它分解成多个子系统进行研究,如底盘子系统(主要包括前、后悬架系统)、车身子系统等,也可以研究某一个激励源产生的或某一种工况下的 NVH 特性。

1. 汽车 NVH 特性研究的建模和评价方法

研究汽车的 NVH 特性首先必须利用 CAE 技术建立汽车动力学模型,目前有多体系统动力学方法、有限元方法和边界元方法等几种比较成熟的理论和方法。

多体系统动力学方法将系统内各部件抽象为刚体或弹性体,研究它们在大范围空间运动时的动力学特性。在汽车 NVH 特性的研究中,多体系统动力学方法主要应用于底盘悬架系统、转向传动系统低频范围的建模与分析。

有限元方法(FEM)是把连续的弹性体划分成有限个单元,通过在计算机上划分网格建立有限元模型,计算系统的变形和应力以及动力学特性。由于有限元方法的日臻完善以及相应分析软件的成熟,使它成为研究汽车 NVH 特性的重要方法。一方面,它适用于车身结构振动、车室内部空腔噪声的建模分析;另一方面,与多体系统动力学方法相结合来分析汽车底盘系统的动力学特性,其准确度也大大提高。

与有限元方法相比,边界元方法(BEM)降低了求解问题的维数,能方便地处理无界区域问题,并且在计算机上也可以轻松地生成高效率的网格,但计算速度较慢。对于汽车车身结构和车室内部空腔的声固耦合系统也可采用边界元法进行分析,由于边界元法在处理车室内吸声材料建模方面具有独特的优点,因此正在得到广泛的应用。

2. NVH 分析

应用 VPG 技术,可在时域分析的基础上进行汽车的振动、噪声和舒适性分析评价,获得模态/频率、噪声和声学响应分析的解决方案。

汽车在调试及使用过程中,经常出现一些不愉快的尖叫声,如制动器设计欠妥的汽车在制动时,制动衬块与制动盘之间会发出刺耳的噪声,在以前人们对这种噪声几乎无法准确测试,因为即使是使用已经非常成熟的测试方法,也由于制动衬块与制动盘之间的可用空间太小而难以进行测试,若采用激光测试,又难以保证测试结果的可靠性。而用 CAE 方法可非常方便地进行这类复杂问题的 NVH 分析,只要建立了 CAE 模型,就可以利用 LS-DYNA 进行分析,将分析结果 FFT 变换后即可判定产生噪声的频率,然后得到对应的振型,从而确定消除噪声的方法,改进制动器的设计,并再次进行 CAE 分析,验证改进效果。故整个分析过程的内容包括 NVH 分析模型的建模方法、分析结果的 FFT 变换、关键频率的确定、对应振型的显示方法、原设计的改进方法、改进效果的评估等内容。

用VPG进行NVH分析的特点和优势如下：

(1)时域内获得的数据是试验场测量的真实数据,各种试验工况可由路面数据库模拟实现,还可组合复杂真实的载荷条件。

(2)从时域到频域的过程与试验场测量程序完全一致,即从时域到频域应用FFT变换。

(3)考虑了阻尼特征,包括结构非线性——结构阻尼,内摩擦——材料阻尼,黏性影响——轴衬、冲击、轮胎,外摩擦——部件间接触。

(4)复杂轮胎模型。轮胎是传递道路载荷的关键部件,它的响应特征会直接影响分析求解的正确性和精度。VPG有多种真实轮胎模型,包括复合材料轮胎模型,所以能建立真实的轮胎模型进行NVH分析。

三、虚拟碰撞试验

根据汽车碰撞安全性的要求,试验方法可以分为实车碰撞试验、滑车模拟碰撞试验和台架试验三类。其中实车碰撞试验和真实汽车碰撞事故情形最为接近,其试验结果说服力最强,是综合评价汽车碰撞安全性能的最基本方法。其他两类试验都是以实车碰撞的结果为基础,模拟碰撞环境的零部件试验。

汽车碰撞安全性能试验就是检验汽车在上述各种碰撞条件下整车及主要零部件的耐撞性以及汽车乘员保护系统的性能状况。汽车碰撞乘员保护系统主要包括安全带系统、气囊系统、座椅系统和转向机构系统等。传统的虚拟碰撞试验的组成如图9-19所示,主要是通过制造若干辆同种型号的样车,在每辆样车上安装配备各种传感器的假人,再通过计算机采集车辆在各种碰撞过程中的传感器信号,最后对数据进行分析得到假人身体各部分的受力情况。由于碰撞试验的破坏性很大,很多昂贵的传感器及汽车零件可能会一次性报废,耗资巨大。

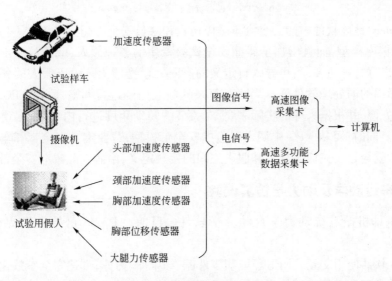

图9-19 虚拟碰撞试验的组成

汽车碰撞虚拟实验在国内外的发展已经非常迅速。1985年法国的ESI集团在全球第一次实现了整车的碰撞虚拟,成功地应用于德国大众POLO的设计和生产,并在1986年推出了完整的碰撞模拟软件包——PAM-CRASH。随后欧美相继发布了各种商业化软件包,如MADYMO、LS-DYNA3D等。2001年由美国ETA推出了VPG虚拟试验场软件。该软件分为

VPG/PrePost、VPG/Structure 和 VPG/Safety 三个主要部分,其中 VPG/Safety 作为典型的汽车碰撞安全性能虚拟试验软件包。

VPG 提供的模型库、工具库及固化专家经验的自动化技术使得汽车安全碰撞试验中的工作量和成本降为最低,利用 VPG 软件进行虚拟碰撞试验的流程见图 9-20。

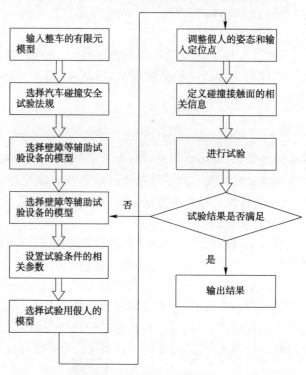

图 9-20　VPG 软件进行虚拟碰撞试验的流程图

VPG/Safety 是该软件中的一个汽车碰撞仿真和乘员安全专门模块。它不仅为用户提供了通用的数据库模型,而且增加了碰撞安全试验专用的各种假人、壁障和冲击锤的标准模型。如果用户有特殊需要,还可导入自定义的有限元模型假人。由于假人的各个关节连接非常复杂,通用的前处理软件根本无法对复杂的假人坐姿进行调整,而在 VPG 中调整和定位假人非常方便,并根据人体的实际需要,对关节的转动角度进行内部限制,避免了不实际的转动角度。同时,可从 VPG 中调入对应的安全带模型,只要定义安全带和车身的定位点的坐标,软件就会自动完成安全带和假人之间的接触定义,给假人佩戴上安全带。

四、汽车运动学及动力学仿真试验

ADAMS,即机械系统动力学自动分析软件。目前,ADAMS 已被全世界许多制造商采用。

ADAMS 软件使用交互式图形环境和零件库、约束库、力库,创建完全参数化的机械系统几何模型,其求解器采用多刚体系统动力学理论中的拉格朗日方程方法,建立系统动力学方程,对虚拟机械系统进行静力学、运动学和动力学分析,输出位移、速度、加速度和反作用力曲线。ADAMS 软件的仿真可用于预测机械系统的性能、运动范围、碰撞检测、峰值载荷以及计算有限元的输入载荷等。

ADMAS/CAR 是专门用于汽车建模的仿真环境。在 ADAMS 的产品线里,它属于面向专门行业和基于模板的建模和分析工具,另外两个类似的产品是 ADAMS/Rail 和 ADAMS/Aircraft,分别是用于铁道车辆和飞机的建模仿真工具。

在 ADAMS/CAR 里模型由3级组成:模板(Template)、子系统(Subsystem)和总成(Assembly)。

1. 模板

ADAMS/CAR 的一个主要特点就是基于模板。模板定义了车辆模型的拓扑结构。例如,对于前悬架模板,它定义了前悬架包含的刚体数目、刚体之间的连接方式(球铰还是转动铰或其他)以及与其他总成交换信息的方式。前两者和 ADAMS/View 没有区别,而最后一部分则是基于模板的产品特有的。例如,前悬架总成在装配到整车模型时,ADAMS/CAR 的共享数据库里提供了包括各种悬架、转向系统、动力总成以及车身的模板。因此,用户在建立整车模型时,无须从零开始,而是从现有的模板出发开始建模工作。

2. 子系统

子系统是基于模板创建的,也可以认为它是特殊的模板,即调整模板的某些特性。例如,选择悬架刚度特性文件以及弹簧和阻尼的特性文件。

3. 总成

一系列的子系统加上一个试验台(Test rig)就构成了整车或者悬架总成。Testrig 的作用是给模型施加激励。它非常特殊,可以与模型中所有的子系统连接。

下面将介绍 ADAMS/CAR 环境下整车动力学仿真。在 ADAMS/CAR 中,整车模型必须包含的子系统有:前后悬架、转向系统、前后轮胎、车身(刚性或柔性)。

1)单移线仿真(Single Lane Changing)

具体步骤如下:

(1)从菜单选择 File|Open|Assembly。

(2)右键单击 Assembly Name 文本框,选择 Search | shared database | MDI_Demo_Vehicle.asy。

(3)选择 OK,打开的整车模型如图9-21所示。

(4)从主菜单选择 Simulate|Full-Vehicle Analysis|Open-loop steering events|Single Lane Change。

(5)设定仿真参数,见图9-22,选择 OK。

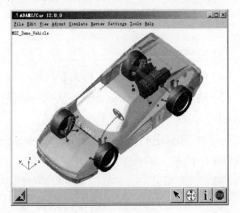

图9-21 整车模型

图9-22 单移线仿真的参数设定对话框

(6) ADAMS/CAR 开始求解。在求解过程中,首先根据特征文件更新力元(Force-Element),包括弹簧、阻尼。作为整车模型的一部分,Driver test rig 会按照设定的输入对整车施加输入。在这里输入的是转向盘转角。

(7) 仿真结束后选择 Close。

在单移线仿真中,首先要考虑的是车身的侧向加速度和车身的侧倾角。当有试验数据来验证模型时,这两项是考察模型正确与否的两个重要指标。

(1) 从菜单选择 Review|Postprocessing。

(2) 从 Source 选择 Requests,从 Filter 选择 User Defined。

(3) 从 Request 选择 Chassis Accelerations,从 Component 选择 Latersl。

(4) 选择 Add Curces,注意纵坐标的单位为"g"。

(5) 以车身的侧向加速度为横坐标,考察车身的侧倾位移,结果如图 9-23、图 9-24 所示。

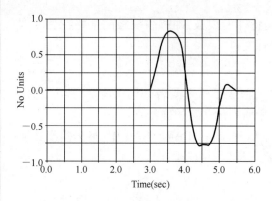

图 9-23　车身的侧向加速度　　　　图 9-24　车身的侧倾位移与车身的侧向加速度的关系

2) 双移线仿真(ISO Lane Change)

双移线仿真(ISO Lane Change),即车辆按照 ISO 3888 规定的路径进行仿真。该分析属于汽车动力学中操纵稳定性的极限工况,分析对车辆在紧急避障时侧翻(Rollover)的可能路径的控制是通过驱动样机(Driving Machine)实现的。ADAMS/CAR 中有两个控制器(一个纵向和一个侧向),分别控制车辆的速度和路径。ADAMS/CAR 通过外部文件 iso_lane_change.dcd 来定义车辆的路径。具体步骤如下:

(1) 从菜单选择 Simulate|Full-Vehicle Analysis|Course Events|ISO Lane Change。

(2) 设定仿真参数,如图 9-25 所示。

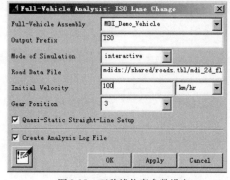

图 9-25　双移线仿真参数设定

(3) 选择 OK。

(4) 从菜单选择 Review Postprocessing。

(5) 从 Source 选择 Requests,从 Filter 选择 User Defined。

(6) 从 Request 选择 Chassis Accelerations,从 Component 选择 Lateral;

(7) 选择 Add Curves,得到曲线如图 9-26 所示。从中可以看到,在双移线中转向盘是二次正弦输入。

(8) 以车身的侧向加速度为横坐标,考察车身的侧倾位移,结果如图 9-27 所示。

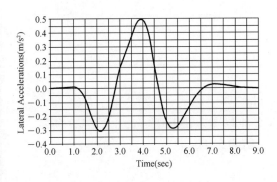

图 9-26 双移线仿真结果——车身的侧向加速度

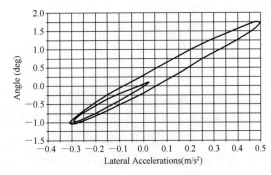

图 9-27 双移线仿真结果——车身的侧倾位移与车身的侧向加速度的关系

下面将对车辆模型进行修改,并比较修改前后的车身侧向加速度和侧倾位移。为了便于比较,可以首先将当前的 Plot 生成配置文件。具体步骤如下:

(1) 从菜单选择 File Export|Plot Configure File。
(2) 在 Configuration File Name 文本框,输入 ISO_Lane_Change。
(3) 确认选择 All Plots,选择 OK。
(4) 返回 ADAMS/Car 界面。
(5) 从菜单选择 Tools|Crave Manager。
(6) 从弹出窗口的菜单中选择 File|New,见图 9-28。
(7) 确认 Type 已经设定为 Spring。
(8) 选择 OK。
(9) 设定 Slope 为 225。
(10) 设定 Limits 为 -100,100。

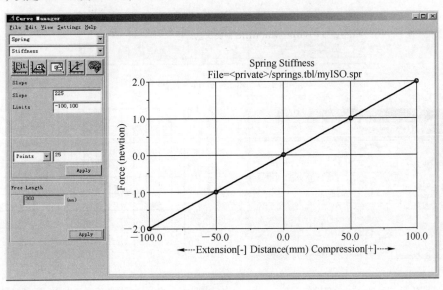

图 9-28 Crave Manager 对话框

(11) 设定 Free Length 为 300。
(12) 选择 Apply。
(13) 从菜单选择 File|Save。
(14) 设定 FileName 为 myISO。
(15) 选择 OK。
(16) 关闭 Curve Manager。
(17) 在模型窗口,右击前悬架弹簧,选择 Modify。
(18) 右击 Property File 文本框,把弹簧特性文件替换为 myISO.spr,如图 9-29 所示。
(19) 把安装长度(Install Length)改为 Preload,值为 5 500。
(20) 重复上述步骤,修改后悬架的弹簧。
(21) 从菜单选择 Simulate|Full-Vehicle Analysis|Course Events|ISO Lane Change。
(22) 设定 Output Prefix 为 iso2,其他同修改前面的分析。
(23) 选择 OK。
(24) 从菜单选择 Review|Postprocessing。
(25) 从菜单选择 Plot|Create Plots。
(26) 在 Analysis 文本框输入 iso2.lic。
(27) 在 Configuration File Name 文本框右键单击,选择 private/plot_configs.tbl/ISO_Lane_change.plt。
(28) 选择 Cross Plotting,见图 9-30。
(29) 选择 OK。

参数修改后,重新进行仿真试验,结果如图 9-31 所示。

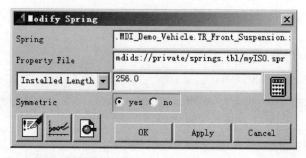

图 9-29　Modisy Spring 对话框

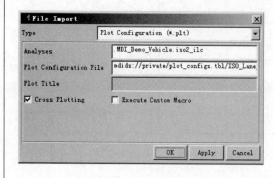

图 9-30　Create Plots 对话框

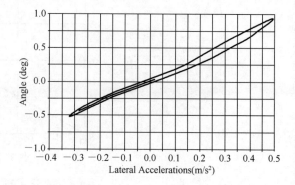

图 9-31　修改后双移线仿真结果——车身的侧倾位移与车身的侧向加速度的关系

 思考题

1. 用 VPG 进行 NVH 分析的特点和优势有哪些?
2. VPG 疲劳寿命分析是如何进行的?
3. 简述单移线仿真的步骤。

附 录

汽车相关的国家强制标准截止（2016年7月）

序号	标准编号	标准名称	实施日期	备注
1	GB 20072—2006	乘用车后碰撞燃油系统安全要求	2006.7.1	现行
2	GB 4660—2007	汽车用灯丝灯泡前雾灯	2008.6.1	现行
3	GB 4785—2007	汽车及挂车外部照明和光信号装置的安装规定	2008.6.1	现行
4	GB 5920—2008	汽车及挂车前位灯、后位灯、示廓灯和制动灯配光性	2010.1.1	现行
5	GB 8108—2014	车用电子警报器	2015.7.1	现行
6	GB 11551—2014	汽车正面碰撞的乘员保护	2015.1.1	现行
7	GB 11554—2008	机动车和挂车用后雾灯配光性能	2010.1.1	现行
8	GB 11555—2009	汽车风窗玻璃除霜和除雾系统的性能和试验方法	2011.1.1	现行
9	GB 15082—2008	汽车用车速表	2008.10.1	现行
10	GB 15235—2007	汽车及挂车倒车灯配光性能	2008.6.1	现行
11	GB 15740—2006	汽车防盗装置	2007.9.1	现行
12	GB 15742—2001	机动车用喇叭的性能及试验方法	2001.10.1	现行
13	GB 15766.1—2008	道路机动车辆灯泡 尺寸、光电性能要求	2009.3.1	现行
14	GB 17509—2008	汽车及挂车转向信号灯配光性能	2010.1.1	现行
15	GB 18408—2015	汽车及挂车后牌照板照明装置配光性能	2016.7.1	现行
16	GB 18409—2013	汽车驻车灯配光性能	2014.7.1	现行
17	GB 20071—2006	汽车侧面碰撞的乘员保护	2006.7.1	现行
18	GB 20071—2006	汽车侧面碰撞的乘员保护	2006.7.1	现行
19	GB 20816—2006	车辆防盗报警系统 乘用车	2008.1.1	现行
20	GB 21259—2007	汽车用气体放电光源前照灯	2008.6.1	现行
21	GB 23255—2009	汽车昼间行驶灯配光性能	2010.1.1	现行
22	GB 25991—2010	汽车用LED前照灯	2012.1.1	现行
23	GB 11550—2009	汽车座椅头枕强度要求和试验方法	2011.1.1	现行
24	GB 11552—2009	乘用车内部凸出物	2012.1.1	现行
25	GB 11557—2011	防止汽车转向机构对驾驶员伤害的规定	2012.1.1	现行
26	GB 11562—2014	汽车驾驶员前方视野要求及测量方法	2015.7.1	现行
27	GB 11564—2008	机动车回复反射器	2009.5.1	现行
28	GB 11566—2009	乘用车外部凸出物	2011.1.1	现行
29	GB 11567.1—2001	汽车和挂车侧面防护要求	2002.5.1	现行
30	GB 11567.2—2001	汽车和挂车后下部防护要求	2002.5.1	现行
31	GB 11568—2011	汽车罩（盖）锁系统	2012.1.1	现行
32	GB 12535—2007	汽车起动性能试验方法	2007.12.1	现行

续上表

序号	标准编号	标准名称	实施日期	备注
33	GB 12676—2014	商用车辆和挂车制动系统要求及试验方法	2015.7.1	现行
34	GB 12732—2008	汽车V带	2008.10.1	现行
35	GB 12734—2003	汽车同步带	2004.6.1	现行
36	GB 12981—2012	机动车辆制动液	2012.10.1	现行
37	GB 13057—2014	客车座椅及其车辆固定件的强度	2015.7.1	现行
38	GB 13365—2005	机动车排气火花熄灭器	2005.12.1	现行
39	GB 13392—2005	道路运输危险货物车辆标志	2005.8.1	现行
40	GB 13954—2009	警车、消防车、救护车、工程抢险车标志灯具	2010.5.1	现行
41	GB 14023—2011	车辆、船和内燃机 无线电骚扰特性 用于保护车外接收机的限值和测量方法	2012.1.1	现行
42	GB 14166—2013	机动车乘员用安全带、约束系统、儿童约束系统 ISOFIX儿童约束系统	2014.1.1	现行
43	GB 14167—2013	汽车安全带安装固定点、ISOFIX固定点系统及上拉带固定点	2014.1.1	现行
44	GB 14646—2007	轿车翻新轮胎	2008.4.1	现行
45	GB 14762—2008	重型车用汽油发动机与汽车排气污染物排放限值及测量方法(中国Ⅲ、Ⅳ阶段)	2008.7.1	现行
46	GB 14763—2005	装用点燃式发动机重型汽车 燃油蒸发污染物排放限值及测量方法(收集法)	2005,7,1	现行
47	GB 1495—2002	汽车加速行驶车外噪声限值及测量方法	2002.10.1	现行
48	GB 15083—2006	汽车座椅、座椅固定装置及头枕强度要求和试验方法	2007.2.1	现行
49	GB 15084—2013	机动车辆 间接视野装置性能和安装要求	2014.7.1	现行
50	GB 15085—2013	汽车风窗玻璃刮水器和洗涤器 性能要求和试验方法	2015.1.1	现行
51	GB 15086—2013	汽车门锁及车门保持件的性能要求和试验方法	2015.1.1	现行
52	GB 1589—2004	道路车辆外廓尺寸、轴荷及质量限值	2004.10.1	现行
53	GB 16170—1996	汽车定置噪声限值	1997.1.1	现行
54	GB 16735—2004	道路车辆 车辆识别代号(VIN)	2004.10.1	现行
55	GB 16737—2004	道路车辆 世界制造厂识别代号(WMI)	2004.9.1	现行
56	GB 16897—2010	制动软管的结构、性能要求及试验方法	2011.7.1	现行
57	GB 17258—2011	汽车用压缩天然气钢瓶	2011.12.1	现行
58	GB 17259—2009	机动车用液化石油气钢瓶	2010.4.1	现行
59	GB 17354—1998	汽车前、后端保护装置	1999.1.1	现行
60	GB 17691—2005	车用压燃式、气体燃料点燃式发动机与汽车排气污染物排放限值及测量方法(中国Ⅲ、Ⅳ、Ⅴ阶段)	2007.1.1	现行
61	GB 17691－2005	车用压燃式、气体燃料点燃式发动机与汽车排气污染物排放限值及测量方法(中国Ⅲ、Ⅳ、Ⅴ阶段)	2007.1.1	现行
62	GB 17926—2009	《车用压缩天然气瓶阀》	2010.4.1	现行

续上表

序号	标准编号	标准名称	实施日期	备注
63	GB 17930—2013	车用汽油	2013.12.18	现行
64	GB 1796.1—2008	轮胎气门嘴 第1部分:压紧式内胎气门嘴	2009.9.1	现行
65	GB 1796.2—2008	轮胎气门嘴 第2部分:胶座气门嘴	2009.9.1	现行
66	GB 1796.3—2008	轮胎气门嘴 第3部分:卡扣式气门嘴	2009.9.1	现行
67	GB 1796.4—2009	轮胎气门嘴 第4部分 压紧式无内胎气门嘴	2010.10.1	现行
68	GB 1796.5—2009	轮胎气门嘴 第5部分:大芯腔气门嘴	2010.10.1	现行
69	GB 1796.6—2008	轮胎气门嘴 第6部分:气门芯	2009.9.1	现行
70	GB 1796.7—2009	轮胎气门嘴 第7部分:零部件	2010.10.1	现行
71	GB 18047—2000	车用压缩天然气	2000.7.1	现行
72	GB 18176—2007	轻便摩托车污染物排放限值及测量方法(工况法,中国第Ⅲ阶段)	2008.7.1	现行
73	GB 18285—2005	点燃式发动机汽车排气污染物排放限值及测量方法(双怠速法及简易工况法)	2005.7.1	现行
74	GB 18296—2001	汽车燃油箱安全性能要求和试验方法	2001.10.1	现行
75	GB 18322—2002	农用运输车自由加速烟度排放限值及测量方法	2002.7.1	现行
76	GB 18352.3—2005	轻型汽车污染物排放限值及测量方法(中国Ⅲ、Ⅳ阶段)	2005.7.1	现行
77	GB 18564.1—2006	道路运输液体危险货物罐式车辆 第1部分:金属常压罐体技术要求	2006.11.1	现行
78	GB 18565—2001	营运车辆综合性能要求和检验方法	2002.8.1	现行
79		用于保护车载接收机的无线电骚扰特性的限值和测量方法	2003.3.1	作废
80	GB 18667-2002	道路交通事故受伤人员伤残评定	2002.12.1	现行
81	GB 19147—2013	车用柴油(v)	2013.6.8	现行
82	GB 19151—2003	机动车用三角警告牌	2003.11.1	现行
83	GB 19159—2012	车用液化石油气	2013.4.1	现行
84	GB 19344—2003	在用燃气汽车燃气供给系统泄漏安全 技术要求及检验方法	2004.6.1	现行
85	GB 19522—2010	车辆驾驶人员血液、呼气酒精含量阈值与检验	2011.7.1	现行
86	GB 19533—2004	汽车用压缩天然气钢瓶定期检验与评定	2004.12.1	现行
87	GB 19578—2014	乘用车燃料消耗量限值	2016.1.1	现行
88	GB 19592—2004	车用汽油清净剂	2005.5.1	现行
89	GB 20182—2006	商用车驾驶室外部凸出物	2007.4.1	现行
90	GB 20300—2006	道路运输爆炸品和剧毒化学品车辆安全技术条件	2006.11.1	现行
91	GB 20414—2006	机动车用液化石油气的橡胶软管和软管组合件	2006.12.1	现行
92	GB 20561—2006	机动车用液化石油气钢瓶定期检验与评定	2007.4.1	现行
93	GB 20890—2007	重型汽车排气污染物排放控制系统耐久性要求及试验方法	2007.10.1	现行

续上表

序号	标准编号	标准名称	实施日期	备注
94	GB 20891 2014	非道路移动机械用柴油机排气污染物排放限值及测量方法(中国三、四阶段)	2014.10,1	现行
95	GB 20912—2007	汽车用液化石油气蒸发调压器	2007.11.1	现行
96	GB 21260—2007	汽车用前照灯清洗剂	2008.6.1	现行
97	GB 21378—2015	低速货车 燃料消耗量限值及测量方法	2015.10.1	现行
98	GB 21668—2008	危险货物运输车辆结构要求	2008.11.1	现行
99	GB 21670—2008	乘用车制动系统技术要求及试验方法	2008.11.1	现行
100	GB 21861—2014	机动车安全技术检验项目和方法	2015.3.1	现行
101	GB 22128—2008	报废汽车回收拆解企业技术规范	2009.1.1	现行
102	GB 23254—2009	货车及挂车 车身反光标识	2009.7.1	现行
103	GB 24160—2009	车用压缩天然气钢质内胆环向缠绕气瓶	2010.1.1	现行
104	GB 24162—2009	车用压缩天然气金属内胆纤维环缠绕气瓶定期检验与评定	2010.1.1	现行
105	GB 24409—2009	汽车涂料中有害物质限量	2010.6.1	现行
106	GB 25990—2010	车辆尾部标志板	2012.1.1	现行
107	GB 26134—2010	乘用车顶部抗压强度	2012.1.1	现行
108	GB 26512—2011	商用车驾驶室乘员保护	2012.1.1	现行
109	GB 27887—2011	机动车儿童乘员用约束系统	2012.7.1	现行
110	GB 27999—2014	乘用车燃料消耗量评价方法及指标	2016.1.1	现行
111	G B 28373—2012	N 类和 O 类罐式车辆侧倾稳定性	2014.1.1	现行
112	GB 30509—2014	车辆及部件识别标记	2014.12.1	现行
113	GB 30510—2014	重型商用车辆燃料消耗量限值	2014.7.1	现行
114	GB 3847—2005	车用压燃式发动机和压燃式发动机汽车排气烟度排放限值及测量方法	2005.7.1	现行
115	GB 3847—2005	车用压燃式发动机和压燃式发动机汽车排气烟度排放限值及测量方法	2005.7.1	现行
116	GB 4094—1999	汽车操纵件、指示器及信号装置的标志	2000.7.1	现行
117	GB 4556—2001	往复式内燃机 防火	2002.4.1	现行
118	GB 4599—2007	汽车用灯丝灯泡前照灯	2008.6.1	现行
119	GB 7036.1—2009	充气轮胎内胎 第1部分:汽车轮胎内胎	2010.10.1	现行
120	GB 7036.2—2007	充气轮胎内胎 第2部分 摩托车轮胎内胎	2008.4.1	现行
121	GB 7037—2007	载重汽车翻新轮胎	2008.4.1	现行
122	GB 7063—2011	汽车护轮板	2012.1.1	现行
123	GB 7128—2008	汽车空气制动软管和软管组合件	2009.9.1	现行
124	GB 7258—2012	机动车运行安全技术条件	2012.9.1	现行
125	GB 8410—2006	汽车内饰材料的燃烧特性	2006.7.1	现行
126	GB 918.1—1989	道路车辆分类与代码 机动车	1989.10.1	现行
127	GB 918.2—1989	道路车辆分类与代码 非机动车	1989.10.1	现行

续上表

序号	标准编号	标准名称	实施日期	备注
128	GB 9486—1988	柴油机稳态排气烟度及测定方法	1989.1.1	现行
129	GB 9656—2003	汽车安全玻璃	2004.4.1	现行
130	GB 9743—2015	轿车轮胎	2016.2.1	现行
131	GB 9744—2015	载重汽车轮胎	2016.2.1	现行
132	GB 9764—2009	轮胎气门嘴芯腔	2010.10.1	现行
133	GB 9765—2009	轮胎气门嘴螺纹	2010.10.1	现行
134	GB1589—2004	道路车辆外廓尺寸、轴荷及质量限值	2004.10.1	现行
135	GB 17675—1999	汽车转向系 基本要求	2000.1.1	现行
136	GB 32086—2015	特定种类汽车内饰材料垂直燃烧特性技术要求和试验方法	2016.7.1	现行
137	GB 32087—2015	轻型汽车牵引装置	2016.7.1	现行
138	GB 18351—2015	车用乙醇汽油（E10）	2015.5.8	现行
139	GB 18408—2015	汽车及挂车后牌照板照明装置配光性能	2016.7.1	现行
140	GB 20997—2007	轻型商用车辆燃料消耗量限值	2008.2.1	即将实施

参考文献

[1] 余志生. 汽车理论[M]. 4版. 北京:机械工业出版社,2007.
[2] 邹惠乐,邱毓强. 汽车拖拉机试验学[M]. 北京:机械工业出版社,1983.
[3] 黄世霖,张金换,王晓东,等. 汽车标准汇编(2004). 中国汽车技术研究中心标准化研究所(2004).
[4] 杨宝民,朱一宁. 分布式虚拟现实技术及其应用[M]. 北京:科学出版社,2000.
[5] 王国权. 虚拟试验技术[M]. 北京:电子工业出版社,2004.
[6] 范成建. MSC.ADAMS应用与提高[M]. 北京:机械工业出版社,2006.
[7] 郭应时,袁伟. 汽车试验学[M]. 北京:人民交通出版社,2006.
[8] 付百学. 汽车试验技术[M]. 北京:北京理工大学出版社,2007.
[9] 任卫群. 车—路系统动力学中的虚拟样机——MSC.ADAMS软件应用实践[M]. 北京:电子工业出版社,2005.
[10] 钟志华. 汽车碰撞安全技术[M]. 北京:机械工业出版社,2005.
[11] 郭卫东. 虚拟样机技术与ADAMS应用实例教程[M]. 北京:北京航空航天大学出版社,2008.
[12] 彭晓源. 系统仿真技术[M]. 北京:北京航空航天大学出版社,2006.
[13] 《汽车工程手册》编辑委员会. 汽车工程手册. 试验篇[M]. 北京:人民交通出版社,2001.
[14] 陈勇. 汽车测试技术[M]. 北京:北京航空航天大学出版社,2008.
[15] 何耀华. 汽车试验学[M]. 北京:人民交通出版社,2005.
[16] 夏长高,曾发林,丁华. 汽车安全检测技术[M]. 北京:化学工业出版社,2006.
[17] 仇雅莉,胡光辉. 汽车检测诊断技术与设备[M]. 2版. 北京:人民交通出版社,2008.
[18] 王丰元. 汽车试验测试技术[M]. 北京:北京大学出版社,2008.
[19] 安相壁. 汽车试验工程[M]. 北京:国防工业出版社,2006.
[20] 刘巽俊. 内燃机的排放与控制[M]. 北京:机械工业出版社,2005.
[21] 周建鹏,黄虎,严运兵. 现代汽车性能检测技术[M]. 上海:上海科学技术出版社,2007.
[22] 沈辉,徐礼超. 汽车检测技术实验教程[M]. 北京:中国电力出版社,2007.
[23] 国家发展和改革委员会. GB 11551—2003 乘用车正面碰撞的乘员保护[S]. 北京:中国标准出版社,2003.
[24] 黄世霖,张金换,王晓冬. 汽车碰撞与安全[M]. 北京:清华大学出版社,1999.
[25] 王瑄,李宏光,赵航,等. 现代汽车安全[M]. 北京:人民交通出版社,2001.
[26] 国家标准化委员会. GB 20071—2006. 汽车侧面碰撞的乘员保护[S]. 北京:中国标准出版社,2006.
[27] 国家标准化委员会. GB 20072—2006. 乘用车后碰撞燃油系统安全要求[S]. 北京:中国标准出版社,2006.
[28] 汪成为,高文,王行仁. 灵境(虚拟现实)技术的理论、实现及应用[M]. 北京:清华大学出版社,1996.